教職教養講座 第7巻

特別活動と
生活指導

京都大学大学院教育学研究科教授
西岡 加名恵 編著

高見 茂・田中 耕治・矢野 智司・稲垣 恭子 監修

協同出版

刊行の趣旨

　『新・教職教養シリーズ』が、和田修二先生、柴野昌山先生、高木英明先生の監修で刊行されて以来、早や4半世紀が経とうとしています。まだ駆け出しの研究者であった私達は、先生方のご指導の下、シリーズ刊行のお手伝いをさせて頂いたことを昨日の如く鮮明に記憶しています。

　この間わが国の教育は、国際環境の変化、国内の経済・産業構造や人口動態の変化、児童・生徒の興味・関心や父母の教育要求の多様化等、従来には見られなかったダイナミックな変化に晒（さら）され、同時多面的な対応を迫られて参りました。こうした実情に対応すべく、教育行政、学校教育、教育課程、教員養成等の改革・改善を志向する教育政策が矢継ぎ早に打ち出されました。

　何れの時代においても、教育界の基幹的任務は人間の育成であります。取り分け変化が激しく先行きの見通しが不透明な今日、変化を的確に捉え時代の要請に柔軟に応答できる人間の育成が求められています。そのためには、現職の教員もまた生涯学び続ける能力の獲得が重要となると考えられます。同じ基準の下、国民全般にわたって広く人間の育成を担うのは、学校教育現場の教員であり、教員自身の資質・能力の向上が今ほど求められている時代はありません。最先端の知見を吸収し、日常の教育指導実践に活かせることが大切です。

　今回刊行される『教職教養講座』全15巻は、『新・教職教養シリーズ』の継嗣に当たるもので、京都大学大学院教育学研究科・教育学部の現職スタッフが中心となり、教職課程の教科書として編まれたものです。編集方針としては、京都帝国大学文科大学の「教育学教授法講座」以来の伝統を受け継ぎ、人間・心・社会と教育の関係を軸に、教職に関わる最先端の研究成果と教職の在り方を全国に発信・提案することをねらいとしています。本講座が読者の知的好奇心を満たし、今後の糧となり道標になることを祈って止みません。

　　　　　　　　　　　　　　京都大学特任教授　　　　　　　　　高見　茂
　　　　　　　　　　　　　　京都大学名誉教授　　　　　　　　　田中耕治
　　　　　　　　　　　　　　京都大学大学院教育学研究科教授　　矢野智司
　　　　　　　　　　　　　　京都大学大学院教育学研究科長・教授　稲垣恭子

まえがき

　学校において子どもたちは、教科の学習や「総合的な学習の時間」での探究的学習などだけでなく、学級活動や児童会・生徒会活動、学校行事といった特別活動を通して、様々なことを学び、人間として成長していく。特別活動は、学級や学校という集団での活動を通して、子どもたちの心身の発達を促すとともに、生き方について考える機会を与え、より良い生活や人間関係を創り出す力を育てる上で重要な役割を担っている。

　特別活動において、具体的にどのような指導を行えば良いのかに関する知見は、日本では、主に生活指導の概念や方法をめぐる議論の中で発展、蓄積されてきた。そこで、本書は、特別活動と生活指導を主題とする。

　第1章では、特別活動が教育課程においてどのような位置づけを与えられてきたかについて、政策的な変遷をたどる。教育課程の基準である学習指導要領の変遷を検討するとともに、指導書や指導資料を手掛かりに、特別活動における評価方法について、政策上、どのように提案されているかを紹介する。

　第2章から第4章にかけては、生活指導の具体的な方策として提案されてきた三つの手法、すなわち生活綴方(つづりかた)を用いた「仲間づくり」、班・核・討議づくりを進める「集団づくり」、ならびに学校や学級における文化の創造について、理論的な変遷とともに具体的な実践事例を検討する。

　特別活動においては、職業指導・進路指導やキャリア教育も重要な内容として扱われてきた。そこで、第5章では、職業指導・進路指導からキャリア教育への展開を振り返るとともに、権利としてのキャリア教育のあり方を探る。

　第6章では、「いじめ問題」、「各種メディアを通じた問題」、「学級崩壊と校内暴力」、「不登校問題」について、歴史的な経緯と現状を明らかにするとともに、具体的な解決策を検討する。

　第7章では、子どもたちの発達段階に焦点を合わせる。幼児期、小学校低・中・高学年、中学校期、高等学校期のそれぞれについて発達的な特徴を確認するとともに、具体的な実践事例を紹介する。

ところで、学校で学ぶ子どもたちの中には、授業中に席を離れて立ち歩いてしまう子どもや、友だちとのけんかやトラブルが絶えない子どももいる。第8章では、特別な教育的ニーズを持つ子どもたちを、彼ら自身が"困っている"のだと理解し、子ども同士をつなぐ学級づくり、さらには教師同士や保護者の共同をも生み出す学校づくりを展望する。

　本書は、教師を目指す学生、実際に学校で子どもたちへの指導に取り組んでいる教師、さらには教師を指導する立場にあるスクールリーダーのために、特別活動と生活指導に関する基礎的な知識を提供するために作成したものである。各章の末尾には、さらに学びたい読者のために、「推薦図書」を掲載しているので、あわせて参照いただきたい。

　本書には、子どもたちへの指導のあり方に悩む読者たちの一助となりたいという願いを込めた。しかしながら、不十分な点については率直なご批正をいただければ幸いである。

　最後に、本書の企画・編集にあたっては、神戸大学の川地亜弥子氏に専門的な知見を多々ご提供いただいた。また、本書の刊行にあたっては、協同出版、ならびに担当編集者である諏訪内敬司氏に多大なご支援をいただいた。ここに記して、心より感謝申し上げる。

2017年1月

　　　　　　　　　　　　　　　　　　　　　　　　　編者　西岡加名恵

教職教養講座　第7巻　特別活動と生活指導
目　次

まえがき・1

第1章　特別活動に関する教育政策の変遷 ………………………… 5
はじめに・5
第1節　「特別活動」成立以前の時代・7
第2節　「特別活動」の時代・10
第3節　特別活動における評価に関わる政策・15
おわりに・19

第2章　「仲間づくり」の理論と方法 ……………………………… 23
はじめに・23
第1節　生活綴方の再興と「仲間づくり」・24
第2節　「仲間づくり」の理論とその考察・30
第3節　現代の生活綴方と生活指導・35
おわりに・40

第3章　「集団づくり」の理論と方法 ……………………………… 45
はじめに・45
第1節　「仲間づくり」としての生活指導・46
第2節　「仲間づくり」から「集団づくり」へ・48
第3節　社会の能力主義的再編による新たな課題・55
第4節　1990年代における「集団づくり」の展開・58
第5節　21世紀の生活指導の課題・67
おわりに・70

第4章　学校・学級における文化の創造 …………………………… 73
はじめに・73
第1節　学級や学校における文化活動の模索・74
第2節　戦後の学校における文化活動・78
おわりに・87

第5章　職業指導・進路指導からキャリア教育へ　………………　91
　　はじめに・91
　　第1節　キャリア教育の源流・92
　　第2節　戦後の職業指導と進路指導・96
　　第3節　日本におけるキャリア教育の展開・97
　　第4節　権利としてのキャリア教育・101
　　おわりに・105

第6章　問題事例と解決の方策　……………………………………　109
　　はじめに・109
　　第1節　いじめ問題・109
　　第2節　各種メディアを通じた問題・127
　　第3節　学級崩壊と校内暴力・137
　　第4節　不登校問題・145
　　おわりに・155

第7章　発達段階と生活指導の課題　………………………………　157
　　はじめに・157
　　第1節　幼児期・158
　　第2節　小学校低学年・170
　　第3節　小学校中学年・182
　　第4節　小学校高学年・192
　　第5節　中学校期・201
　　第6節　高等学校期・213
　　おわりに・223

第8章　特別な教育的ニーズと生活指導　…………………………　225
　　はじめに・225
　　第1節　困っている子どもたちへの気づき・226
　　第2節　「学級集団づくり」・228
　　第3節　共同する学校づくりへ・231
　　おわりに・236

　　索引・239

第1章
特別活動に関する教育政策の変遷

はじめに

　本章は、教職課程履修者を対象に、特別活動について理解を深めてもらうことを目的とし、主として戦後の学習指導要領の歴史的展開を追いつつ、特別活動の意義や課題を概観し、整理する。その上で、文部省（当時）が作成した『小学校指導書──特別活動編──』・『特別活動指導資料』や中央教育審議会答申などに注目し、授業改善に関わる特別活動の評価について論じる。

　戦後、学習指導要領は、1947（昭和22）年、1951年、1958年、1968年、1977年、1989（平成元）年、1998年（2003年一部改正）、2008（平成20）年の計8回に公示されている。現在（2017年1月）は、2017年の学習指導要領改訂に向けた作業が進められているところである。

　特別活動に関しては、1947年版学習指導要領（試案）における「自由研究」、1951年改訂における「教科以外の活動」、1958年改訂における「特別教育活動」と「学校行事等」、1968年改訂以降の「特別活動」へと、時代の変遷に沿いながらその名称を変え、教科あるいは教科外領域の一つとしてまとめられてきた。

　特別活動は教科教育の理論と方法では実現することが困難な分野について、児童・生徒の成長を促すものであり、学校教育において欠くことができない役割を担っている。そこでは、子どもの生活世界と学校生活が結びつけられ、日常の経験と知識が有機的に連関し合う学習活動が行われる。このような特別活動は、児童・生徒の学校生活の満足度や楽しさと深くかかわっており、今後の教育課程でも一層の充実が望まれる。

他方、それらが児童・生徒の資質や能力の向上に十分つながっているのか、改めて検証すべき状況にあることも事実である。したがって、特別活動の理論と方法の変遷を今一度振り返り、その意義と課題を見直すことは、現在の日本の教育課程および教育方法を検討する上で重要な示唆を与えるであろう。

　以下、第1節と第2節では、特別活動にあたる活動の名称の変化を時代に沿って検討していく。名称の変化は、そのまま当時の教科外活動すなわち特別活動が、教育課程においてどのように捉えられていたかを示すからである。名称の変化と、学習指導要領の変遷に関わる時代区分を照らし合わせると、以下の三つに分けることができる（表1-1参照）。

（1）1947年学習指導要領（試案）において必修教科と定められた「自由研究」と、1951年改訂学習指導要領における「教科以外の活動」（1947年～1957年）
（2）小学校「特別教育活動」の内容が明確に規定され、法的拘束力を持った1958年学習指導要領改訂以降の「特別教育活動」と「学校行事等」（1958年～1967年）
（3）「特別活動」となった1968年改訂から2008年改訂学習指導要領まで（1968年～2008年）

　第1節では（1）と（2）の時代、第2節では（3）の時代を検討する。その上で、第3節では、特別活動として定められた1968年改訂から2008年改訂までの特別活動における評価の変遷に注目する。

表1-1　戦後の学習指導要領における特別活動の名称と時数

改訂年度	1947年（試案）	1951年（試案）	1958年	1968年	1977年	1989年	1998年	2008年
小学校	「自由研究」（4年生以上必修）	各学年「教科以外の活動」	「特別教育活動」・「学校行事等」	「特別活動」→				
時数	70～140時間	時間規定なし	時間規定なし	時間規定なし	35～70時間	35～70時間	34～35時間	34～35時間

出典：学習指導要領をもとに筆者作成。

第1章　特別活動に関する教育政策の変遷

第1節　「特別活動」成立以前の時代

第1項　「自由研究」と「教科以外の活動」

　ここでは、1947年学習指導要領（試案）における「自由研究」、1951年改訂における「教科以外の活動」に注目し、その意義や課題を検討していく。
　1947（昭和22）年の学習指導要領においては、子どもの生活を出発点として、教育課程をつくるという方針が打ち出された[1]。学習指導要領一般編（試案）においては、選択科目として「自由研究」が登場し、公教育として位置づけられていた。小学校における特別活動の歴史はここから始まる。「自由研究」は、道徳及び学校行事と並んで学習指導要領によって規定されることになり、小学校の4年生以上の必修科目となった。また、中学校・高等学校では、選択科目として位置づけられた。
　「自由研究」は、教育の一般目標の完全な実現のため、教科の学習だけでは足りない重要な活動の意義を期待されたと考えられる。「自由研究」の活動は、「研究活動」、「クラブ活動」、「自治活動」に分類された。研究活動の主題は、児童の個性、興味、その土地の特異性、季節、学校の設備状況を考え、児童・生徒と教師との話し合いによって選択された[2]。その内容は、当時重視された経験主義（本講座第4巻第3章参照）の考え方に基づくものであり、児童・生徒の経験と自主性を重視するものであった。
　しかし、「自由研究」は、教育目標や活動の範囲が広く、実施状況も学校により様々であり、小学校ではともかく4年間存続したが、中学校ではわずか2年間しか存続しなかった。しかも、中学校については設置された翌年に早くも「効果がうすい」との理由で、廃止の声が文部省内部で挙がっていた[3]。
　その後、1951（昭和26）年の学習指導要領改訂では、「教科以外の活動」が設置された。1950年代になると経験主義は学力低下を招くとの批判が起きたこともあり、学力強化を重視する教育への転換がもたらされた。教育においても各教育機関の裁量に任せる方針から、文部省を中心とする中央集権システムへ

と統制が強められるようになった。その結果、それまであいまいだった「教科」の区分を全国統一的に意識し直す流れが生じ、「自由研究」を教科に包摂した上で、「教科以外の活動」を新たに設けることになったのである。表1－1で示したように「教科以外の活動」の時数規定はないが、内容は「校長・教師・児童がその必要に応じて定めるべきこと」とされており、学校の指導のもとに行われる諸活動であった。活動領域例としては、以下のような内容が示された。

(a) 民主的組織のもとに、学校全体の児童が学校の経営や活動に協力・参加する活動（児童会、児童のさまざまな委員会の活動、児童集会、奉仕等）
(b) 学級単位としての活動（学級会、さまざまな委員会等）
(c) クラブ活動

これらは、戦前の「修練課程」の経験や終戦直後の公民的実習の構想、戦後教育における「自由研究」の反省等を踏まえながら、アメリカにおける課外活動の考え方を導入して集約したものと言えるだろう[4]。

そして何よりも「教科以外の活動」は、児童・生徒たち自身の手で計画され、組織され、実行され、かつ評価されねばならず、教師の指導は、最小限度にとどめるべきとされた。

このように、戦後間もない1947年・1951年の学習指導要領では、学校生活に民主主義を浸透させるというその理念のもと、原則的に民主的な自治的活動を生み出すことになった。その中で実施された「自由研究」と「教科以外の活動」は、学校教育において教科の学習だけでは得がたい自治的・集団的活動などを、様々な委員会活動やクラブ活動を通じて提供したところに、その意義があったと考えられる。

第2項 「特別教育活動」と「学校行事等」

1950年代になると就学人口の増加に伴い、高等学校への進学率が40％を上回る状況になる[5]。進学率の増加や東西冷戦構造を背景として、1958（昭和33）年改訂以降は学習指導要領が「告示」され法的拘束力を持つようになるな

第 1 章　特別活動に関する教育政策の変遷

ど、教育政策は地方分権から文部省主導の方針に変わる。1968年改訂学習指導要領においては、「特別教育活動」の内容も明確に規定されることとなった。「特別教育活動」という用語は、連合国軍最高司令官総司令部民間情報教育局（Civil Information and Education Section：CIE）の中等教育担当官の示したSpecial Curricular Activities の訳であるとされている。これは、従来の教科以外の活動（Extra-curricular Activities）という慣用的に用いられていた用語とは異なり、正式に教育課程に位置づけられた教育活動であることを示すために考案されたものであるらしい[6]。

　先の「教科以外の活動」から大きく変化したこととしては、小学校で「特別教育活動」の内容として「児童会活動」、「クラブ活動」、「学級会活動」が明確に規定されたことである。これは、教育課程編成の観点から見て画期的なものである[7]と評価することができる。

　また、1958年改訂学習指導要領においては、初めて「特別教育活動」、「学校行事」などの目標、内容、指導計画作成及び指導上の留意事項が示され、教育課程に関する法的基盤が整えられた。そこで示された「特別教育活動」の目標は、①児童の自発的・自治的な活動を通して、自主的な生活態度を養い、社会性の育成を図る、②所属する集団の運営に積極的に参加し、その向上発展に尽すことができるようにする、③実践活動を通して個性の伸長を図り、心身ともに健康な生活をする、とされている。こうした目標を掲げていることもあって、「特別教育活動」の内容としては、自発性・自主性を育てること、所属意識・連帯感などを育む集団活動に参加すること、児童一人ひとりの個性や能力を図る活動などに焦点が合わせられた。しかしながら、こうした活動内容に関する理論的な説明は見当たらない。

　ところで、1958年改訂では教科外活動が二分されたことにも触れておく必要があるだろう。1958年改訂では、小学校の教育課程は「各教科・道徳・特別活動及び学校行事」の４領域で編成されていたことからわかるように、教科外教育の領域は「道徳」、「特別教育活動」、「学校行事等」の３領域に区分された。それまで明確な位置づけではなかった「学校行事」、つまり始業・修了式などの儀式、学芸会、運動会、遠足などの指導が正式な教育課程の一つの領域（学

9

校が計画し、実施する教育活動）として性格づけられ、規定されたのである。こうした点を踏まえると、「特別教育活動」と「学校行事等」が区別された時期においては教科外活動における質的変化がもたらされていると言えるが、実際の小学校の授業時間表においては「教科」と「道徳」しか表示されておらず、このことが「特別教育活動」の軽視という問題に繋がった(8)。そのため、実際には、教科外教育を体系化、組織化するところまでは至らず、教師及び学校の自主的な努力を求めるものとして位置づけられるにとどまっていた。また、教科外活動が「特別教育活動」の系列と「学校行事等」の系列に二分されたことにより、学校儀式や行事を通じて展開される児童・生徒の活動が、「自主的で自治的な」集団活動からは、実質的には切り離されることになった(9)。

第2節 「特別活動」の時代

第1項 1968（昭和43）年改訂学習指導要領

　1968年改訂学習指導要領において、小学校では「特別教育活動」・「学校行事等」が統合され、「特別活動」という一つの新しい領域が設けられた。戦後、「自由研究」、「教科以外の活動」、「特別教育活動」・「学校行事等」と、その名称を変えてきた教科外教育の領域も一応の定着を見せたと言える。
　教育課程審議会の答申に示された特別活動の改善の方針を見ると、「特別教育活動」・「学校行事等」の統合が図られたことについて、次のように述べられている(10)。

① 現行の特別教育活動および学校行事等の内容は多種類にわたっているので、これらを精選するとともに、各教科および道徳とあいまって人間関係のうえから重要な教育活動を統合して、新たに「特別活動」を設ける。
② これらの教育活動が、それぞれの特質に応じ、弾力的に運用されるようにし、児童の積極的な参加を通して学校生活の充実、発展に資する。
③ 「特別活動」は、その内容となる活動の性格より、「児童活動」「学校行事」お

よび「その他の教育活動」から成るものとする。

　上記の内容からは、「特別教育活動」・「学校行事等」の統合が図られた理由が、明らかとは言いがたい。また、「特別教育活動」の系列に属する活動と、「学校行事等」や学級指導の系列に分けられており、統合によっても2系列化がまだ解消されていないこともうかがえる。
　1968年改訂における小学校の特別活動は、内容として「児童活動」、「学校行事」、「学級指導」に大きく分類されている。「児童活動」では児童会活動、学級会活動、クラブ活動が重視されており、「学校行事」は儀式、学芸的行事、保健体育的行事、遠足的行事、安全指導的行事に細分化されている。「学級指導」においては、学校給食、保健指導、安全指導、学校図書館の利用指導などが求められた。また特別活動についての全体的な目標は示されているが、1958年改訂学習指導要領にあったような内容ごとの目標は示されなかった。このため、特別活動の実践において何を教えるのかが明確ではないことが課題でもあったと考えられる。

第2項　1977（昭和52）年改訂学習指導要領

　1977年改訂学習指導要領においては、小・中・高等学校で共通して「特別活動」の名称が使われるようになった。特別活動の内容は、1968年改訂学習指導要領とほぼ変わっていない。ただし、それまで中学校と高等学校で取り上げられてきた「勤労・生産的行事」が小学校の「学校行事」にも付け加えられた。1978年に出された『小学校指導書──特別活動編──』[11]を確認すると、勤労・生産的行事のねらいと内容については、次のように示されている。すなわち、「学校生活の中で勤労生産にかかわる体験的な活動を経験させることによって、勤労の価値や必要性を体得させ、他に奉仕しようとする態度を育てる。このような行事には、飼育栽培活動、校内美化活動、学校園の手入れ、校庭の除草活動などがある」とされた。
　また、実施上の留意点としては、教育的な意義を理解させること、生産の喜びを味わえるように指導すること等が記されている。しかし、校内美化活動、

学校園の手入れ、掃除等は、既に「保健・安全的行事」に位置づけられており、なぜ改めて特別活動に付け加えられたのかの理由は明らかにされていない。

1970年代は、高度経済成長とともに、都市化の進行と地方における過疎化・高齢化が問題になり始め、子どもの生活環境も変化しつつあった。そうした背景もあり、この時期には「学校がきらいな子」や「落ちこぼれ」など授業についていけない児童生徒が増加した。

1971年に教師を対象にして行われた全国教育研究所連盟による調査の報告書を見ると、「授業についていけない子どもが半分以上いる」という結果が報告されている[12]。また、国民教育研究所が全国規模で行った学力調査の結果などを踏まえて「詰め込み教育」への批判が生まれ、教科内容の削減などを進める「ゆとり教育」政策への転換が図られた。「ゆとり教育」政策は、1977年改訂、1989年改訂、1998年改訂まで続いた。

1977年の学習指導要領改訂において、特別活動の内容には大きな変化はなかった。しかし、小学校から高等学校まで特別活動が一貫して教育課程に位置づけられたことは、学校の教育課程上から見て意義が大きい。

第3項　1989（平成元）年改訂学習指導要領

1989年改訂学習指導要領においては、教科外の活動領域が「学級活動」、「児童会活動」、「クラブ活動」、「学校行事」の4領域に整理された。

新設された「学級活動」は、それまでの「学級会活動」と「学級指導」を統合、一体化したものである。これは、子どもたちの学校・学級生活における諸問題、基本的な生活習慣の形成、健康で安全な生活などにかかわる主題が、学校や児童の実態に応じて弾力的に学級で取り上げられるようにすることを意図したものである[13]。活動内容は、「学級や学校の生活の充実と向上に関すること」、「日常生活や学習への適応及び健康や安全に関すること」によって構成された。指導に当たっては、児童・生徒一人ひとりの個人的な特質や発達段階に即して指導をすることが勧められている。しかし、具体的な教育方法に関する内容、つまり学級活動に活用できるような理論や実践の詳細に関しては、『小学校指導書──特別活動編──』においても示されていない[14]。

「学校行事」については、集団生活への適応、自然との触れ合い、奉仕や勤労などに関わる体験的な活動を中心とする児童生徒の自主性や自発性を一層重視するようになった。なお、国旗掲揚・国歌斉唱の指導も強調された。

この時期は、「新しい学力観」が提起され、知識・理解や技能のみならず、関心・意欲・態度も重視された時期でもある。1977年改訂学習指導要領においては、小学校1・2年生に「生活科」が新設された。

第4項　1998（平成10）年改訂学習指導要領

国際化、情報化、科学技術の発展、環境問題への関心の高まり、高齢化・少子化などの時代の変化を背景に、1998（平成10）年に告示された学習指導要領では「総合的な学習の時間」が新設されるなど大幅な改訂が行われた。しかし、特別活動に関しては、「中学校学習指導要領解説　特別活動編」や「高等学校学習指導要領解説　特別活動編」において、学級活動がホームルーム活動と言い換えられただけで、あとは1989年改訂学習指導要領と同文である。小学校低学年は「生活科」があるため、特別活動は行われないことになった。

小学校3年生以上において新設された「総合的な学習の時間」に示されるように、この時期には「ゆとり教育」政策のもとで経験・体験を重視する教育が強調された。しかし、特別活動と「総合的な学習の時間」との関連をどう図るか、教育活動として重なる部分ではどのように連携をくむべきかなどの課題は、解決されないまま実施されることになった。特別活動と道徳や「総合的な学習の時間」との時間的・内容的重複などに関する問題は、未だに解決されていない。これらの共通点や相違点を検討し、より効率的な教育活動を追求する必要があると考えられる。

第5項　2008（平成20）年改訂学習指導要領

2008年改訂学習指導要領における特別活動についての方針は、1998年改訂のものが踏襲されている。2008年改訂から小学校における教育課程は、教科、道徳、外国語活動、「総合的な学習の時間」、特別活動で構成されるものとなっている。特別活動は、1989年改訂以降と同様、「学級活動」、「児童会活動」、「ク

ラブ活動」、「学校行事」の4領域に分けられている。2008年改訂学習指導要領における特別活動の目標は、次の通りである。

第1　目標
　望ましい<u>集団活動を通して</u>、心身の調和のとれた発達と個性の伸長を図り，集団や社会の一員としてよりよい生活や人間関係を築こうとする自主的、<u>実践的な態度を育てる</u>とともに、人間としての生き方についての自覚を深め、自己を生かす能力を養う。［下線は引用者］

　ここに示されている通り、特別活動の中心的な目標とは、集団活動の中で自主的、実践的な態度を育てることである。このような目標を達成するための教育的意義として、文部科学省『小学校学習指導要領解説　特別活動編』(2008年)の「特別活動の基本的な性格と教育的意義」において、特別活動の特質として述べられていることをまとめると、次の2点になる。
　1点目は、集団活動を特質とすることである。特に、教科や道徳の指導が主として学級集団を単位として行われることに対し、特別活動は、児童会活動、クラブ活動、学校行事のように、学年や学級の枠を超えて組織された集団でも行われる活動である。
　2点目は、集団による実践的な活動を重視していることである。ここでの実践的な活動とは、児童・生徒が学級や学校生活の充実・向上を目指して、自分たちの力で諸問題の解決に向けて具体的な活動を実践することである。
　ここで重視されている特別活動の特質は、集団活動や集団による実践的な活動であると考えられる。但し、この特質は、総合的な学習の時間とは異なる独自的な特質であるとは、考えにくい。特別活動の基本的な性格、そこで育成すべき資質・能力、指導と活動のプロセスについての構造的な整理が、これからも必要であると考えられる。
　特別活動となった1968年改訂から2008年改訂までの展開過程を整理すると、「特別教育活動」・「学校行事等」が統合され、特別活動になってからは、教育課程の大幅な改訂があっても、特別活動においてはさほど変化が見られないことである。これは、特別活動の主旨と内容が、一応の定着をみせていると肯定

的に捉えることができる。

　一方、問題点も少なくない。特別活動の基本的な性格を定義すること、「特別教育活動」に属する活動と「学校行事等」や「学級指導」に属する活動の2系列化を解消すること、「特別活動」と「道徳」、「総合的な学習の時間」の教育活動の重なりを整理すること、より効果的に充実した活動内容が行えるように、指導の目的とプロセス、評価方法について検討を重ねることが、これからの課題として残されている。

　次節では、特別活動の評価に関する教育政策について議論していく。

第3節　特別活動における評価に関わる政策

　特別活動は、教科や道徳等の指導とは異なる特質を持っている。「特別活動は、様々な集団活動を展開する過程において、児童が相互に尊重し合い、社会性や創造性を身につけるとともに、個性を生かし、協力し合いながら、充実した学校・学級生活を築こうとする自主的、実践的な態度の育成を目指す教育活動」[15]である。

　そのため、児童一人ひとりが個性や能力に応じて主体的に活動し、自己を高めていくことができるよう、指導過程における教育方法と評価の工夫が欠かせない。つまり、教師には高い専門性が期待されるのである。特別活動の変遷において、教師の役割と評価方法は、どのように説明されてきたのであろうか。そこで、本項では「特別活動」として定着した1968年の学習指導要領改訂以降から現在まで（2016年度）の教育評価政策の変遷を中心に検討し、その意義と課題を整理していく。

　1969（昭和44）年度と1978年度の『小学校指導書——特別活動編——』[16]を確認すると、「児童活動」、「学校行事」、「学級指導」において、それぞれの内容ごとに指導計画と評価の必要性が強調されている。特に、学習評価に関しては、「観察法」、「児童の記録や反省の活用」、「質問法」「教師相互の話し合い」を通じて評価することが勧奨されている。

　しかし、具体的な評価方法を見ると、観察法においては「児童の座席表を用

意しておき、話し合い活動の際にその余白などに発言した児童をチェックしたり、発言内容を記録しておくのもよい」というように、事実や所見を記入する必要性のみ示されている。

　1976年の『小学校特別活動指導資料——特別活動の評価——』(17)では一歩前進し、教育現場をかなり意識した特別活動の「評価の実際」などが重要な観点として記述され始めた。児童・生徒の評価方法としては、1969年度、1978年度と同様に「観察法」、「質問紙法」、「自己評価」、「相互評価」を取り上げているが、より授業で活用されやすいように細分化されている。

　表1-2は、特別活動における評価方法をまとめたものである。評価方法の「観察法」は、特別活動における評価方法で主に用いられるものと言ってよい(18)。しかし、観察法では、観察者（教師）の関心や希望などによって、児童・生徒のある特定の行動だけが目についたり、重要な意味をもつ行動の見落としが生じたりしやすい。文部省は、このような問題を認めた上で、観察結果をより正確に記録する方法として、逸話記録法、チェック・リストによる方法、評定尺度法を推し進めた。しかしながら、逸話記録法、チェック・リストによる方法、評定尺度法は、ほとんどが評定を用いて学習の結果やプロセスを確認するに留まる評価方法になっており、評価の結果を学習改善に繋げるには、一定の工夫が必要になると考えられる。

表1-2　特別活動の評価方法

評価方法	観察法	質問紙法	自己評価、相互評価
評価方法の詳細	・逸話記録法 ・チェック・リストによる方法 ・評定尺度法	・自由に記入させる形式 ・諾否を求める形式 ・あらかじめ回答を選択肢として示し、そのうちの一つまたはいくつかをチェックさせる形式 ・順位づけを求める形式 ・評定を求める形式	・作文 ・学級日記 ・グループ日記 ・ゲスフーテスト ・討議法など

出典：文部省『小学校特別活動指導資料—　特別活動の評価』1976年をもとに筆者作成。

　「質問紙法」とは、パーソナリティの特性や行動傾向などの質問項目に対し、児童生徒の自己評定により回答させ、その結果を一定の基準で整理・数量化す

る客観テスト式である。質問紙法は、短時間で多人数に実施可能で、採点が容易である。また、一人の教師が観察では捉えきれない数の項目について、全児童を評価することができる。その半面、児童・生徒の回答を意図的に操作することがある程度可能であること、質問項目の読解力や自己洞察能力に問題がある児童生徒には不適当であることが課題である。

「自己評価」と「相互評価」は、自分を伸ばし、友だちを成長させる効果があることに一番のメリットがあると考えられる。しかし、自己評価は主観的であるため、プラスにもマイナスにも評価を変えてしまう傾向があり、妥当に自己評価できるように導くためには、まず自己評価力そのものを育てることが課題となる。自己評価の観点や評価の仕方を教えるだけではなく、他者評価（相互評価を含む）との組み合わせによって客観的な見方を内在化させることを怠ってはならない[19]。

このように、いずれの評価方法にも必ずメリットとデメリットがあり、唯一の方法というものはない。特別活動の評価となると尚更である。教師は、「観察法」、「質問紙法」、「自己評価」と「相互評価」のそれぞれの特質を見極め、いつ、どのように活用すべきかを常に考えなければならない。

2007（平成19）年1月、中央教育審議会より「幼稚園、小学校、中学校、高等学校及び特別支援学校の学習指導要領等の改善について」の答申が出された。その中では、「特別活動は、望ましい集団活動や体験的な活動を通して、豊かな学校生活を築くとともに、公共の精神を養い、社会性の育成を図るものであり、『生きる力』をはぐくむために重要な役割を果たすものである」と述べられている[20]。また、特別活動の目標に照らして育成しようとしている資質や能力と評価との関係を明確にするため、2008年改訂学習指導要領で特別活動の各活動・学校行事について新たに目標が規定されたことを踏まえながら、各学校において評価の観点を設定し、「指導要録」においても明示することが求められた。併せて、具体的な事実等について「総合所見及び指導上参考となる諸事項」に記すことが強調されている。その際、所属集団の環境や状況に応じて評価方法を工夫する等、一面的な捉え方にならないようにすることが大切であると明確に述べられている。つまり、特別活動で育成しようとしている「自主

性」、「社会性」、「個性」等が、児童・生徒の活動意欲や積極的な態度、正しい知識や適切な判断に基づいた実践などの様々な側面を含んでいることを理解し、各学校で設定した観点に照らして総合的に評価することが大切である、とされている。なお、児童・生徒一人ひとりについて評価する方法としては、それまでも重視されてきた教師による観察法、質問紙法、チェックリストによる評価方法が取り上げられている。

2010年3月、中央教育審議会初等中等教育分科会教育課程部会「児童生徒の学習評価の在り方について（報告）」がとりまとめられた[21]。表1-3は、報告で示された学習評価の改善に関する基本的考え方を、筆者がまとめたものである。2008年改訂学習指導要領における特別活動の評価については、児童・生徒の「生きる力」の育成を目指し、教育目標に準拠した、観点別評価が強調されている。また、学習内容が確実に身に付いたかどうかの評価を行うことや、評価を学習指導の改善に生かすことがポイントとして指摘されている。そして、学力の三つの要素を踏まえて、思考力、判断力、表現力と技能が、指導要録の観点として設定されることとなった。さらに、学習評価の妥当性、信頼性等を高めることが重要であることが明示されている。

表1-3　学習評価の改善に係る三つの基本的な考え方

- 目標に準拠した評価による観点別学習状況の評価や評定の着実な実施
- 学力の重要な要素を示した新学習指導要領等の趣旨の反映
- 学校や設置者の創意工夫を生かす現場主義を重視した学習評価の推進

出典：中央教育審議会初等中等教育分科会教育課程部会「児童生徒の学習評価の在り方について（報告）」（2010年3月）をもとに筆者作成。

特別活動は、活動の場が様々に設定されたり、児童の自主的な活動が展開されたりすることも多い。すなわち、特別活動においては、多面的、総合的な評価が必要になってくる。さらに、特別活動で育成しようとしている「自主性」、「社会性」、「個性」などが、児童生徒の活動意欲や積極的な態度に基づいた実践など、様々な側面を含んでいることを考えると、学習を行う前に、児童・生徒と教師の間で「評価の観点」を共有しておく必要がある。それによって、特

別活動で重視されている「自分の活動を振り返り、自ら改善しようとする自主的、実践的な態度」を養うことが可能になると考えられる。

おわりに

　戦後の特別活動においては、各教科、道徳及び総合的な学習の時間との関連を意識しつつ、教育的価値を高め、児童生徒に多様で有意義な活動を経験させることに力が注がれてきた。しかし、特別活動の目標が、その時代・社会において求められる児童・生徒の「生きる力」を育むことであるならば、特別活動の基本的な性格を定義することや、そこで育成されるべき児童・生徒の資質・能力を明確にすること、さらに指導・活動のプロセスに見られる課題の把握と改善に向けた見直しを継続的に行っていくことが必要である。またそれらは、教育現場を見すえた上で行われなければならない。

　具体的には、特別活動の実施過程における児童・生徒の取り組みをこれまで以上に注視し、その優れている点、あるいは弱点等を、多面的・総合的に評価することが求められる。そのためには、教師が特別活動の特質を備えた明確な教育目標をもち、「何のために行われる活動なのか」を常に意識しなければならない。また、児童・生徒自身にも評価の観点を持たせ、自身が評価に参加していくような評価の在り方が求められる。

　2017年の学習指導要領改訂に向けた中央教育審議会の答申「幼稚園、小学校、中学校、高等学校及び特別支援学校の学習指導要領等の改善及び必要な方策等について」(2016年12月)を見ると、以下のことが強調されている[22]。

・特別活動においては、各教科等の特質に応じて育まれる見方や考え方を総合的に活用し、集団や社会の形成者という視点から問題を見出すこと。

・よりよい人間関係の形成、よりよい集団生活の構築や社会への参画及び自己の実現の視点から、その問題を解決するために考えること。

　このように、特別活動は他教科で得られた知識や考え方を活かし、発展させ、自己実現、人間関係の構築、社会への参画などを促す活動であり、児童・生徒一人ひとりの望ましい人格形成を図る教育活動である。特別活動が充実するこ

とで、いじめの防止、学力向上、自己有用感をはぐくむことにつながると期待できる。

　今後は、特別活動の教育評価の充実を図るために、「個の評価」と「集団の評価」がより重要になるであろう。必然的に、指導要録においても、指導と評価の一体化を図る視点が不可欠になると言えよう。

〈注〉
（1）竹内常一「教科外活動の教育課程化」浅野誠他編著『日本の学力――教科外教育――』日本標準、1979年、141頁。
（2）稲垣忠彦「一九四七年の学習指導要領の作成」肥田野直・稲垣忠彦編著『教育課程総論　戦後日本の教育改革6』東京大学出版会、1971年、220頁。
（3）磯田一雄「学習指導要領の内容的検討（二）――教科外領域における変化とその特質――」、同上書、433頁。
（4）森谷宏幸「『特別活動』の歴史」上杉孝實・皇紀夫他編著『特別活動・教育実習』協同出版、1993年、46頁。
（5）社会実情データ図録のウェブページ（http://www2.ttcn.ne.jp/honkawa/3927.html、2017年1月30日確認）。
（6）磯田、前掲「学習指導要領の内容的検討（二）」441頁。
（7）奥田真丈「学習指導要領の改訂について」細谷俊夫他編『新学習指導要領総論』1958年、54頁。
（8）稲垣、前掲「一九四七年の学習指導要領の作成」346-347頁。
（9）山口満「特別活動と歴史的変遷」山口満・安井一郎編著『特別活動と人間形成』（改訂新版）学文社、2010年、42頁。
（10）教育課程審議会「教育課程審議会の答申に示された特別活動の改善の方針――小学校教育課程の改善について――（答申）」『小学校学習指導要領』1968年、369頁。
（11）文部省『小学校指導書――特別活動編――』1976年、103-104頁。
（12）那覇教育研究所『教師の多忙に関する調査報告書（参考資料）』1971年。
（13）文部省『小学校特別活動指導資料――特別活動の評価――』1989年、2頁。
（14）同上書、13-33頁。
（15）薩日内信一「特別活動の計画と評価」青木孝頼他編『小学校特別活動ライブラリー第2巻　特別活動の計画と評価』ぎょうせい、1985年、7頁。

(16) 文部省『小学校指導書——特別活動編——』1969年。
(17) 文部省『小学校特別活動指導資料——特別活動の評価——』1976年。
(18) 同上書、12頁。
(19) 北尾倫彦「自己評価と相互評価——両者の関係・共通点・相違点——」『指導と評価』1988年、10頁。
(20) 中央教育審議会「幼稚園、小学校、中学校、高等学校及び特別支援学校の学習指導要領等の改善について（答申）」2007年1月（http://www.mext.go.jp/b_menu/shingi/chukyo/chukyo0/toushin/1216828.htm、2017年1月30日確認）。
(21) 国立教育政策研究所教育課程研究センター「評価規準の作成，評価方法等の工夫改善のための参考資料（小学校 特別活動）」2011年、3頁。
(22) 中央教育審議会「幼稚園、小学校、中学校、高等学校及び特別支援学校の学習指導要領等の改善及び必要な方策について（答申）」2016年12月21日（http://www.mext.go.jp/b_menu/shingi/chukyo/chukyo0/toushin/1380731.htm、2017年1月30日確認）。

〈推薦図書〉

相原次男・南本長穂・新富康央『新しい時代の特別活動——個が生きる集団活動を創造する——』ミネルヴァ書房、2010年。

原田恵理子・高橋知己・森山賢一・加々美肇『最新 特別活動論（基礎基本シリーズ3）』大学教育出版、2016年。

藤田英典『新時代の教育をどう構想するか 教育改革国民会議の残した課題』岩波書店、2001年。

山口満・安井一郎偏著『特別活動と人間形成』（改訂新版）学文社、2010年。

渡部邦雄・桑原憲一・緑川哲夫『特別活動指導法——実践的指導力をはぐくむ——』日本文教出版、2009年。

第**2**章

「仲間づくり」の理論と方法

はじめに

　「生活指導」という言葉を聞いて、思い浮かべることは何だろうか。大学の初回の講義冒頭で学生に尋ねると、「避けて通りたい」というイメージの言葉がたくさん挙がる。服装・頭髪・持ち物などの検査、呼び出し・密室・長いなど、否定的な言葉が続々と出てくる。反省文という回答もかなり出る。戦前からある「おわび文」（子どもが悪いことをした後に書いて先生に提出するもの）の伝統が、根強く残っているということだろう。しかし、このような指導は、本来の意味での生活指導とは言えない。本章を読むと、実は生活指導という言葉が、規則に照らして望ましくないものに罰を与える、というイメージとは異なり、むしろ新しい社会や文化の創造を目指した学校の自治や子どもの生き方の指導を指して使われ始めていることに気づくだろう。

　なお、現代では「生活指導」に類する用語として、「生徒指導」という用語が使われている。公文書では、1964（昭和39）年に生徒指導主事を配置し、翌65年に『生徒指導の手引き』を発行した頃から「生徒指導」が使用されている[1]。『生徒指導提要』（2010（平成22）年）でも「『生徒指導』に類似した用語に『生活指導』や『児童指導』がある」と認めた上で、「『生活指導』は多義的に使われていることや、小学校段階から高等学校段階までの体系的な指導の観点、用語を統一した方が分かりやすい」[2]という点から、「生徒指導」を用いたことが述べられている。

　それに対し、本書では「生活指導」の語を使用している。それは、本章で述

べるように、用語の来歴を踏まえて生活指導について考察すべきであるとの立場をとるからである。教育学者・船橋一男は、生徒指導の語が学校の秩序や規律への順応を促すという特徴を有して官制の用語として使用されるのに対し、生活指導は、1930年代に民衆の生活に寄り添う教師たちが一定の近代学校批判や社会批判を込めて生み出した、人にものを教える技であること、既存の体制への順応を促す修身や訓練ではなく、新しい社会や文化を創造する主体の形成を目的とするものとして使用されてきたことを指摘している[3]。

生活指導とは戦前に誕生した言葉で、生活綴方（つづりかた）という草の根の教育運動と深い関係がある。本章では、まず、戦前からの生活綴方における議論がどのように戦後に引き継がれ、そこからどのように学級づくり（「仲間づくり」）の理論が生まれたのかについて概説する。それは生活指導研究の中で厳しく批判され、さらに再評価されていくのだが、その際の論点について整理している。最後に、現代における生活綴方実践における学級づくりについて紹介する。

なお、本章では生活綴方を土台とした学級づくりについて理論的な整理と実践の紹介を行っている。全国生活指導研究協議会（全生研）を中心とした議論は第3章を参照して頂きたい。

第1節　生活綴方の再興と「仲間づくり」

第1項　戦前の綴方に対する注目

生活指導における「仲間づくり」の理論を提唱したのは教育学者・宮坂哲文である。宮坂は、戦後日本の生活指導でガイダンス理論が主流をなし、様々なテストを実施すれば即ガイダンスだと受けとめられる技術主義的偏向を憂いていた[4]。そこで宮坂は、戦前の日本における生活指導に注目し、教育的性質によって分類し、大正期における少定員主義の私立学校[5]の生活指導を人格感化型、生活綴方と生活修身[6]を問題解決型、国民学校公民教師用書の生活指導を躾（しつけ）型と呼んだ[7]。

なお、当時は小学校の規模として18学級以内、一つの学級の児童数は70〜80

名まで許容されていた。それに対し、少定員主義の私立学校はおおむね一学級30名以内、一学年一学級の学校規模で運営された。小規模にすることは、学校における自治を実質化する上で重要であった。

　生活修身は、子どもの生活現実を学習題材とし、修身科の学習活動を自治会の延長と見なしていた点で、確かに生活指導の源流に位置付けることができるものであろう(8)。ただし、宮坂はこの生活修身について、「大きくみれば、国定修身教科書の活用のためという大きな枠の中での教育方法上の新しい方法の試みに過ぎなかった」(傍点著者)(9)と厳しい評価を下している。

　戦前の生活指導の中で、宮坂が特に注目したものが生活綴方であった。氏は、生活綴方においては生活の現実から出発し子ども自身が書いた生きた討議題材を扱っていること、その前提となる個々の子どもの生活の事実を教師が知っていること、教師の側に「生活指導の目標」として明確な問題意識、目的意識や主体的な生き方への探求があることに注目した(10)。

　たとえば、戦前の綴方に関する雑誌や書籍において、生活の指導はどのように語られているのだろうか。『綴方生活』創刊号の巻頭言「吾等の使命」(1929(昭和4)年10月)では「生活重視」をスローガンとして掲げた。第二次同人宣言と呼ばれる「宣言」では、高知で8年8ヶ月教師を務めその後上京して雑誌の編集者となり民間教育運動を支えた小砂丘忠義を筆頭に、以下のように綴方の目的について示している。「社会の生きた問題、子供達の日々の生活事実、それをじっと観察して、生活に生きて働く原則を吾も掴み、子供達にも掴ませる。本当な自治生活の樹立、それこそ生活教育の理想であり又方法である」(11)。ここに見られるように、生活の現実の問題を子どもにもつかませ、教師自身もつかむこと。それを通じて真の自治生活を打ち立てていくことが重視されている。

　この宣言にも名を連ねる鳥取出身の小学校教師・峰地光重は、「生活指導」という言葉を早くから使っていたと思われる人物である。文書上での最も早い使用は、峰地の著作『文化中心綴方新教授法』(教育研究会、1922年)であると言われている。彼は、綴方を「児童の人生科」だとし、「児童の科学・道徳・芸術・宗教」であると提唱した。

さらに峰地は、当時の自治について問題提起も行っている。東京市政調査会『自治及修身教育批判』(東京市政調査会、1924年)によれば、当時の自治は、自分の事を自分ですることと、級長選挙などの役員制度程度のことしか意味していなかったことが示されている。峰地はこうした状況の中で当時の一般の自治会に対して以下のように批判した。「自治会というものが大ていの学校に行われているのを見るが、あれなどはどちらかといえば、自治の美名に隠れて専制の暴威をふるうもので、一種の権威主義の教育だと思う。『近頃、遅刻するものが多い。あれは大変悪いと思います。遅刻しないようにしましょう。』『賛成、賛成』『近頃、あだなを云うものがあります。あれは悪いと思います。お互いにあだなを云わぬことにしましょう』『賛成、賛成。』などと、きわめて簡単に多数決でかたずけていく。何故に遅刻が悪いのであるか、何故にあだなを云うのが悪いのであるか、そこに何らの反省が行われないで一過して行く。子どもがまるで器械人形のように動いている」(12)。『綴方生活』の「宣言」における「本当な自治生活の樹立」はこうした状況への批判意識を持って打ち出されたのである。

この他、秋田市では北方教育社が設立され、雑誌『北方教育』を創刊(1930年)し、北方の厳しい環境に根底をおいて教育全体の検討を行うことが宣言された。冷害その他の理由による厳しい凶作、豊作貧乏、不況などの中で、お互いの生活の共通性(生活台)に根ざした連帯が呼びかけられ、子どもたちの生活現実の中から教育研究を行う北方性教育運動が推進された。

この運動を推進した宮城県の公立小学校教師の鈴木道太は、「ひとりの喜びが みんなの喜びとなり ひとりの悲しみがみんなの悲しみとなる……教室」(13)と語り、これは戦後の生活綴方において生活綴方的「仲間づくり」へと引き継がれていくこととなった。

第2項 生活綴方の戦後の復興と「仲間づくり」への示唆

生活綴方は、戦前に弾圧を受けいったんは断絶させられたものの、戦後に生き延びた者たちが継承し、復興させていた。次に紹介する『山びこ学校』に先駆け、第二次世界大戦後初期の段階で行われたものとして、石橋勝次の東京都

新宿区四谷第六小学校の実践、今井誉次郎の東京都西多摩小学校における取組がよく知られている。新設の社会科において、生活に根ざした作文を書かせ、それを教材として子どもの社会認識と集団形成を高めていく取り組みである。生活指導に限らず、生活、地域、学校に根ざしたカリキュラムと授業開発としても興味深い。

　1950年代になると、多くの綴方実践の記録が発表されるようになった[(14)]。山形の新制中学の青年教師となった無着成恭は、新教育の方法に困惑して同郷の須藤克三（小学校教師を経て新聞社論説委員）に疑問をぶつけたところ、須藤から生活綴方という教育について教えてもらった。山形では村山俊太郎（小学校教師を経て新聞社論説委員）や国分一太郎（小学校教師を経て児童文学作家・教育評論家）らが戦前に教師として努力していたという話を聞き、社会科を手掛かりに綴方に取り組んでいった。生徒文集『きかんしゃ』から主に2年生（1949年度当時）の作品を抜粋して編集・出版した書籍が『山びこ学校』（青銅社、1951年）である。これは戦後生活綴方の嚆矢として注目された。この実践は大きな反響を呼び、後に映画化までされた。『山びこ学校』時の教え子で農家・著作家・詩人の佐藤藤三郎が、自らの受けてきた教育を振り返り、いくつかの著作を出している[(15)]。教育学者・奥平康照は『山びこ学校』を通じて戦後日本の教育思想を検討しており、この書の投げかけた問いを明解に整理している[(16)]。

　山びこ学校に掲載された作品にはいくつか有名なものがあり、江口江一「母の死とその後」もその一つである。母の死をきっかけに、なぜ過労になって倒れるまで働いても家の貧困が改善しないのか考察し、学校もほとんど休んで家の仕事をしている過程で無着から「次の年、［仕事の］計画が立てられるようにつけるんだ。今日からさっそくつけろ」と言われたこと。計画表を学校に持って行ったら、無着が佐藤を含め何人かのクラスメートを呼び、無着が「なんとかならんのか」と言うと、佐藤が「できる。おらだ（自分達）の組はできる」と言ったこと。そして最後にこう書かれている[(17)]。

　　お母さんのように貧乏のために苦しんで生きていかなければならないのはなぜ

か、お母さんのように働いてもなぜゼニがたまらなかったのか、しんけんに勉強することを約束したいと思っています。私が［豊かになるために］田を買えば、売った人が、僕のお母さんのような不幸な目にあわなければならないのじゃないか、という考え方が間違っているかどうかも勉強したいと思います。
　僕たちの学級には、僕よりももっと不幸な敏雄君がいます。僕たちが力を合わせれば、敏雄君をもっとしあわせにすることができるのではないだろうか。みんな力を合わせてもっとやろうじゃありませんか。

　このように、自分たちの家庭・地域の貧困から社会の構造までを考察し、貧しい子どものために助け合う生活が注目されたのである。この作品は文部大臣賞を受賞した。
　なお、『山びこ学校』は子どもの教育への影響のみならず、大人の生活記録運動にも影響を与えた。たとえば、社会学者・鶴見和子は、『山びこ学校』で「生徒も先生もひとりひとりの生徒が持ち出してくる具体的な暮らしの問題を、『自己をふくむ集団』の問題として、一緒に考え、解決しようと努力していること」[18]に強い印象を受け、大人の生活記録運動に関わっていった。生活現実に根ざし、一人の問題を皆の問題として考える方法が学校に限定されずに展開されたことは興味深い。
　兵庫県の山村の小学校教師・小西健二郎は、『学級革命』（牧書店、1955年）を出版し、高く評価された。小西は、1952〜53年度、小学校5〜6年生のときに担任していた学級で起こった「ボス退治」を、「学級の革命」、「子どもの社会の暴力なき革命」と呼び、この記録の中心においた。この「革命」は、やんちゃで、ボスの言うことをきかないためにいじめられていた子の日記から始まる。5年生1月の日記である[19]。

　みんなは直明君にむちゃをされても、先生になんか絶対にいわない。……ぼくは友だちの悪口なんか先生にいいたくないが、腹が立ってしょうがないので書く。直明君は勉強もようするし、野球もうまい。先生にもあまり叱られたことはない。けれども、かげでは、よくわるいことをする。……明日かえりに、ぼくはまた泣かされるかもしれない。直明君ひとりだったら負けないが、『一番、だれ、かかれ。』

と順番をきめて、みんなにつぎつぎけんかをさせるので、ぼくはまけてしまう。ぼくは、直明君と、ひとりとひとりで、けんかをして見たい。負けても勝っても一度だけ、思いきりやってみたい。

　（先生、ぼくはがんばってこの日記を書いたのです。みんなの前で読ませてください。かなんけれど、力をふりしぼってよみます）

　正しい事には正しいと言い、不正には不正と言おうということを教師が繰り返し伝えてきたにもかかわらず、担任を持って9ヶ月以上がたったこの時期に、いじめられていた勝郎以外誰も言ってこなかった。小西自身、気づかなかったどころか、直明はクラスの良いリーダーだとさえ考えていた。小西は強いショックを受け、反省しつつ、勝郎に日記を読むかどうか尋ねたところ、勝郎は明らかに尻込みをしていた。
　そこで、小西は読むことを強要せず、まず自らの指導を変える方針をとった。子どもたちにクラスの身近な出来事を日記などで書くように促した。同時に、学級会とは別にちょっとした不満なども出せる話し合いの会を設け、そこでは教師にも批判できるようにした。批判されれば小西は素直に謝った。そうした中で、子どもたちは教師に対する批判がかなりできるようになった。しかし、直明に対する批判はなかなか出てこなかった。
　2学期になって、直明が野球で自分の好きな友達と同じチームになるためにルールを変えようとし、勝郎たちの批判にあって、野球をやらずに縄跳びをやり、さらに野球をしていた友達を縄跳びに引き抜くということが起こった。勝郎は友だちと相談して、話し合いの会に出すことに決めた。勝郎は、発言の前に「胸がものすごうトントンした」[20]が、決意して「ぼくらは、今までに悪いと気がついたら、みんなにあやまりました。直明君も今までのことを考えて、悪いと思ったら、あやまってください」と静かに発言した。直明は、じっと下をむいて聞いた後、立ち上がり、皆の前で自らの非を認めた。小西のこのような実践は、後に「仲間づくり」の理論化に強い影響を及ぼした（詳細は後述）。
　この他、山形県の農村部の教育実践として土田茂範『村の一年生』（新評論社、1955年）、障害児教育で綴方に取り組んだ長崎県の近藤益雄『この子らも・か

く──おくれた子どもと綴方──』（牧書店、1953年）など、教師自身も自己変革しながら、子どもの考えを重視し、学級づくりを進める綴方の実践記録が多数刊行された。

　また、興味深いのは、この時代から都市で受験が盛んな地域においても綴方実践が行われていたことである。兵庫県西宮市の小学校教師・戸田唯巳は戦前から綴方に取り組み、終戦直後にも文集を発行し、戦後も積極的に取り組んだ。彼の『学級というなかま』（牧書店、1956年）は小学校4・5・6年の実践記録である。当時の全国的な高校進学率は54％弱である中、『学級というなかま』の子どもたちのほとんどは高校に進学しており[21]、私立中学への進学もさかんであったという。

　戸田はこのような地域で、戦後早くから「一枚文集」を発行していた。「一枚文集」とは、一枚、もしくは複数枚といったごく薄い文集であり、週に複数回、場合によっては毎日発行される文集である。教師がコメントをつけるものもあれば、つけないで子どもの作品だけのものもあった。その中では、子どもだけで映画に行ってもよいのかどうか、市販のメンコなどは買ってもよいのかなど、保護者も巻き込んだ議論がなされていた。子ども同士だけでなく保護者との関係づくりに生かすメディアとして興味深い。

　宮坂は綴方教師が指導の記録を工夫していることに注目していたが[22]、それはあくまで教師の目からみた子どもの姿の記録である。一枚文集は、子ども自身の作品が日々記録されていく点で、古くて新しい記録のあり方とも言えるだろう。

第2節　「仲間づくり」の理論とその考察

第1項　「仲間づくり」の定式化とその批判

　宮坂は生活指導について、「生きかたについての指導だ」[23]と端的に述べた。その上で、「生活指導で考えていかなければならぬ子どもの『生きかた』とは、具体的な行動のしかたであると同時に、その行動のしかたを生みだし、またそ

れを与えている、ものの見かた、考えかた、感じかたも大きく含めたもの」であり、「表現された人間的真実」を、「子どもたちの生活意識」として定着させ、「さらに深いものにしていくこと」が必要であると述べた。

　第1節第2項で紹介した綴方の諸実践に学びながら、また、日本教職員組合全国教育研究集会の実践報告などから[24]、宮坂は、上述のような指導のためには「基礎的な知能や技能の習得」だけでなく、「学級集団の人間関係の問題」が前提としてあるとした。つまり、生活綴方に対する理解を深めると同時に、生活指導における学級集団の重要性に注目したのである。その上で、宮坂は次のような「仲間づくり」（生活綴方的学級づくり）の定式化を行った[25]。

1　学級の中に何でもいえる情緒的許容のふんいきをつくること。
2　生活を綴る営みを通して、ひとりひとりの子どもの真実を発現させること。
3　ひとりの問題を皆のもんだいにする。

　しかし、宮坂のこのような定式化は、教育学者・竹内常一によって厳しく批判された。竹内は、宮坂が「教師側の絶対的寛容、教師の感情移入的な児童理解、自然主義的児童観」に立っていると指摘し、これは生活綴方や、集団主義的教育が「教師は児童の生活現実の認識と子どもの生活認識との対立、いいかえれば認識のしかたの争奪をとおして子ども理解をすすめると同時に生活指導を展開する」ことと「本質的に対立する」[26]と指摘した。

　教育学者・城丸章夫は、宮坂の「定式化」について、生活綴方の持つリアリズムが十分継承されていないと批判した。また、「子どもの意識の指導」にとどまり、「実践（行為・行動）が欠落している」ため、生活指導の方法としては重大な欠落を持っていると指摘した。さらに、「情緒的許容」と「何でもいえる」学級とは別のものであること、「情緒的許容」は「許しあう諸個人」を生み、これは「『真実の発現』＝＜リアリズムの追求＞」を制約するものであること、「ひとりの問題が皆の問題となる」段階で初めて特定の子ども以外も「何でもいえる」ようになるはずであるから、この「情緒的許容」の段階の設定は無用であり、「何でもいえる」という段階はむしろ教育の所産であると指摘し

た(27)。

　実践家の間でも議論が行われ、香川県の中学校教師・大西忠治は、ボスとリーダーの区別はそれを支える集団の質にあるにもかかわらず、小西はその点に無自覚であり、個人の認識の問題に帰してしまっていると批判した(28)。これに対して、小西は大西が集団の組織づくりに性急であり、子どもたちの内面の真実に迫り得ない危険性を指摘した(29)（大西の理論的・実践的展開は第3章を参照）。

第2項　宮坂の「仲間づくり」の再評価

　その後、宮坂は、「定式化」の三段階論に対する批判の中で、生活綴方による学級集団づくりについて、「子どもの集団の質的変革をとおしての人間づくり」が必ずしも中心的なねらいにはなっておらず、むしろ「文章表現をとおしての意識づくり」が「固有のしごと」である、との見解を表明していった(30)。1961（昭和36）年8月には「生活指導とは集団づくりのことだ」と明言し、その「集団づくり」は、体制づくりと意識づくりの二つの側面があり、両者は「集団づくり」という一つの実践のもつ二つの局面にすぎないとした。

　このように、宮坂が生活指導の側面に「意識づくり」を位置づけたことについて、城丸は積極的継承を試みた(31)。彼は、生活綴方が「作文を媒介として生活を見るということ自体が、教師や仲間によって守られている生活から、校外の生活を見るという意味を担っている」として、生活綴方的生活指導を「校内での行動と校外での行動との統一と相互浸透の問題」として、行動の問題として捉えようとしたのである。

　城丸は、1976年には宮坂の「意識づくり」について行動を組織する「民主的交わり」として位置づけ、「集団づくり」が「自治集団の形成」と「民主的交わり」の両者を統一した概念であるとした(32)。その際に、宮坂の「意識づくり」の側面の取り組みからは、「自治という問題が発展しにくい」こと、そのため自治集団の形成の仕事は重要であると指摘しながらも、「民主的交わり」の独自の役割についての探究の必要性を述べた。彼は、「集団づくり」の仕事を学齢期に限定せず、「乳幼児に育ってくる人間への関心をどう導くかということ、またその導きが自治集団の教育にまで系統的につらなっていく道筋」を探求す

る必要があることを主張するのである。この時の城丸の主張は、「民主的交わり」という概念が、学童期や、特に青年期においてどのような独自の役割を果たすのかという問題には答えていないが、行動の変革を目的とする生活指導における「意識づくり」の位置づけが、発展的に行われたと言える。

　教育学者・坂元忠芳[33]も、城丸と同様に、宮坂が「意識づくり」の役割を重視したことを評価した。坂元は、生活綴方が子どもの文章表現指導をその固有の領域として生活指導を行ってきたという事実を重視し、生活綴方は行動の組織をめざす集団主義教育に対して、「媒介（行動と認識を結合させる）の役割をはたしながら、やはり『表現を組織する』という点で固有の領域を主張する」[34]と述べた。生活綴方は「生活表現の組織化を通して、集団主義教育に展望を与え、集団相互のつながりと各々の集団のはたすべき役割とをいっそう明確にする」ため、「子どもの表現形態を組織していく訓練体系」として、独自に探究していく必要があるという[35]。さらに、「生活に根ざし、生活を変えるという子どもの目的意識性を形成するという目標に向って、まず子どもの行動と認識を結びつける働き」が生活綴方にあり、「この意味で表現は認識と行動を媒介することによって、子どもの発達の原動力を形成しようとする」と言う。また坂元は、ソビエト連邦の政治家で教育者のクルプスカヤ（Nadezhda K. Krupskaya）を引きながら、表現による相互理解が集団を組織し、それによって子どもが発達することを指摘した[36]。

　坂元、城丸の両論は、教育学者・宍戸健夫[37]によって高く評価された。宍戸は、坂元が生活綴方的生活指導を「生活訓練としての表現指導」として再構築しようとしたのに対して、城丸は「『行動』を組織するものとしての『民主的交わり』の指導」として再認識したと位置づけている。これら両論は「統一的な理論として再構成されなければならない」と述べ、これは「表現」と「生活」の問題にほかならないとされた。

　坂元と同じく、生活綴方に対して学習指導、生活指導とは独自の役割を見出しながら、教育学者・佐藤広和[38]は、それが領域としてではなく教育作用であるとしたことの意義を問うた。佐藤は、宮坂が生活綴方における生活指導の独自の任務を、教授や訓練とは区別される態度の形成とし、それを「第三の教

育作用」としたと主張する。佐藤はその内実について「『物の見かた、考えかた、感じかた』の指導であり、「一人ひとりの子どもの固有な思考方法と行動方法の基底にあるものを直接指導の対象とする」という。その上で、佐藤は宮坂の提起の意義を、子どもの発達を実現するために必要な「子どものレベルをふまえ、それと矛盾をおこし、それを克服するような方法」で要求を提出できる点に求めた。佐藤は、宮坂が「個人の問題を個人の問題そのものとしても扱う必要がある」と考えて、科学・集団のどちらからのベクトルでも扱えない子どもの悩みそのものを扱うことができる「第三の教育作用」を位置させようとした点を評価するのである。

　坂元、佐藤は宮坂の生活綴方論に対してある意味で対立する評価を下している。しかし、両者ともに子どもの発達と生活綴方の関係に注目している点は興味深い。その上で、坂元は「表現を組織する」こともその本質的過程であると捉えたのに対し、佐藤は「個の問題を個の問題として」捉えるところに指導の契機を見出しているのである。

　こうした生活指導における生活綴方の任務についての理論的検討が行われる一方、国語科ではない教科における生活綴方の取り組みも展開された。高校の数学教師・仲本正夫は数学が苦手な青年への指導を試行錯誤する中で、生活綴方と数学指導を結びつけ、数学の時間にも子どもたちが文章を綴ることを重視した。仲本は、数学指導を軽視したのではなく、確率統計、微分積分などの高校数学を深く学び新しいものの見方を手に入れることと、青年が率直な感想（数学だいきらい、など）を綴ることの両方が青年期の自立にとって重要だと考えたのである。仲本は、学級担任を持っていなかった時に教科通信を発行して活用するなど、教科の指導と生活綴方を積極的に結びつけたユニークな指導を行った[39]。

第3節　現代の生活綴方と生活指導

第1項　子どもに寄り添う指導の再評価

　1990年代に入ると、改めて、個としての子どもに寄り添うことと、学級づくりとの関係で書くことの指導を捉える実践が多く発信されるようになった。1999（平成11）年頃には、子どもたちの「荒れ」、学級崩壊等、子どもたちの変化が数多く報告される中で、「子どもたちの抑え込んでいた感情の溶けかかりとしての表出を見逃さず受け止めていかなければならない」[40]ことが示された。イラつきやムカつきのの表出を「荒れ」とひとくくりにせず、その背後にある問題を丁寧に見つめ、子どもたちがあるがままの思いを表出できるような関係を築き、そこから子どもたちの人間的な成長をめざし、生活に根ざした人間的なことばの獲得を目指したのである。

第2項　子どもの変化と生活綴方

　こうした子どもたちの変化を捉えたものとして、鹿児島県の公立中学校の国語教師・中俣勝義の一連の実践記録がある[41]。中俣によれば、1980年代には担任がいじめに遭った子どもの側に立つと協力してくれる子どもたちがいた[42]。また、1990年頃の子どもたちは、「ムカツクことがあれば公然とトイレのドアをたたき壊した。……怒りが見えているぶん、[私は]怖い思いをしてもまだ安心していられた」[43]という。
　しかし、2005年の著書では、「人間関係が希薄になっているし、違いを認め合うことがなかなかできない。だから相談することもなくためこんでいく」[44]子どもたちと出会った。聴いてほしいと強く思いながら、自分の思いを表に出せない子どもが増えてきたのである。さらに、2010年の著書では、教師がいじめにあっている子どもをかばう行動を「ひいき」と書く子どもたちと出会った。中俣がいじめ問題に一生懸命取り組めば取り組むほど、「勉強もよくする普通の子たちと私との間に、ひんやりした空気が流れていた」[45]という。

中俣は、子どもたちの卒業前に「何でもいいから書いてほしい」と呼びかけた。すると、ある生徒が「だれにも当たれずに、ただ生きている。つまらない人生を送っている。そんな子に、先生達は、あの子は大丈夫だとか思わずに話しかけて欲しい」(46)と書いてきた。これを読んで、中俣は、普通の子、よくできる子たちを、「こんなことぐらい君だったらできるだろう」と放置してきたことに思い至った。その後、子どもたちがためこんだ思いをいつこぼしてもいいように、日記や、作文や、テスト用紙の裏などを使っていった。中俣は、この時、手伝いや労働、家族への気づきといった暮らしについて書く綴方から、上記のような「子どもの内面の世界と向き合う綴方」(47)へとギアを切り替えたという。

　京都市の小学校教師・小松伸二は、教師になってしばらくは班や集団討議を重視する実践を行っていたが、その後、綴方中心の実践を展開していった(48)。現在では、子どもたちが何げなく書いてくる作品の中から注意深くその子がおかれている家庭の状況を探り、励ますことが重要だと指摘する。子ども理解の要になるのは、普段の姿から想像することだけでなく、子どもの作品をきちんと読むことである。しかし、容易に本音を書かない時代において、これは簡単なことではない。小松は、子どもの作品を、そのほかの情報を聞かないで読み、十分に議論したのちに、その作者を担任している教師から作者や作品の背景について聞くという「作品研究」を行い、教師サークルの中で作品の「読み」を鍛える取り組みを継続している。それと同時に、子どもたちが来たくなる、書きたくなるような授業や文集発行、学級づくりも行ってきた。ごく普通の子どもたちとも丁寧に向き合うことで、困難な状況下にある子どもが浮かされず、クラスの中で助けあう関係が築かれていく。このような実践が現代の生活綴方では行われている。

　こうした、子ども自身が内面と向き合い表現することを励まし、そこに共感的に関わる取り組みについて、カウンセリングとの共通性を感じる読者もいるだろう(49)。ただし、生活綴方は、子どもたちが日常的な取り組みの中で自ら集団で文化を生み出すことと、系統的な文化学習を並行して行う学級生活の中で行われており、カウンセリングとの違いも多く見られる。

東日本大震災で被災した子どもたちが卒業する前に気持ちを見つめ、表現する命の授業の取り組みも行われてきた。ずっと本音に蓋をしたままではいけない、そう感じた教師たちが、専門家の支援も受けて、子どもたちの思いに丁寧によりそいながら書くことを励ましてきた。小学校教師としては白木次男、中学校教師としては制野俊弘が実践記録を発表している[50]。性急な取り組みとならないよう慎重に進めなくてはならないが、一方、学校を出た後には一層誰にも語ることのできない生活になる——そうした切実さの中で、職場での議論も経て取り組まれた実践である。表面的な明るさで誤魔化してしまわず、大事な問題を語ることのできる学級を育て、語ること、書くことを励ましていくこと。読みあい聴きあう中で一層関係が深まっていくこと。こうした「仲間づくり」は、子どもたちが過酷な状況から前を向いて歩くきっかけをつくっていると言えよう。

制野俊弘の実践記録は、保健体育の時間を使っての命の授業と、体育祭や文化祭といった文化創造の取り組みを中心に描かれている。子ども自身の思いと、教科の学習の両方に深く根ざすこととが相互作用をもたらし、思春期の子どもたちが、自らの思いを表現して、他者と共に生きることを励ましている。

制野や前述の仲本の取り組みは、教科と生活指導の関係について改めて理論的に考察する必要性を示している。制野の学級通信には、子どもの日々の思いが書かれた日記、教科で気づいたこと、教師からのメッセージ、時には保護者からの一言などが掲載されている。子どもと教師と保護者、教科の指導と生き方の指導をつなぐメディアとしても興味深い（図2-1）。

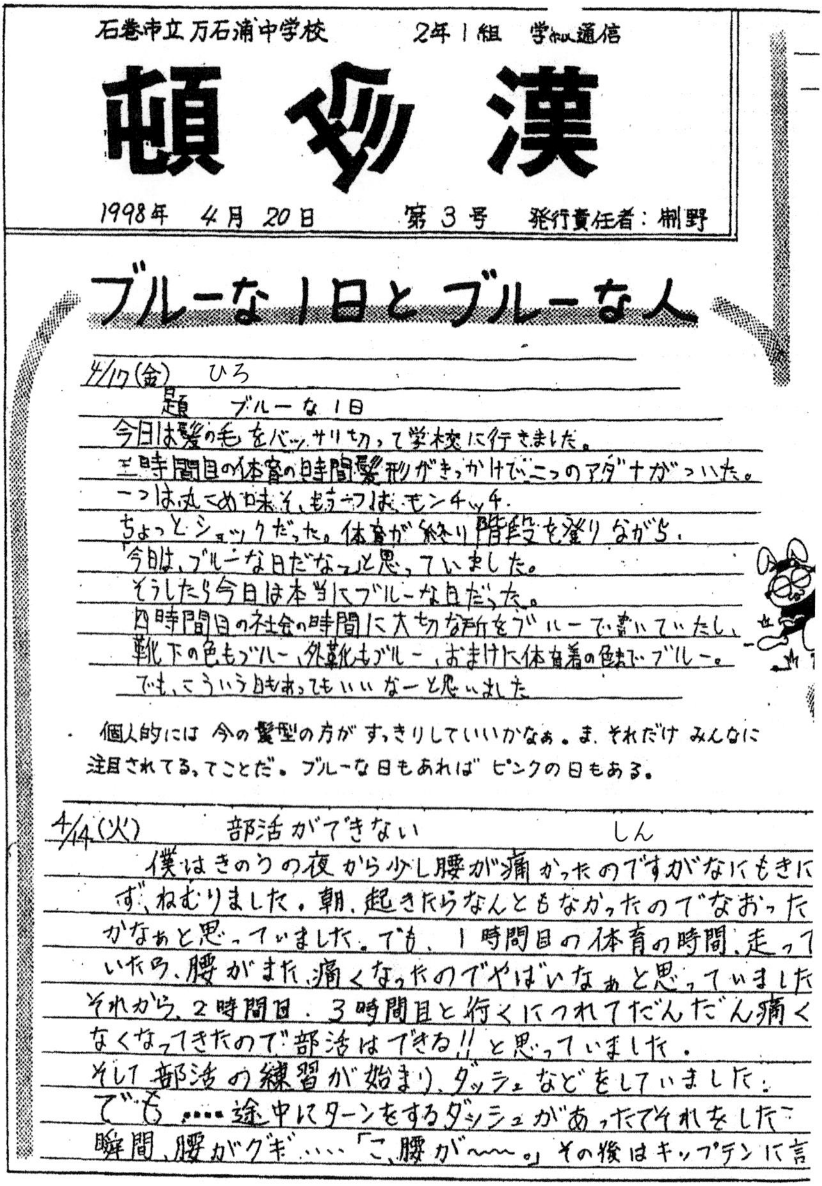

石巻市立 万石浦中学校　　2年1組　学級通信

頓珍漢

1998年 4月20日　　第3号　　発行責任者：制野

ブルーな1日とブルーな人

4/17(金)　ひろ
　　題　ブルーな1日
　今日は髪の毛をバッサリ切って学校に行きました。
三時間目の体育の時間髪形がきっかけで二つのアダ名がついた。
一つは丸こめ味そ、もう一つは、モンチッチ。
ちょっとショックだった。体育が終り階段を登りながら、
今日は、ブルーな日だなっと思っていました。
そうしたら今日は本当にブルーな日だった。
四時間目の社会の時間に大切な所をブルーで書いていたし、
靴下の色もブルー、外靴もブルー、おまけに体育着の色までブルー。
でも、こういう日もあってもいいなーと思いました。

・個人的には 今の髪型の方が すっきりしていいかなぁ。ま、それだけ みんなに
　注目されてる、てことだ。ブルーな日もあればピンクの日もある。

4/14(火)　　部活ができない　　　　　　　　しん
　　僕はきのうの夜から少し腰が痛かったのですがなにもきに
ず、ねむりました。朝、起きたらなんともなかったのでなおった
かなぁと思っていました。でも、1時間目の体育の時間、走って
いたら、腰がまた、痛くなったのでやばいなぁと思っていました
それから、2時間目、3時間目と行くにつれてだんだん痛く
なくなってきたので部活はできる!!と思っていました。
そして部活の練習が始まり、ダッシュなどをしていました。
でも‥‥‥途中にターンをするダッシュがあってそれをした
瞬間、腰がグキ‥‥‥「こ、腰が〜〜〜」。その後はキャプテンに言

図2-1　学級通信「頓珍漢」（制野

第2章 「仲間づくり」の理論と方法

て練習を見学しました。他の人の練習を見ていると体がムズムズして練習をやりたくなってきました。だから、早くなおして練習をさいがいしたいです。　　おわり

腰は読んで字のごとく、体の要だ。「月」はにくづきと言って体を意味する。「要」とはかなめと読み、大切なところという意味だ。腰を大事にして下さい。

4/17　今日の体育で　　　　　けん
(金)　今日の体育の授業でリレーをした。どう走ったらとなりのチームに勝てるか考えた。そして…わかったのだ。
はじめの何歩かを早くする。もう一つは
※次からは図で表します。

(スタート)　5.0m　(ゴール)
┝━━━━━━━━━━━━━┥

相手が上のようにしてきたら

┝━━━━━━━━━━━━━┥

上のようにすると勝てる(たぶん)。

なかなか鋭い指摘だ。授業を受けてない人はちょっとむずかしいかも。「50mを2人でつなぐ」ただこれだけの課題なのですが、なんのなんの奥が深い。賢一のように深く探ることはとても大切なことだ。

この間、ある先生に今年は「とんちんかんだね」と言われた後、「なんでとんちんかんなんだ?」と聞かれた。「やっぱとんちんかんなやつを大切にしなきゃ」と答えたら、「へぇ〜」と感心してた。
クラスには気のきく人もいればほとんど気のきかないボーッとした人もいる。39人には39人分の色があることは第1号で言った通り。「じゃ、みんな勝手に自分の色に染め上げればいいじゃないか」となったんじゃ意味がない。色というのは相対的なもので、他の色(いろんな性格や気性のこと)があるから自分も映える。とんちんかんな人がいるから気のきく人が光る。気のきく人がいるからとんちんかんな人のおおらかさや人間味がわかる。とんちんかんをクラスの宝に。そんなクラスがいい。(担)

俊弘氏提供、筆者が一部改変した)

おわりに

　以上のように、生活綴方の実践を通じて生まれた仲間づくりは、生活指導の理論的・実践的検討の中でその価値を再評価されてきた。生活綴方は草の根の教育運動であり、家庭や地域、社会が変化する中で、子どもの指導に直接関わる教師が自主的に探究し、かつ集団論議の中で模索し編み出してきたものである。どの領域で中心的に実践するのか（国語科や社会科といった教科なのか、教科外なのか）や、中心的な指導のメディアである通信や文集の使い方・形態も、時代によっても変化し、教師によっても異なっている。一つひとつの実践記録を丁寧に読み込んでいくことが重要になる。

　そうした実践の固有性が、生活綴方とは何かについて理解する困難さにもつながっているのだが、むしろ教師の主体的な教育実践であるからこそ、子どもたちが心と体、命の危機にさらされる状況にある時に、また、学校教育の存立基盤が問われている時に、今必要な指導とは何かを提起している実践として注目を集めてきたのであろう。

　生活綴方は、第3章、第4章で中心的に取り上げられる実践と比べると、子どもの書きことばの表現を重視している点が特徴的である。作文や詩、日記（時には落書きのように書かれたものもある）などを重視することで、教師の一瞬の見とりだけではなく、子ども自身の意図的な表現を土台に、子ども理解を深めていくことができる点は重要である。しかし既に述べたように、子どもが自己認識や他者認識、社会認識を深めてありのままに書くということには大変な困難が伴う。建て前を書いた方が手っ取り早く良い評価を受ける時代に、子どもが何でも言える雰囲気をどう築いていくのか。そういった点からも、生活綴方的学級づくり（「仲間づくり」）について、改めて検討することが重要になろう。

〈注〉
（1）文部科学省『生徒指導関係略年表について』を見ると、1956年まで生徒指導と生活

指導が混在しており、このころまでは公文書上も生活指導、生徒指導の両方の語が使われていたことが分かる（http://www.mext.go.jp/a_menu/shotou/seitoshidou/04121504.htm、2017年1月30日確認）。
（２）文部科学省『生徒指導提要』7頁、コラム欄参照。
（３）船橋一男「生活指導」木村元・小玉重夫・船橋一男『教育学をつかむ』有斐閣、2009年、147-156頁。
（４）宮坂哲文『生活指導』朝倉書店、1954年、58頁。詳細は、本書第3章を参照。
（５）たとえば、中村春二の成蹊学園は1学級20名、児童の村小学校は50名あまりの子どもを4組に分ける（開校当初）、沢柳政太郎の成城小学校は50名を3組に分ける（開校当初）という体制であった。
（６）宮坂、前掲『生活指導』80頁。
（７）同上書、113頁。
（８）生活修身を体系的に示したものとして、奈良女子高等師範学校訓導であった岩瀬六郎による『生活修身原論』明治図書、1932年がある。
（９）宮坂、前掲『生活指導』80頁。
（10）同上書、41-60頁。
（11）「宣言」『綴方生活』1930年10月。
（12）峰地光重『文化中心国語新教授法』教育研究出版会、1925年、60-61頁。
（13）鈴木道太『生活する教室――北方の教師の記録――』東洋書館、1951年、154頁。
（14）生活綴方研究という点では、『山びこ学校』と同年の1951（昭和26）年に発行されたさがわ・みちお（寒川道夫）編『山芋』（百合出版）、国分一太郎『新しい綴方教室』（日本評論社）も重要である。なお、『山芋』は少年大関松三郎の詩を寒川が編集したものと長く理解されてきたが、その成立過程については検証が進められ、疑念が提出されている。太郎良信『『山芋』の真実――寒川道夫の教育実践を再検討する――』教育史料出版会、1996年参照。
（15）佐藤藤三郎『25歳になりました』百合出版、1960年。同『山びこ学校ものがたり――あの頃、こんな教育があった――』清流出版、2004年。同『ずぶんのあだまで考えろ――私が「山びこ学校」で学んだこと――』本の泉社、2012年など。
（16）奥平康照『「山びこ学校」のゆくえ――戦後日本の教育思想を見直す――』学術出版会、2016年。また、作家佐野眞一によるルポタージュも当時の実践を理解する手助けになる。佐野眞一『遠い「山びこ」――無着成恭と教え子たちの四十年――』文芸春秋、1996年。
（17）無着成恭編『山びこ学校』岩波書店、1995年、37-38頁。
（18）鶴見和子「『山びこ学校』は歴史を創る」無着編、同上書、358-359頁。

(19) 小西健二郎『学級革命──子どもに学ぶ教師の記録──』牧書房、1955年、168-171頁。
(20) 同上書、205頁。以下、この段落中の引用は勝郎の日記からである。
(21) 杉山明男「『学級というなかま』解説」宮原誠一・国分一太郎監修『教育実践記録選集1』新評論、1965年、139頁。
(22) 宮坂、前掲『生活指導』41-60頁。
(23) 宮坂哲文「生活指導の本質」『講座学校教育11 生活指導』明治図書、1956年、1頁。『宮坂哲文著作集Ⅰ』明治図書、1968年、284頁にも所収。
(24) 全国教育研究集会実践報告については、本書第3章参照。
(25) 春田正治・宮坂哲文「第十分科会 生活指導」日本教職員組合編『日本の教育第六集(第六次教育研究集会全国集会報告)』国土社、1957年、357頁。実際は宮坂が執筆したものである。詳しくは春田正治『戦後生活指導運動私史』明治図書、1978年、35頁参照。
(26) 竹内常一『生活指導の理論』明治図書、1969年、31頁。
(27) 城丸章夫「戦後生活綴方運動と生活指導(3)」『生活指導』1969年6月号、78-89頁。
(28) 大西忠治「『学級革命』批判」『生活指導』1962年9月号、115-121頁。
(29) 小西健二郎「『学級革命』批判を読んで」『生活指導』1962年12月号、66-71頁。
(30) 宮坂哲文『現代学級経営2 学級づくりの理論と方法』明治図書、1961年、114頁。
(31) 城丸章夫「生活綴方における民主主義の原則」『生活指導』1974年4月号、12-21頁。
(32) 城丸章夫「子どもの発達と集団づくり」『生活指導』1976年5月号、12-21頁。城丸の「民主的交わり」概念の生活指導論における意義についても深められている。山本敏郎「自治集団の基本構造」『生活指導研究』第4号、1987年、150-164頁。船越勝「生活指導における『交わり』概念の構造」『生活指導研究』第7号、1990年、138-152頁。
(33) 坂元忠芳「生活綴方の今日的意義──生活綴方教育と集団主義教育との関連を中心に──」『教育』1970年2月、56-69頁。以下、坂元に関する引用は、この論文による。
(34) 同上書、66頁。
(35) 同上書、69頁。
(36) 村上純一も、宮坂の生活指導論の検討を通して「外から組織づくり論を導入するのではなく、綴方教師たちの組織づくり論をあくまで生活綴方のリアリズムとの関連で深めるという方向」の研究が必要であるという(村上純一「宮坂哲文の生活指導論と生活綴方論──晩年の生活指導概念規定の検討を中心に」東京都立大学教育学研究室『教育科学研究』第8号、1989年7月、56頁)。
(37) 宍戸健夫「生活指導論」小川利夫・柿沼肇編『戦後日本の教育理論』ミネルヴァ書房、1985年、112-152頁。

(38) 佐藤広和「北方性教育運動研究に関する一試論――研究の課題と教育実践史的方法の可能性について――」『三重大学教育学部研究紀要』第30巻第4号、1979年2月、29-31頁、Ⅱの補注。
(39) 仲本正夫『新・学力への挑戦――数学で新しい世界と自分が見えてくる――』かもがわ出版、2005年。
(40) 日本作文の会編『子どもの人間的発達と生活綴方』本の泉社、2011年、106頁。
(41) 中俣勝義『先生！行き場がない』エミール社、1991年。同『先生！聴いて』民衆社、2005年。同『風のらーふる』青風社、2010年。
(42) 中俣、前掲『風のらーふる』96頁。
(43) 中俣、前掲『先生！聴いて』50頁。
(44) 同上書、53頁。
(45) 中俣、前掲『風のらーふる』95頁。
(46) 同上書、111頁。
(47) 同上書、115頁。
(48) 小松伸二『学級の困難と向き合う――子どもの"持ち味"を生かした学級づくり――』かもがわ出版、2015年。
(49) カウンセリングのラポートづくり、カタルシス、洞察という取り組みと生活綴方の歴史的実践を比較する研究として、戸田金一「心の教育としての北方教育」成田忠久監修、戸田金一・太郎良信・大島光子編著『手紙で綴る北方教育の歴史』教育史料出版会、1999年、487-499頁がある。
(50) 白木次男『それでも私たちは教師だ――子どもたちと共に希望を紡ぐ　ドキュメント　津波と原発災害の地、福島で――』本の泉社、2012年。制野俊弘『命と向き合う教室』ポプラ社、2016年。制野氏の講演記録・資料は、京都大学オープン・コースウェアでも公開されている（http://ocw.kyoto-u.ac.jp/ja/opencourse/127、2017年1月30日確認）。

〈推薦図書〉
宮坂哲文『生活指導』朝倉書店、1954年。
小西健二郎『学級革命――子どもに学ぶ教師の記録――』牧書店、1955年。
小松伸二『学級の困難と向き合う――子どもの"持ち味"を生かした学級づくり――』かもがわ出版、2015年。
白木次男『それでも私たちは教師だ――子どもたちと共に希望を紡ぐ　ドキュメント　津波と原発災害の地、福島で――』本の泉社、2012年。
制野俊弘『命と向き合う教室』ポプラ社、2016年。

第3章
「集団づくり」の理論と方法

はじめに

　班をつくり、班長を選び、班活動を行う。日直や係を設け、学級での仕事を分担する。これらは、現在でも、多くの小学校・中学校で実施されている学級づくりや学級経営の方法であろう。けれども、班をつくったり、日直や係を設けることには、どのような意味があるのだろうか。それは、単に子どもたちをしつけるための活動なのであろうか、それとも子どもを上手く動かすための教師の技術なのであろうか。

　本章で紹介する「集団づくり」とは、そうした班、日直や係活動などを通して、共同と連帯に支えられた学級を、子どもたち自身がつくっていくことを実践的に追究してきた教師たちの理論と方法を指す。それは、子どもたちの心情的な許容の関係を引き出す方法でも、単に集団の規律や体制をつくりだす営みでもない。学校や学級の中に子どもたちの居場所をつくり、それを拠点に、彼・彼女らを取り巻く生活の改革に主体的に取り組ませることで、社会をつくり、つくりかえていく力、すなわち社会制作の力を獲得させようとするものである。

　本章では、第二次世界大戦後、「集団づくり」を方法原理として生活指導の理論と実践を、一貫して追究してきた全国生活指導研究協議会（以下、全生研）の足跡に即しながら、その理論と方法の発展をたどることにする。

第1節　「仲間づくり」としての生活指導

第1項　生活綴方教育の継承と生活指導

　戦後初期、学校現場での生活指導実践を先導していたのは、アメリカから輸入されたガイダンス理論であった。それは、一人ひとりの子どもの現状理解から出発し、子どもが何を必要としているのかを探り、援助しようとする点に特徴を持っていた。しかしながら、それは、個々の子どもたちが持つ個性や能力を標準テストや観察、面接、自己評価等を用いることで見つけ出そうとしたがゆえに、結果としてテストや面接の実施を生活指導と捉える技術主義的風潮を生み出した。また、その援助概念も、社会が求める能力や個性への応答という社会適応的な側面を強く持っていた。

　こうした生活指導実践をめぐる状況の中で、戦前の生活綴方(つづりかた)の復権を掲げたのが、戦後初期の生活指導実践と理論を牽引(けんいん)した教育学者・宮坂哲文であった。1954（昭和29）年に刊行された著書『生活指導』（朝倉書店）の序の中で、宮坂はその幕開けを高らかに告げている。アメリカのガイダンス運動の導入によって「戦前における日本の教育界の先人たちが切り拓いてきた生活指導の系譜が忘却される結果となった」。「生活指導という言葉を、ガイダンスという英語の単なる訳語としてではなく、日本における生活指導の系譜のすぐれた部分の発展的継承と、新しい科学技術を含むガイダンスの概要内容の自主的摂取とによって成りたつ、よそからのかりものではないわれわれ自身の言葉として設定しなければならないであろう」[1]と。

　宮坂は、生活綴方の復権によって、戦前から続く日本固有の生活指導論の発展的な継承を志したのである。それは、戦後初期、生活綴方教育の思想と方法を受け継ごうとした無着成恭の『山びこ学校』や小西健二郎の『学級革命』の教育実践記録、あるいは東京都新宿区の四谷第六小学校や京都市の旭丘中学校における生徒自治の実践を、生活指導の観点から意義づけようとするものでもあった（第2章を参照）。

第2項 「仲間づくり」としての生活指導論の展開

　宮坂の呼びかけに呼応するように、生活綴方教育を生活指導として引き継ぐ実践が、生み出されてくる。たとえば、それは、日本教職員組合の全国教育研究集会に持ち寄られた実践報告などに見られた。1957（昭和32）年に行われた第六次全国教育研究集会の生活指導分科会では、鹿児島から次のような実践の筋道が報告されている。「①『子どもが気安く、何でもいえる雰囲気をつくる営み』を前提とした上で、②『ありのままを書く、真実を綴るように』子どもを導き、③さらに『書かれたものが集団の中に投げ出されることによって、ひとりの問題が皆の問題となるなかで、仲間意識を育て人権尊重の正しい理解を育てる』」[2]。

　この分科会に講師として参加していた宮坂は、それらを3段階の「仲間づくり」の筋道としてまとめている（第2章参照）。その後、「仲間づくり」としての生活指導は、「学級づくり」とも呼びならわされ、全国に広がっていった。宮坂は、そうした「仲間づくり」実践を踏まえ、次のように生活指導を定義づけている。「教師が子どもたちと親密な人間関係を結び、ひとりひとりの子どもたちが現にいとなんでいるものの見かた、考えかた、感じかたならびにそれに支えられた行動のしかたを理解し、そのような理解をその子どもたち自身ならびにかれら相互間のものにも押しひろげることによって、豊かな人間理解に基づく集団をきずきあげ、その活動への積極的参加のなかで、ひとりひとりの生きかたをより価値の高いものに引き上げていく教育的な働き」であると[3]。

　宮坂の生活指導論の核となっているのは、生活の中での喜怒哀楽を書く作業、そしてそれらを仲間と共に検討し合い、共有していくことを通じて、子どもたちに自己の生活現実への関わり方を見つめ直させること、すなわち自己学習や自己認識の深化であった。この点を捉え、後に教育学者・竹内常一は、宮坂のそれを「学習論的生活指導」と呼んだ[4]。それは、生活綴方教育の思想と方法を「生きかたの指導」として受け継ぐ点において意義あるものであったが、生活綴方の復興という域を超え、そこに含まれていた生活指導の固有性を引き出し、十分に発展させるものではなかった。

この観点から、宮坂の生活指導論が持つ学習論的性格をいち早く批判したのは、教育学者・小川太郎であった。子どもたちの自己学習の深化を目指す宮坂にとって生活指導とは、教科指導と区別される固有の領域をなすものというよりは、むしろ教科指導と結びつき、働くことによって、真の学習指導、すなわち「人格形成としての広義の学習指導」が成立するものであった。そのため、宮坂は、生活指導と教科指導を学校教育のあらゆる場面において発揮される機能と捉える。

　これに対して小川は、宮坂の機能論を生活指導と教科指導、それぞれの固有性を曖昧にするものと批判した。小川にとって、生活指導とは、「学習の外に、仕事や遊びや集会を通して、民主的な集団の発展をはかる」活動であり、個々の子どもたちの学習に解消されるものではなかった[5]。そのため、小川は「認識と技能の教育」を主たる目的とする教科指導と「人格の教育」を主たる目的とする生活指導とを領域的に区別する立場に立ち、宮坂の機能論に反論したのである（小川・宮坂論争）。こうした小川の主張は、教科指導とは区別される生活指導の固有性を追究する糸口となった。

第2節　「仲間づくり」から「集団づくり」へ

第1項　「集団づくり」実践の登場

　小川・宮坂論争を背景にしながら、「仲間づくり」の提唱と並行して、それとは異質な思想と方法を持つ「集団づくり」が生活指導論として台頭してくる。それは、数年を経ずして、地すべり的に戦後の生活指導運動の主役として「仲間づくり」や「学級づくり」に取って代わり、やがて自らをそれらと区別するために「学級集団づくり」と呼ぶようになる。

　その口火が切られたのは、第五次全国教育研究集会（1956年）における愛媛集団教育研究会であった。そして、それ以降の研究集会において、それは「仲間づくり」と激しい論争を行い、徐々に頭角を表していった。たとえば、第八次全国教育研究集会（1958年）の生活指導分科会報告では、次のようにその当

時の様子が記されている。「第六次集会の理論的な深まりにささえられ、仲間づくりの実践がさらに広がったが、第七次別府集会では、愛媛から、仲間づくりの解放と自由の原理に疑問が提出され、『学級のきまりのなかでこそ、自由な、解放された子どもが育っていく』のだと主張された。……それらの意見は、従来の解放と自由という原理だけでは集団が質的に高まらないのではないか、組織と規律という観点から仲間づくりが再検討されるべきではないかという意見であった」[6]。

両者の相剋は、1960年の第九次、そして翌年の第十次全国教育研究集会における中学校教師・大西忠治（後に教育学者）の総括的な提案によってピークを迎える。第九次集会において大西は、「生活指導における集団主義と学級づくり」と題する報告を行っている。報告の中で大西は、「学級集団づくり」の方法原理を情緒的な仲間関係づくりではなく、「集団行動」や「集団の力」といった「きびしさ」に据えることを提唱した[7]。そして、集団の機能を「目的がある、目的に向かっての一致した集団行動がつねに問題になること」、「集団成員の間に矛盾がある、だから、たえず、討議とその結果の相互規制が行われる」、「リーダーがある、そこには常に命令と服従が行われること」の3点から捉え、日直による点検やリーダーのリコール、「ボロ班」の追及などを具体的な方法として提案した。

翌年の第十次東京集会では、「学級集団づくり」の発展段階が「よりあい的班」「前期の班」「後期の班」として提唱される。それは、集団のヘゲモニー（主導権）を誰が持っているのかによって、集団の発展段階を区別しようとするものであった。そこでは、①教師などの外的な力に依拠して集団としてのまとまりが保持されている「よりあい的班」から、②班の中にリーダーが生まれ、核となり、自主的に班を組織できる「前期の班」へ、そして③学級や班内での集団討議がリーダーの権威を支え、班の団結、行動、意識の高さを支えている「後期の班」へと移行する、と想定された[8]。この筋道は、従来の「仲間づくり」が示してきた心情的な仲間意識や関係ではなく、集団内のヘゲモニーが教師から核へ、そして全集団へと移っていく過程として構想されており、学級を自治集団に改造していくことが、生活指導の目的とされたのである。

大西によって示された「学級集団づくり」のイメージは、「北方教育の伝統にたつ仲間づくりを克服したい」という対決姿勢に示されるように、宮坂の「仲間づくり」の構想とは異質な思想と方法に立つものであった。子どもたちの自己理解と相互理解を目指し、学級の中に何でも言い合えるような情緒的許容の関係を築くのではなく、それは班という集団を学級の中に意図的に作り、班内あるいは班同士の対立・抗争の中で、集団そのものの力を学ばせ、その多様な表現と行使の仕方を教えていくことを生活指導実践として提起したのである。後に、竹内はそれを宮坂の学習法的生活指導に対置し、「訓練論的生活指導」と名付ける[9]。

第2項　全国生活指導研究協議会による「班・核・討議づくり」の体系化とその思想の普及

　「学級集団づくり」の思想と方法を、1960年代以降、今日まで発展させていったのは、全国生活指導研究協議会（以下、全生研）である。1959（昭和34）年の発足当初、全生研は宮坂をリーダーとして、「仲間づくり」の潮流の中にあった。しかし、1962年の第4回大会の基調提案において、竹内常一は、「仲間づくり」に代わり、大西らの提案する「学級集団づくり」を前面に押し出す提案を打ち出す。これ以降、全生研は、急速に「学級集団づくり」へと、その方針を転換していくことになる。翌1963年、全生研は『学級集団づくり入門』（明治図書）を刊行する。この本は、前年の竹内の基調提案の内容を踏襲しながら、大西らの「班・核・討議づくり」を基本的な実践形態とし、自治集団の形成を目的とする生活指導実践を展開するものであった。

　しかしながら、「班・核・討議づくり」という定式化は、必ずしも「学級集団づくり」を現場に浸透させるものではなかった。「思想性においてよりも方法技術の受け入れに終始して、あまりにもステレオタイプである」という言葉が物語るように、班をつくれば、核となるリーダーを育てれば、「学級集団づくり」が行えるかのように捉える技術主義的・図式主義的な実践も生み出されたのである[10]。そうした実践では、班をつくること、リーダーを育てることの真の目的、すなわち「集団のちから」の自覚とその行使の力を子どもたちに

第3章 「集団づくり」の理論と方法

獲得させるという「学級集団づくり」の思想が欠けていた。

「学級集団づくり」の思想とは、何なのか。全生研に集まっていた教師たちは、大西忠治によって著された『核のいる学級』（明治図書、1963年）や『班のある学級』（明治図書、1964年）などを手がかりに、1960年代を通じて、その思想を体得するために苦心し、格闘した。後に全生研の実践的指導者となる前沢泰は、その歩みを「仲間づくり」から「学級集団づくり」への回心として、次のような実践とともに述懐している[11]。

中学2年の六郎は、朝刊と夕刊の新聞配達のため、疲れきって登校する子どもであった。そのため授業中でも居眠りをしたり、がまんできない時には保健室のベットに潜り込み、ぐっすり眠り込んでしまうこともあった。前沢と子どもたちは、そうした六郎の姿を大目に見ることにしていた。また、六郎は夕刊の配達もしていたため、放課後の掃除当番なども、配達に遅れそうだという申し出があった時には、免除していた。前沢は、そうした庇護によって「六郎を学級の中に暖かく包みこんだつもり」であった。

しかしながら、そうした情緒的な寛容は、「子どもたちに対しては多分に優越感を含んだ慈恵的な喜びを、そして六郎にはこれに甘えるこじき根性を教える結果となっていた」と前沢は述べる。六郎は、掃除を逃れるために新聞配達に遅れると嘘をついたり、夜遊びをしたりと怠惰な生活を送っていることがわかったのである。これを機に、前沢と学級の子どもたちは、六郎に対する態度を一変させる。授業中の居眠りを許さず、勉強することを要求し、班長を中心に六郎の学習を助けるための体制を組む。夕刊の配達が終わったら、必ず帰宅し、9時には就寝し、朝は4時に起き、新聞配達に向かう。そうした要求を六郎に突きつけたのである。こうした要求に六郎は、いらぬお世話だと、幾度も反発し、逃げ出そうとした。けれども、前沢と子どもたちは粘り強く、この取り組みを継続することで、六郎の生活を変えていった。

前沢自身が回顧しているように、六郎への取り組みは状況追随的なものであり、六郎の生活態度を変える取り組みは「六郎が学級の善意を食い物にしたことに対する腹立ち」であり、「一種のし返し」であった。しかし、前沢は「六郎のためになどという道徳主義より、こうしたむき出しの感情の方をたいせつ

にしたい」と考えるようになったという。「自然成長的ななれ合い」ではなく、「みんなで決めて必ず守る」という集団的な意思の確立の中に「人間を変革する道」があることを学んだと述べている。

　ここには、「学級集団づくり」の思想であるところの「集団のちから」への前沢の自覚が描かれている。前沢が重視するのは、六郎よりも、むしろ彼に要求をつきつけた子どもたちの側の行動である。子どもたちは、六郎への怒りにもとづき、集団のちからをもって、六郎に生活態度を改めることを迫った。前沢は、そこに「集団のちから」の自覚と行使による「人間を変革する道」の契機を見出したのである。子どもたち個々人の不満や不安を出させ、集団の要求へと昇華させていき、集団の行動によって、その実現を迫る。そうした「集団のちから」の行使の渦中に子どもたちを巻き込むことで、子どもたちのものの見方や考え方、行動の仕方を指導していく。「学級集団づくり」とは、「集団のちから」を自覚し、行使する方法を子どもたちに教えていくことで、自らの生活やそれを取り巻く社会を変革する力を獲得させようとする思想と方法だったのである。

第3項　『学級集団づくり入門　第二版』による「学級集団づくり」の深化

　1971（昭和46）年に刊行された『学級集団づくり入門　第二版』（明治図書）は、60年代の技術主義的・図式主義的な理解との格闘の歩みを経て生み出された、集大成とも言うべき理論的かつ実践的な書であった。第二版とされているが、前書の『学級集団づくり入門』を絶版としたことに示されるように、その全面的改訂と言えるものであった。そこでは、生活指導を「行為、行動の指導によって、民主的人格を形成する教育活動である」と規定し、その内実を「集団のちから」を民主的に管理・運営し、行使できる「民主的統治能力」の獲得として提起している[12]。

　第二版では、この「民主的統治能力」を育成するための実践的方法として、前著で体系化された「班・核・討議づくり」の方法と技術が、さらに精緻に、かつ具体的に、集団の3段階に沿って展開されている。第二版に掲載された「学

級集団づくりのすじみち」は、それらを端的に表したものであり、通称「構造表」と呼ばれた。

表3-1　学級集団づくりの筋道（構造表）

側面＼段階	よりあい的段階	前期的段階	後期的段階
班づくり	◎教師が指導しやすいように班を編成するが、アトランダムに班員をくばるか、好きなもの同士集まらせるかして、班を編成する。（班編成） ○班内の個人個人の対立矛盾を常にとりあげ、それを班と班の対立矛盾にむすびつけ、班と班の競争を組織する。（班競争）	略	略
核づくり	◎教師が、種々な資料をもとにしてえらび出した者か、生徒の中から互選された者を班長として、これにリーダーとしての仕事をあたえ、教えていく。（班長の選出）	略	略
討議づくり	◎「自分の不利益には黙っていないこと」「みんなできめて、必ず守ること」をまず当面の教師の要求として出しておく。（二つの当面の要求）	略	略

出典：全生研常任委員会著『学級集団づくり入門　第二版』明治図書、1971年、85-90頁。

　まず、「班づくり」では、班を介して、「集団を教え、集団と個人とのかかわり」を教えることが目的とされる。つまり、班は、子どもたちに集団を認識させるための「教育的な道具」なのである。この「班づくり」の目的のためには、班内のまとまりや団結を求めるのではなく、むしろ班内の矛盾、あるいは班同士の対立を激化させ、「問題をつねに班の外へ吹き出させながら、子どもたちがいやおうなく他の班へ、そして学級集団へとその認識ととりくみの対象を広げていく指導」が重要であると第二版は述べる。そして、そのための具体的な方法として、たとえば班競争などが挙げられる。

　「核づくり」では、集団が教師の指導から抜け出し、自治集団へと向かって行くために必要なリーダーをつくり出すことがねらいとなる。「学級集団づくり」を進めて行くと、集団の中核をになう子どもが出現してくる。そうした子

どもは、集団に対する影響力を個別の力として備えている存在であり、教師は、そうしたリーダー的な存在を「核」、すなわち集団内部の指導者として育てていく必要がある。これが「核づくり」の一つ目の仕事である。同時に、指導される側の子どもたちに「正しい指導にはすなおに従い、誤った指導はきびしく拒否するちからを育てること」が重要であると第二版は示す。つまり、「核づくり」を通じて、集団内部に子どもたち同士の指導関係を創り出すと共に、「核」である子どもたちへのリコール権を子どもたちに自覚、行使させることで、「核」の改廃と、新しい「核」を生み出す力量を子ども集団に獲得させることがねらいとなるのである。

　「討議づくり」は、「集団の意思の統一とその表現」と解釈され、具体的には総会における討議の指導として展開される。討議とは、単なる話し合いではなく、理非と真偽を争う活動であり、その意味でちからとちからのぶつかり合いという様相を呈する。討議は、まさに「集団のちから」の表現と行使であり、その意味で、「討議づくり」は、「学級集団づくり」の核心に位置する。「集団のちから」を自覚させるために、教師は、まず「集団で決定することの重み」を徹底して教えなければならない。そのための原則となるのは、「自分の不利益には黙っていない」、「みんなで決めて必ず守る」ことであると第二版は述べている。これらを徹底して指導することで、「集団のちから」の自覚と行使を子どもたちに学ばせるのが、「討議づくり」である。

　現実の実践では、これら三つの指導は、常に相互に絡み合いながら、総合的に展開される。子ども集団が自治集団として成長していく過程を、集団のヘゲモニー（主導権）の在処によって、三つの段階に区別し、それぞれの段階において「班づくり」「核づくり」「討議づくり」という指導が、どのように相互に関係し合いながら展開されるのかを、第二版は具体的に示している。それは、「集団のちから」の自覚と行使の仕方を子どもたちに教えることを生活指導として提起した戦後の生活指導論の理論的・実践的到達点を示すものであった。

第3節　社会の能力主義的再編による新たな課題

第1項　1970年代半ばにおける時代の転換と生活指導論の新たな課題

　高度経済成長期を経た日本社会の中で、生活指導実践は、新たな課題に直面する。それは、高度経済成長政策と地域開発計画に起因する子どもを取り巻く自然・社会環境の変化、そして日本社会の能力主義的再編によってもたらされたものであった。

　第二版が刊行された1970年代初頭は、衰退しつつあったとはいえ、地域子ども集団が存在し、その中で子どもたちが育ち、集団を自然と意識し、集団の中で生きていく力を形成していた時代であった。高度経済成長をもたらした政策は、子ども組などの伝統的な地域子ども集団を解体し、遊び場を中心とする子どもたちの生活空間を縮小させ、また核家族化、家庭生活への消費文化の浸透を進め、従来の「学級集団づくり」の基盤であった子どもたちの成長・発達の生活環境を切り崩していった。それらは、子どもたちの成長・発達に大きな影響を与え、たとえば、子どもたちから「しなやかな身体」と仲間集団と共に子どもの世界をつくる機会を奪っていき、発達疎外といえる事態を生みだした[13]。

　1980年代に入ると、そうした子どもたちの発達疎外は、「学級集団づくり」の行き詰まりとして生活指導実践を展開する教師たちに意識されるようになる。たとえば、大西忠治は、それを「生きる力の弱体化」と呼び、「集団を形成していく能力、集団の中で生きていく意欲、人間と人間との関係によって育っていく要因を少しずつ、確実に弱めている」という危機感として表明している[14]。

　他方で、1960年代に導入され始めた能力主義政策は、70年代に入ると、子どもたちの生活深部にまで、その影響を浸透させていった。能力主義の象徴とも言える受験競争や偏差値競争が生みだされ、学校の中だけでなく、塾の広がり等を通じて、排他的な競争が子どもたちの生活の中に浸透していったのである。子どもたちは、そうした能力主義的な同化・序列競争秩序に浸される中で、外

からも内からも抑圧、統制されていくことになる。70年代末から噴き出す校内暴力や不登校、いじめといった教育病理は、「支配としての文化」と化した能力主義的な同化・序列競争に対する反発や悲鳴として子どもたちの側から発せられたものであった(15)。

　子どもたちの中に浸透し、支配的な文化となった能力主義的な価値観に、どのように対抗し、子どもたちの中に協同や連帯という価値を形成していくか。「学級集団づくり」は、新しい課題に直面することになった。大西忠治は、それを「ゆるやかな集団づくり」の模索として提起し、従来の「学級集団づくり」の見直しをはかった。また教育学者・浅野誠は、先の子どもたちの発達に関わる課題を、集団を「つくる」課題として、能力主義的な価値観に対抗する課題を、子どもたちの関係を「くみかえる」課題として整理している。生活指導実践と理論の到達点として登場した「学級集団づくり」は、70年代から80年代にかけて徐々に浮かび上がってきた社会と子どもの変化への対応と進化を求められることになったのである。

第2項　「共同」「関係」を軸とする「集団づくり」の登場

　「ゆるやかな集団づくり」が模索され始めた1980年代になると、上記のような課題を意識した新しい「学級集団づくり」実践が、登場してくる。そうした実践例に共通するのは、遊びの世界を復権することで、子どもたちの交わりの力を育て、自治的な「集団づくり」に結びつけようとする試みであった。

　たとえば、小学校教師・釈鋼二は、3年生を担任した際、「学級集団づくり」の構想を次のようにたてている。「ギャング・エイジにふさわしい子どもの生活をつくりだすこと。そのために、行動力をもち、遊びの中心になるものをできるだけ早く公的な場にひきだすこと。そして、その力を使いながら、校外にも子どもらしい遊びの世界をつくりだすこと。しかし、子どもによっては、とくに男子と女子によっては遊び方が違うと考えられるので、子どもにおうじて多様な遊びの世界をつくりだしていくこと。そのなかで、子どもの交わりを育てるととともに、そのなかから生まれてくるリーダーを学級活動の先頭に立たせ、学級に豊かな生活を築きだしていくこと」(16)。

釈は、こうした方針のもと、班を組織することで、班内外の矛盾や対立を顕在化させるという従来の「班づくり」実践ではなく、班を介しながら、それにこだわらず、子どもたちの私的な交わりを深め、私的なグループを組織し、それに依拠しながら、班の再編を進めていっている。ここには、子どもたちの私的な交わりを重視し、それを基盤にし、それを公的な班や学級へと結びつけることで、子どもたちは班や学級を自分たちの集団として捉えることができるとする考えが提起されている。つまり、班という「教育的な道具」から「学級集団づくり」を始めるというよりは、子どもたちの生活や活動、文化を広げることから始め、それらを子どもたちが共同で営むことを助けるという発想に立つのである。そして、そうした子どもたちの共同的な営みに沿って、組織を発展させ、その延長線上に、学級の自治をつくり出そうとするのである。

　実際、釈は、班を基礎に、集団遊びや学級行事、けん玉大会、スポーツ大会などを組織しつつ、その中で育ったリーダーを中心に、校内外に子どもたちの遊びの世界をつくりだしていった。そして、遊びの世界が広がり、それに応じた遊び仲間が形成され、その間で衝突が起きると、それを学級の問題として提起していった。活発な男子を中心とするサッカー・グループと、そうしたスポーツ文化に入れない男子の一部と女子によって形成されたおままごとグループの争いは、その一例であった。サッカー・グループの男子が「なんだ、あんな幼稚な遊びをして四組の恥だ」とけなしたり、「お前、あの仲間からぬけろ」と脅し始めた時、それに対するおままごとグループからの要求をきっかけに、学級での話し合いが持たれた。その結果、遊びは様々あり、自分の要求に合ったものを選べばよいという結論に至る。

　こうした釈の実践は、「集団」の自治を意識すると同時に、子どもたち同士の「共同」や「関係」を生活指導論の基本的な方法原理として取り入れようとする点に大きな特徴を持っている。こうした「共同」や「関係」への注目は、初期の「仲間づくり」が生活綴方から継承しようとしたものであり、後に教育学者・城丸章夫が「民主的交わり」、すなわち子どもたちが何らかの活動を介して共同的な関係を築いていく人間発達の問題として提起したものであった（第2章参照）。新たな「学級集団づくり」を模索する試みは、そうした子ども

たちの交わりを深め、共同的な関係を築いていくという課題を改めて生活指導論として引き取ろうとするものであった。

集団を「つくり」、そして「くみかえていく」という浅野の提起する「学級集団づくり」の新たな課題に即すならば、それは「生きる力の弱体化」と呼べる子どもたちの発達疎外という問題への取り組みとして、一方では子どもたちが求める活動を中心に仲間と交わり、その過程で親密な関係をつくりだし、子どもたちの交わりの力を育てていき、他方では、そうした「私的グループ」の活動を公的に保障していく中で、子どもたちが自らの要求を組織化し、実現できる公的な空間として班や学級のあり方を子どもたちと共に問い直していく。その過程において、同化・競争秩序に浸された子どもたちの価値観を「共同」や「協同」という視点から問い返そうとするのである。そうした「民主的な交わり」と自治集団の形成の相互浸透関係が、新しい「学級集団づくり」の方向性として、見定められることになったのである[17]。

第4節　1990年代における「集団づくり」の展開

第1項　『新版 学級集団づくり入門』の刊行

全生研は、1990年代に入って『新版 学級集団づくり入門』（明治図書、小学校編1990年、中学校編1991年。以下『新版』と略す）を刊行した[18]。『新版』という書名が採用されたのは、「一九七〇代後半からはじまった教育と学校とをめぐる新しい問題状況のなかでの学級集団づくりの探究がまだ道なかばであるからである」と「まえがき」に書かれている。

1970年代後半からの教育と学校をめぐる新しい問題状況とは、「学校が、教育の能力主義化・管理主義化のなかで、ますます競争的・権威的な体制を強化し、子どもたちから生きる希望と勇気と自信をうばうようになってきたこと」であり、そのような問題状況のひろがりと深まりに並行して、「子どもたちのなかから、非行、いじめ、登校拒否、高校中退などを頂点とする様々な現象がつぎつぎと噴きだしてきた」ことである。そのような問題状況に対してどのよ

うな「集団づくり」の実践が生まれたのであろうか。『新版』には『第二版』(1971年)と同様に「学級集団づくり」の方法として「班づくり」「リーダーづくり(核)」「討議づくり」の進め方について精緻に書かれてある。ただし、高度経済成長時代とは異なり、地域における子どもの遊び集団は消滅し、その結果として日本社会が子どもの自立を促がす少年期を子どもから剥奪している環境が分析され、「班を安心して生活できる居場所にする」「協同的競争をどう組織するか」「対話を通じて現実を共有する」などの数々の新しい考え方・方法が位置づけられた。この『新版』が提起した「学級集団づくり」を深め、豊富にしていくというという位置づけで刊行された実践記録をもとに1990年代の全生研の「学級集団づくり」の特徴を検討したい。

第２項　「階層分化」の下での「集団づくり」の実践

　1994（平成６）年に、全生研常任委員会編で、小学校教師の宮本成貴の実践記録『能力主義をぶっとばせ――階層分化と班づくり――』（明治図書）が刊行された[19]。

　宮本が勤務する小学校は大阪府箕面市にあった。箕面市は、大阪市の北に位置するベットタウンとして発展してきた市で、宮本の学校の校区は、大別して次のような四つの校区からなっている。「Ａ住宅→府下有数の高級住宅地」「Ｂ住宅→ごく普通の一戸建住宅」「Ｃ村→開発前からの村落」「Ｄ住宅→公団の団地」。このような四つの校区から来る子どもたちが一つの学級に編成される中で、「階層を超える友情を育てる教育」を目標に宮本は全生研の「集団づくり」を小学校５年生の子どもを対象に以下のように展開している。

　宮本は最初の出会いで子どもたちに「よい学級とは、どんな学級でしょうか」と問いかけ、「1、みんなが力を合わせ、一人の遅れる人も、放っておかれる人も出さないで、伸びていける学級。2、みんなが仲良く、一人の仲間はずれも出ない学級」ではないかと述べ、「みなさん一人一人が、『よい学級とは、どんな学級か』ということを考えることが一番大切」、「学級をつくるのは、先生ではなく、みなさん一人一人だからです」という点を強調する。最初の班づくりでは、班長に立候補して自ら班を編成しようという者はいなかったが、男女

混合班四つがすんなりとできた。

　宮本は、できた班のメンバー構成表に子どもたちの居住地域・成績、私的グループのつながり、力関係、実質的なリーダー集団の情報を加えて集団地図を描き、学級の状態を分析する。1回目の班に関して宮本は、「教師の目を気にするＡ住宅を中心とするグループの者が、その影響力で班を編成しながら、関わらないことを前提に疎外されている者を班に入れ、弱い者に班長を押しつけ、班内の実権を握る形でつくられた、よそゆきの班」と評価する。

　1回目の班では、班長であるなしにかかわらず、Ａ住宅の有能な三人の子どもたちが掃除など、分担を決め点検をして、命令している様子を見て、宮本は「この三人にリーダーシップをとらし続けてよいとは思えない。彼らは子どもたちの要求実現の先頭に立つリーダーではなく、子どもたちを管理する側にたっているらしかった」と考える。

　1回目の班活動の総括をするために学級総会が開かれる。優秀班にはもっともＡ住宅の子どもたちの多い4班が選ばれ、最優秀リーダーにも最優秀フォロアーにもＡ住宅の子どもが選ばれる。Ｄ団地の子どもはまったく評価されていないことに関して、宮本はＤ団地を中心とする他の地域の子どもたちも、Ａ住宅の子どもと同様に「良い成績→良い高校→良い大学→一流企業→幸せ」という価値観に縛られている表れと考える。

　2回目の班編成では、「仲のよい人をつくろう」ということを第一の目標にして、班編成を子どもたちがする。結果として、発言力の強いＡ住宅の女子グループにＢ住宅の男子がくっついてできた1班、Ｄ団地の女子たちを中心に各班を自ら飛び出してきた男子でできた2班、Ａ住宅の受験戦士の明夫が自分の言うことを黙って聞きそうな者を集めた3班、Ｄ団地の比較的「学力」の高い女子グループとＣ村の男子たちとくっついてできた4班ができる。宮本は、「二回班は、分裂の顕在化した班」であり、その方が指導しやすいと捉える。

　1班には泰輔というＤ団地の勉強の遅れのある子が所属していたが、Ａ住宅の女子たちはその子に対して、班単位で取り組む漢字ミニテストに合格しないために、その子をたたいたりすることまでして勉強をさせようとする。宮本は泰輔の母親から、泰輔が小さいとき体が弱く、満足に遊べなかったこと、薬

第3章 「集団づくり」の理論と方法

の副作用で集中力が続かないことなどを聞き、母親に学級宛に手紙を書いてもらい、その手紙を学級で紹介し、話し合いをもつ。「一班は、自分らなりのやり方で、泰輔を大切にしようとしたんだけど、少なくとも、泰輔のお母さんはうれしくなかったみたいよ。なぜだろう？ そこを考えんといかんのと違う？」という宮本の語りかけに、A住宅の1班の子どもはほとんど泣く。

2回目の班で、自分たちのグループ（班）が持てたことによって、自信を回復しつつあったA地区以外の子どもたちは、だんだんと自己を主張できるようになる。たとえば、A住宅の「受験戦士」の明夫らが、純一という子が「独り勉強帳」をやり遂げたことに対して、「ゲーッ！ 嘘やあ。あのでけへん純一があ。ゲーッ」と騒いだことに対して、純一の友人たちが「ちょっと待てや。何やねん、それ」と怒りだし、明夫に謝罪させた。2回目の班活動の評価では、「成果を出した班や人よりも、苦手なのに頑張った子や大きく伸びた子」に目が行き、おとなしかったB住宅、C村、D団地の子たちが自信を回復し、活発に自分を表現し始めた。2回目の班活動の評価では、翔太という集団に入れなかった子に優しく接して、多彩な班活動ができたC村やD団地の子どもが多い4班が優秀班に選ばれた。

次の3回目の班編成と活動総括では、子どもたちの関係が「『学力』という一元的なものさしによる縦並びの関係でなく、横並びになってきている」と宮本は評価した。しかし、一つの班の活動の落ち込みがあり、その原因は「女子負け組だまり派」と宮本が名付けた三人の閉鎖性であった。4回目の班をつくるときに、この「女子負け組だまり派」の有美が、次のような主張をして学級は大騒ぎになった。

「わたしたち三人は、三人以外に誰も班にいれたくありません。もちろん、男子といっしょにもなりたくありません。この三人だけで、班をつくりたいと思って立候補しました。今までも、三人だけでやりたかったんだけど、遠慮してどこかの班に三人いっしょに入れてもらったりしていました。でもこの間の二班で、それで班が分裂して迷惑をかけました。やっぱり、形だけいっしょになっても無理なんです。だから、三人だけで班をつくらせてください」。

宮本は、この有美の主張を支持して、特例として三人班は認められて班づく

りが行われた。後で宮本は有美からなぜ三人班をつくりたいと主張したのか、その理由を聞く。有美の語りとして次のように書かれている。

「……先生は知らんかもしれんけど、この学校の子はものを勝ち負けでしか見てない。Ａ住宅の子なんか特にそうや。自分が北海道旅行して、自慢そうにその話をしてるときに、ハワイ行って来た子が教室に入って来たら、黙りやる。わたしらみたいに夏休みでもどっこも行けん者はどうしたらええのん。

わたしは、四年のときに春名さんに『有美ちゃんとこ年収いくら』って聞かれたことがある。春名さんとこは医者やろ。うちなんか魚屋やんか。うちの年収なんか知らんけど、なんか馬鹿にされてると思わん？」

宮本は、有美に対して、次のように言っている。

「春名たちは成績や家・金・車に縛られて、『自分らは勝っている』と思ってるからいばるし、負けへんようにヒーヒー言いながら頑張っている。有美は『自分らは負けている』って思ってるからいじけて黙っている。どちらも縛られていることには違いがない。先生は縛られてないから時々春名とかに馬鹿にされることがあっても『かわいそうやな』とは思っても腹はたたん。わかるか。」

学級総会で有美ら三人の３班が掃除・給食の係活動をする場合は、２班が一緒になって行い、友だちなるという案がだされるが、有美は「４班以外に手伝ってほしくはありません」と答える。結局、最初は４班だけが手伝うことになったが、しだいに他の班も３班に一つひとつたずねながら、手伝えるようになっていった。このようなできごとの後、「女子負け組だまり派」の有美以外の二人の女子も、徐々にしゃべりだし、授業で発言するようになる。そしてこの三人に励まされるかのように、学級全体がよく発言するようになる。学級としての４回目の班活動の評価では有美のいる３班が優秀班に選ばれる。

以上のような宮本の「集団づくり」の実践は、班編成・活動・評価を繰り返し行うことで、集団のもつ問題点や矛盾を明らかにし、核となるリーダーの成長を促し、学級の誰もが主張できる集団をつくる全生研の方法を継承している。そして、『新版』で論じられている「学級地図の作成」「個別的指導」「対話」などの方法によって、個々の子どもの気持ちと関係性を深く理解した上で、集団づくりを柔軟に展開している。それは、ポスト高度経済成長の日本で進行し

てきた階層格差の下で、小学校の子どもの心の中にも浸透している一元的序列的人間観を問い直し、人々はどのようにつながれるのかという課題に挑んだものであった。

第3項　中学校の「ツッパリ」への指導と「学年集団づくり」の実践

　1994（平成6）年に、全生研常任委員会編で、京都府の中学校教師・藤木祥史の実践記録『おれの人生、俺のもの——進路問題をきりひらく——』（明治図書）が刊行された[20]。校内暴力の全盛期は過ぎていたが、「ツッパリ」という言葉がまだ残っていた1990年代前半の記録である。

　タバコ、バイク、飲酒などの逸脱行動によって問題を起こす生徒に対して、藤木は逸脱行動に対する指導だけではなく、彼らの関係性への指導を重視する。中学で逸脱行動を起こす生徒は、それを通して、「思春期をともにする親密な友だちを求めている」が、一人ひとりが抱える家庭内のトラブルや、学習に抑圧されてきた側面が強いため、親密さのつくり方が逸脱的になっていると捉え、さらに彼ら同士の人間関係でもトラブルが起こっており、それを放置すると、親密な友情を求めつつも、力による支配がはびこり、上下関係の中でのイジメが起こり始めていくと藤木は認識しているからである。

　問題を起こす中学生グループ内での人間関係の指導は次のように行われる。逸脱行動を起こす中心的な生徒である良輔と一緒に問題を起こしていた生徒たちが、良輔だけを避ける傾向があることに気づいた藤木は、良輔以外の四人の生徒を呼んで、その理由を聞く。四人は良輔が自分の思いどおりにならないと怒り出したり、八つ当たりをするなど、勝手さに腹をたてていることを藤木に言う。それに対して藤木はその生徒たちの思いは肯定しつつ、怒りを含めて次のように迫る。

　「おまえらの言うことは正しい。良輔は確かにわがままだ。しかし、良輔のおかげで楽しく非行ができる面もあるやないか、自分がいっしょにやりたいことは良輔についていっといて、いやな時はさける。おまえらかて、俺から言わせればわがままや。はっきり良輔に言うてやるべきやないか！」

　藤木はこのように言って、グループの話し合いで、良輔のわがままさを批判

させる。さらに藤木は良輔のわがままさが、どこからくるのかを、グループのメンバーに教えるために、良輔と「対話」をし、その結果を言語化して伝えている。このような指導の繰り返しによって、逸脱グループの生徒間で、一人ひとりの家庭での問題や、ツッパリになってしまっている自分につながる節目のできごとをオープンにできるような関係づくりをしていく。

　藤木は問題を抱えた生徒同士の人間関係を指導しつつ、並行して生徒会委員などのリーダー層への指導を行う。逸脱行動を起こす生徒グループの問題は、「決して彼らだけの問題ではなく多くの生徒たちに共通した課題であることの理解を育て、共闘的に関わらせていく指導を重視」するからである。

　それゆえ藤木は、校内喫煙、暴力事件など、良輔ら問題を起こす生徒グループが、「学年の仲間に正しく理解してもらう方がプラスになると納得したこと」については、学年全クラス討議にかけて話し合うことを指導する。全クラス討議にかける時、事前に学年の評議会（リーダー集団である）に、討議すべきかどうかを次のような問いかけで判断させていく。

　「彼らがクラスの中で、前向きに頑張っている面があれば、行為の批判と同時に励ませる。いけるか？」「彼らの行動の背景にある、上下関係で仲間を見てしまう弱さは、彼らだけのものか、それとも、みんなにもあるのか、共通のものなら、みんなの学習になる。どうだ！」

　藤木は、このように様々な逸脱行動を起こす「ツッパリグループ」の生徒たちを他の生徒にとって「関わりのない集団」だとして切り離すのではなく、彼・彼女らが起こす問題を「貴重な学習教材」と考え、討議・討論を組織し、学年生徒集団にとって「価値ある問題提起集団」にしていくのである。

第4項　「いじめ・暴力・学級崩壊」の中での「学級集団づくり」

　1990年代後半に入ると、小学校でも「学級崩壊」に象徴される「新たな荒れ」状況が広がり、それにどう対応するかが学校現場の深刻な課題となる。そのような中で、全生研は、「暴力」が生まれる人間関係を子どもたちとともに分析・解読し、対話・討論・討議を基軸にした「関係性の組みかえ」の中から、子どもが学び成長する権利を保障できる教室での関係を再建しようとした。この時

期にどのような「集団づくり」がなされたのかを見ていきたい[21]。

　小学校5年の組替えによって、原田真知子は4年の時に担任教師に反抗し、授業妨害や教室を抜け出し、いじめを繰り返していた「悪ガキ」四人組のうちの三人がいるクラスの担任になる。

　好きなもの同士でつくった第一次班では、三人は当然一緒になる。三人は、暴力やからかいによってクラスの他の子どもを怖がらせ、「授業時間は三人の私語と私の声以外は音もなく静まりかえっている」状態であった。

　原田は、三人から暴力やからかいの被害を受けた子どもと、リーダー候補と思われる子どもたち十人あまりを視聴覚室に集めて、「なぜ三人はそんなひどいことをするのだろう」と問いかけた。「なぜなのかはわからない」、「そんなこと考えたこともなかった」と反応する集まった子どもたちに対して原田は次のように語る。

　「わけもなく人に意地悪する子なんかいるわけないんだよ。いや、そうしなくてはいられない何かがあるはず。先生はそれを友也たち自身やお母さんたちと話し合いながらみつけていこうと思っている。みんなもそれを考えてみて。注意はしなくていい。朝の会でもいわなくていい。関わりたくない子は関わらなくていいよ。尚哉はちょっと無理だよね。」

　この原田の問題提起によって、時間をかけて三人を理解し、できる範囲で少しずつ三人と関係をつくっていく子どもの集まりが結成され、それは「励ます会」と名づけられる。この子どもたちは学級のリーダー集団の中核を形成していくことになる。

　原田は、暴力的な三人と徐々に話せる関係をつくっていく中で、「悪ガキ四人組」と呼ばれたグループは、実は原田のクラスではない力也という子を中心に「いじめ」を内包した「支配・被支配」関係のあるグループで、原田のクラスになった三人は、かわるがわる力也と他の二人によって「はずされ」ていたことを知る。三人の子どもはそのような関係性の中で苦しんでいたのだが、互いの思いについて語り合うあうことはなかった。また力也は、暴力的な父のもとで母とともに息をひそめるように生活している子だった。さらに、この子どもたちは徹底した能力主義のサッカー部の指導体制を経験する中でストレスを

抱えていた。原田以外の教師たちは、このような彼らの関係に気づかず「四人組」と見なして、ただ注意と排除を繰り返してきたのだった。

　三人がクラスで起こす問題は日々続いていたが、原田は、学級での討論の議題として、三人が引き起こすトラブルについて話し合うことはせずに、そのかわりに、子ども同士で意見を交わし合うテーマを新聞から取り上げ、それについて匿名で意見を書くという方法をとる。これは被害を受けている子どもたちが意見を言いやすくするという意図だけではなく、それまで「露悪的にふるまう」ことで居場所を確保していた三人にとって、学級のみんなの前で「まともな意見表明」をすることは、彼らの「ワル」としてのプライドからできないという原田の配慮があったからである。

　三人の一人の友也は、「ホームレス殺人事件」について、「なんでこんなひどいことするやつがいるんだ。殺された人はよく公園のそうじをしていたっていうから、いい人じゃないか。年も年だし。そんな人をなぐって殺すなんて……」という意見を匿名に守られて書いた。原田は子どもたちの意見を印刷して配り、それについて同感、反論など書くことを指導していく。この匿名での意見交換を通じて、クラスの中で「見えない相互理解」と「世論形成」が進んでいく。

　1学期の半ば頃、日常的な問題について意見交換を始めなければならないと感じていた原田は、授業の問題を学級で意見交換するテーマとしてとり上げる。「楽しい授業にしたい。でもすぐにばかにして笑う人がいる」などの意見が紹介されると、三人は教室を飛び出してしまう。戻ってきた三人に、「どうしてとびだしちゃったの？」と原田が聞くと、「だってみんなオレたちのこと言ってんじゃん。むかつくよ」、「きったねえよ。先生、教えてよ。どれを誰が書いたんだよ」などと答える三人であった。原田は、いずれ、堂々とみんなが意見を言える日がくること、それまでは匿名でもいいから意見を出し合おうと話し、三人にも授業に対する意見・要求を書かせる。

　このような取り組みを通して、原田の学級では朝の会や帰りの会で、子どもたちは三人に直接要求することが少しずつできるようになる。その後、新聞記事等を題材にした授業での討論会が、6年生になっても活発に繰り広げられ、

三人は、いつしかその中心的な存在になっていく。

以上のような原田の実践の特徴は、次のような点に特徴がある。身体的・言語的暴力を振るう一部の子どもたちによって学級集団の雰囲気が支配されている状況の中で、その子どもたちに対して、「注意と管理」で対応するのではなく、暴力的言動を起こす背景にある彼らの人間関係の質について、リーダー層の子どもたちと一緒に読み解いている。そして、すぐにはオープンな形で批判・要求を出せない学級集団の質を見きわめ、生活指導上の課題を意識して考えた授業の教材・主題にもとづいて、匿名という形で「自分の意見」を表現させ、公開し、紙上討論をすることから始めている。このように時間をかけて、問題を起こす子どもたちと被害を受けてきた子どもたちが直接的に意見を言える関係ができる集団に育てていったのである。

第5節　21世紀の生活指導の課題

第1項　共に生きる関係づくりと「子ども集団づくり」

21世紀を迎え、全生研では、「集団づくり」のあり方を、社会や学校をめぐる今日的な課題に照らして理論化しようと、2005（平成17）年に『子ども集団づくり入門──学級・学校が変わる──』（明治図書）を刊行している[22]。「学級集団」から「子ども集団」と名づけられた意図は、「これまでは、学級を単位に実践が構想されたが、学級の内外の同じ要求をもつもの同士が、要求を実現する活動を行いながら、その過程で民主的な組織や運営のあり方を生み出していくという転換である」とされている。すなわち「学級単位の活動を排除するわけではないが、それらと並行して、学級内クラブなど小集団の活動、学級や学校を超えた有志活動やボランティア・グループなど、子どもたちが生活に働きかけることをとおして生活を変革する多様な活動を組織していくという構想」が打ち出された。そのような「子ども集団づくり」においては、「教師の指導性や集団の発展像も、定型のモデルがあるのではなく、共同化の取り組みの具体的展開に応じて多様かつ個性的なものとなる」とされた。

『子ども集団づくり入門』に対応した実践シリーズの一つとして出された文献から、東京都の小学校教師・鈴木和夫が小学校６年生に対して行った実践を取り上げて、「子ども集団づくり」の提起の意味を見てみたい(23)。
　「アスペルガー的な傾向」をもつＴという男子が起こす暴力的なトラブルが起こる学級で、子どもたちは一定のグループを形成して「居場所」にこだわる子どももいれば、特定のグループに入らず、一人でいる方がいいと感じている子どももいるバラバラのクラスであった。鈴木は、このような学級で、子どもたちに「相互に尊重し合う関係をつくり、社会的に生きるということを意識化して生活する」ことを教えるための班づくりを次のように提案する。
　「今、みんなに必要なグループは、よそよそしさの中で、一人ひとりがどのように手をつなぎ、生活と学習を助け合っていくか、ということ。それに、よそよそしい関係だからこそ、みんなが人としてつながるための必要な作法とルールをつくり、それに従って生活し、親しさというのはどういうものなのかを検討し、必要であれば、その関係やルールさえも変えていくこと、そういうよそよそしさをベースにして班をつくる。」
　このような鈴木の提起にもとづき、班長の立候補と承認、班編成が行われ、班での活動は、①班独自に毎日方針をつくって活動する、②朝、班員同士で「おはよう」の挨拶を必ずする、③班遊びを一日に一回は必ずやる。これら三つを原則にして、あとは、班で独自の活動を話し合い、決め、実行するようにした。子どもたちの班遊びの感想は、「久しぶりに男女一緒に遊んだ、何年ぶりだろう」「仲のいい人とだけ遊ぶのとは違って、意外と気をつかったよ」など、新しい出会いと関係を意識するものであった。班の係活動も、「責任をもって、しかも、独創的」に進めていく。Ｔの班は、「体育・先生秘書」係を選び、Ｔは仕事が増えるたびに担任との接点が増え、いろいろな先生からも声をかけられるようになる。またＴと同じ班のＭ子は、Ｔに「ものを人に投げない」という契約書に署名させる関係をつくり、Ｔを励ます。
　このような活動を「子ども集団づくり」と鈴木が名づけている意味は、現代の子どもにとって、人とつながり社会的に生きることを意識的に学ぶための場づくりとして、「学級集団」という所与の単位での関係づくりにとらわれるの

ではなく、集まったグループでの要求をもとに「独自活動」をつくっていくことで「共同する」ことを学んでいく「子ども集団づくり」を最優先に位置づけているからである。この実践を解説している教育学者・折出健二は、鈴木実践を、「単一目的に集中していく組織結集型の集団づくりから、対話と討議を基礎に市民的関係を編みあげていく集団づくりへの発展」[24]と表現している。

第2項　生活指導におけるケアの関係性づくり

　2015（平成27）年に全生研常任委員会企画の「シリーズ教師のしごと」として『生活指導とは何か』と小学校と中学校における『生活指導と学級集団づくり』の計3冊が刊行された[25]。そこでは、一人ひとりの子どもの発達の実態が多様化し、さらに階層分化が進行し、地域によっては、学級に相当の割合で生活保護を受けている家庭の子どもがいるという日本の状況の中で、「教師のしごと」としての生活指導の現代的意義が探究されている。その中で、1960年代から生活指導の研究をリードしてきた竹内常一は、「生活指導におけるケア的なアプローチ」について書いている。「ケア的なアプローチ」とは、「傷つきやすい一人ひとりの子どもを当人の個別的・具体的な生活文脈に即して配慮することから始まる。それをとおして子どもたちのなかにケアと相互依存の関係性を編み直し、脆弱で不安的な存在である子どもを排除するのではなくて、共生することができる社会的な関係性をつくることを課題としている」と説明されている。

　たとえば、このシリーズの中学校の実践では、築30年近い団地から8割近くの子どもが通学し、クラスの約半数が要保護、準要保護であるという中学校で、授業を抜け出す最も困難を抱えている男子生徒と、待機していた「空き教室」で会話することでつながりをつくった男性教師が、彼がどうして荒れるのか、どうしたらよいのか、学級委員会、実行委員会、班長会など公的なリーダー会でたびたび話し合った実践[26]が書かれている。またアルコール依存症の父親との関係や経済的困窮などで家庭的に困難を抱える男子生徒の「しんどさ」を聴き取りながら、福祉関係者の協力で家庭への具体的なサポートを進め、かつ、その男子生徒とリーダー層の女子生徒らも交えて、「クラスのあの子分析・問

題分析」を進め、クラスメイトが抱える「しんどさ」をめぐって教師も生徒も対話や応答できる関係づくりを進めた女性教師の実践[27]が書かれている。これらの実践を読むと、現代の生活指導の課題として、教室の中に様々な生活上の困難を抱える生徒同士がよりよく生きることを励まし合う、ケアしあう関係をつくることの重要性が重く伝わってくる。

おわりに

　本章では戦後日本の学校で取り組まれてきた「集団づくり」の教育的意義について、全生研という民間研究団体に属する教師と教育学者の実践と理論の系譜を追うことによって検討した。「集団づくり」の教育方法は常にその時代の社会づくりの課題を、教育者がどのようにとらえていたかを強く反映するものである。本章で紹介した「集団づくり」の実践や理論は、現在も活用できる内容を含むと考えるが、当然これからの社会と子どもの課題に即して「集団づくり」の目標や方法は変化していかなければならない。本章で紹介した「集団づくり」の実践と理論が、常にその時代の子どもが学校の外でどのような人間関係を結びながら、生きているのかをリアルにつかむ努力をし、そして子どもらにどのような社会をつくっていく力を身に付けさせていけばよいのかを模索し、生み出されてきたというプロセスから学ぶことが重要であると考える。

〈注〉
（1）宮坂哲文『生活指導——実践のための基本問題——』朝倉書店、1954年。
（2）春田正治・宮坂哲文「第10分科会　生活指導」日本教職員組合編『日本の教育　第六集』国土社、1957年、357頁。
（3）宮坂哲文『宮坂哲文著作集Ⅰ』明治図書、1975年、204頁。
（4）竹内常一『生活指導の理論』明治図書、1969年。
（5）小川太郎・大橋精夫等「子どもの実践と認識をどう指導するか（下）——国民のための教育科学再論——」『教育』国土社、1957年9月、86頁。
（6）春田正治・宮坂哲文「第10分科会　生活指導」日本教職員組合編『日本の教育　第八集』国土社、1959年、240頁。

（7）勝田守一・春田正治・白井尚「第10分科会　生活指導」日本教職員組合編『日本の教育　第九集』国土社、1960年、231頁。
（8）春田正治・村田迪雄・宮坂哲文・勝田守一「第10分科会　生活指導」日本教職員組合編『日本の教育　第十集』国土社、1961年、251頁。
（9）竹内、前掲『生活指導の理論』1969年。
（10）春田正治『戦後生活指導運動私史』明治図書、1978年、114頁。
（11）前沢泰「ああ、うるわしきなかま意識！」『生活指導』明治図書、1967年7月、5-8頁、および前沢泰「集団づくりにおける教師の指導性確立のために」『生活指導』明治図書、1967年7月、20-29頁（全生研常任委員会編著『全生研大会基調提案集成』明治図書、1974年、150-153頁に再掲）を参照。当時は、中学生のアルバイトが認められていたが、今日では禁止されている。
（12）全生研常任委員会著『学級集団づくり入門　第二版』明治図書、1971年、18頁。
（13）たとえば、竹内常一「地域子ども集団の消滅と再生」『竹内常一　教育のしごと　第2巻　集団論』青木書店、1995年、1-16頁や、全生研の第17回大会基調提案「子どもの発達を保障する民主的学校の創造」『生活指導』明治図書、1975年8月、11-24頁（全生研常任委員会編著『全生研大会基調提案集成　第二集』明治図書、1983年、42-57頁に再掲）、および第19回大会基調提案「子どもの人間発達にこたえる生活指導の原則を明らかにしよう」『生活指導』明治図書、1977年8月、11-28頁（全生研常任委員会編著『全生研大会基調提案集成　第二集』明治図書、1983年、80-99頁に再掲）を参照。
（14）大西忠治『ゆるやかな集団づくり』明治図書、1987年、18頁および23頁。
（15）たとえば、浅野誠『学校を変える　学級を変える』青木書店、1996年および同『転換期の生活指導――続・学校を変える　学級を変える――』青木書店、1996年を参照。また、全生研の第26回大会基調提案「現代の子どもの発達課題に挑む集団づくりを追求しよう」『生活指導』明治図書、1984年8月、12-33頁（全生研常任委員会編著『全生研大会基調提案集成　第三集』明治図書、2000年、39-60頁に再掲）も、そうした視点を打ち出している。
（16）釈鋼二・竹内常一・熊重真作「教育支配をこえて子どもらしい生活と民主的な学校自治をつくろう」『生活指導』明治図書、1974年8月、92頁（全生研常任委員会編著『全生研大会基調提案集成　第三集』2000年、105頁に再掲）。
（17）浅野誠「子ども集団の変化と集団づくりの新たな展開」『生活指導』明治図書、1986年8月号、47-52頁。
（18）全生研常任委員会編『新版 学級集団づくり入門 小学校』明治図書、1990年。同編『新版 学級集団づくり入門 中学校』明治図書、1991年。

(19) 全生研常任委員会編、宮本成貴・浅野誠著『能力主義をぶっとばせ――階層分化と班づくり――』明治図書、1994年。
(20) 全生研常任委員会編、藤木祥史・赤羽潔著『おれの人生、俺のもの――進路問題を切りひらく――』明治図書、1994年。
(21) 全生研常任委員会編『暴力をこえる――教室の無秩序とどう向き合うか――』大月書店、2001年の第2章「無秩序からの脱却【実践記録】」の「『悪ガキ』たちとともに」（116-132頁）という神奈川県の小学校教師の原田真知子の実践記録を取り上げた。
(22) 全生研常任委員会編著『子ども集団づくり入門――学級・学校が変わる――』明治図書、2005年。
(23) 鈴木和夫「子どもと子どもがつながるために―― Tという子と集団づくり――」全生研常任委員会編著『"競争と抑圧"の教室を変える――子どもと共に生きる教師――』明治図書、2007年、9-23頁。
(24) 折出健二「解説＝市民的関係を編む集団づくりと子どもの自立」、全生研、同上書、24-27頁。
(25) 全生研常任委員会企画、竹内常一・折出健二編著『生活指導とは何か』高文化研、2015年。小渕朝男・関口武編著『生活指導と学級集団づくり 小学校』高文研、2015年。照本祥敬・加納昌美編著『生活指導と学級集団づくり 中学校』高文研、2015年。
(26) 埼玉県の河瀬直の実践記録「直之は本当にいいやつなんです」、照本祥敬・加納昌美編著『生活指導と学級集団づくり　中学校』高文研、2015年、70-92頁。
(27) 高知県の波田みなみの実践記録「龍と大介がいた三年間」、照本・加納、同上書、172-190頁。

〈推薦図書〉
大西忠治『班のある学級』明治図書、1964年。
全生研常任委員会著『学級集団づくり入門　第二版』明治図書、1971年。
浅野誠『転換期の生活指導――続・学校を変える学級を変える――』青木書店、1996年。
全生研常任委員会企画、竹内常一・折出健二編著『生活指導とは何か』高文研、2015年。
小渕朝男・関口武編著『生活指導と学級集団づくり 小学校』高文研、2015年。
照本祥敬・加納昌美編著『生活指導と学級集団づくり 中学校』高文研、2015年。

第4章
学校・学級における文化の創造

はじめに

　日本の学校の歴史を振り返ってみると、学校が単に勉学の場としてのみ存在してきたわけではないことがわかる。学校は、子どもたちを様々な文化と出会わせ、また子どもたちが自ら文化を創り出していくような活動を支援する場でもある。学校の持つこのような側面は、戦前は「教室文化」、戦後は「学級文化」や「学校文化」といったキーワードのもとに、教師たちによって自覚的に追究されてきた。本章ではこれらのキーワードに注目して、学級や学校における文化活動がどのように発展してきたのか、そこにはどのような意義があるのかを見ていきたい。

　本章では、第二次世界大戦後、とりわけ文化の創造に熱心に取り組んできた日本生活教育連盟（以下、日生連）の実践や議論に学びつつ、そのような戦後の実践の萌芽を探るため大正期以降の児童文化、教室文化の実践的模索や戦後初期コア・カリキュラム連盟（以下、コア連）による取り組みにも目を向ける。また、学級や学校における文化活動は今日も模索され続けていることから、90年代以降の比較的新しい時期に取り組まれた実践の中で、学級や学校における文化活動の在り方について改めて考えさせられる優れたものをいくつか紹介したい。

　ところで、そもそも学級や学校における文化活動とはどのようなものを指すのだろうか。これは特定のカリキュラム領域に限定されるものではなく、またその定義や内実は一様ではないが、現在では、概ね特別活動に含まれるものが

多い。その中には単発の行事として取り組まれるものもあれば、日常的・恒常的なものもある。たとえば行事として文化活動を行う例としては、芸術分野における文化祭や音楽会、スポーツ分野における体育祭や水泳大会、レクリエーションを主体とした竹馬大会やお誕生会などがある。

　一方で日常的・恒常的な取り組みとしては、飼育や栽培、新聞の発行、学級文庫の運営、そしてこれらのような活動も含めた学級内クラブなどが挙げられる。子ども自身が運営に携わるものだけではなく、たとえば学級内に子どもたちに適した書籍をそろえるといった教師による環境整備も、学級の文化活動促進の一つと言えるだろう。

　しかし、そもそも芸術活動やスポーツ、レクリエーションを学校や学級単位で行うことはなぜ必要なのだろうか。それらは学校外での自由な遊びや教科の学習に回収され得ないものなのだろうか。これらの問いについて考えるために、次節以降では、学級や学校における文化活動が、各時期の時代背景に影響されながらどのように実践されていったのかを見ていく。

第1節　学級や学校における文化活動の模索

第1項　児童文化への関心の高まり

　戦前の日本では、大正期の自由な社会的風潮の中で、1920年代頃から子どものための文学や芸術に対する関心が高まっていった。絵雑誌『コドモノクニ』（東京社）、観察絵本『キンダーブック』（フレーベル社）などが発行されたほか、鈴木三重吉による雑誌『赤い鳥』（赤い鳥社）では、西洋画を学んだ画家による挿絵や当時の一流小説家たちによる童話が掲載されるなど、子どもたちに質の高い文学を届ける媒体が生まれていった。『赤い鳥』誌上では子どもの作文の掲載と講評も行われ、読者である子どもたち自身が文学の担い手となる機会も設けられていた。

　またこの時代には、『世界少年文学名作集』（精華書院）や『世界童話大系』（世界童話大系刊行会）などの豪華な叢書によって主に欧米諸国の優れた児童

第4章　学校・学級における文化の創造

文学作品も日本に紹介された⁽¹⁾。さらに、大正末から昭和初期にかけて『日本児童文庫』（アルス出版）や、『小学生全集』（興文社）など、円本と呼ばれる一冊1円の廉価な子ども向け読み物全集が発刊され、文学作品にとどまらず、当時の国定の教育内容や学校教科書の質を上回ることを目指すような童謡や科学読み物なども掲載された[2]。

芸術の分野では、山本鼎によって明治以来の模写を中心とした図画教育が批判され、自由画教育運動が推進された。『赤い鳥』でも大正9年（1934年）1月号以降、自由画が掲載されるようになったという[3]。

しかしながら、このように子どもに焦点を合わせた質の高い文化が生み出されていく一方で、全国の子どもたちがそれを享受できたわけではなかった。都市と農村の格差、家庭の経済格差などによって、書籍や芸術作品に触れる機会には差が生じていたのである。そのような中で、農村や都市労働者階級の子どもたちにとって「文化を享受させ、文化的活動をさせる可能性をもつもっとも大切な場所」[4]が学校であった。

第2項　教室文化の創造

戦前の学校においても様々な文化活動、すなわち「教室文化」の創造に積極的に取り組む学校や教員が見られた。これらの中には、新教育の担い手となった都市部の私立学校がある一方で、むしろ恵まれない学校環境の中で工夫をこらしながら、優れた文化を一部の裕福な子どもたちだけではなく全ての子どもたちにとって身近なものとするような実践を模索した例もあった。後者に含まれるのは、たとえば生活綴方に熱心に取り組んだ教師たちであり、漁村の子どもたちの生活向上に取り組んだ平野婦美子や、学校に足が向かず勉強も苦手な子どもにクラス演劇を通して自信をつけさせた鈴木道太の実践などが挙げられる[5]。また、静岡の小学校教師であった戸塚廉は、新教育の理念に一定の共感を示しつつ、幅広い子どもたちの実態を踏まえた文化活動を展開し、戦後の教師たちにも影響を与えた。以下では、戸塚の実践を少し詳しく見てみよう。

戸塚の取り組みは、自身が小学校教師として学校や地域で行った実践と、雑誌『生活学校』（児童の村生活教育研究会）の編集者として全国の教師たちの

実践交流の場を設けたことの二つから成る。静岡県雨桜村に生まれた戸塚は、静岡師範学校卒業後に掛川第一小学校で教員生活を送っていたが、同人誌『耕作者』を発刊したことを理由に警察に任意出頭を求められ（耕作者事件）、生まれ故郷の村の小学校に「左遷」されることとなる。村の子どもたちの貧しい生活を目の当たりにした彼は、学校や自身の家を中心として、子どもたちが文化に触れることのできる仕掛けを工夫していった。

　たとえば、日常生活で毛筆を用いる機会は祝儀袋、香典袋くらいしかないという村の実情を知った戸塚は、書き方の授業における毛筆練習を取り止めた。そして、代わりに「民主的、平和的、科学的、芸術的な精神を養う」[6]ような作品を板書して、ノートに写させることを毎日続けさせたという。文学作品を筆写させる取り組みは、本を買えない子どもたちが優れた文学作品を身近に持つことにもつながった[7]。また図画の時間には当時行われていた風景や生物の写生ではなく、子どもたち自身が描きたいと思うようないたずら描きを行わせ、音楽の時間には、コップや茶わんに水を入れて音を調節しながら演奏させてみるなど、家庭で行えば「親たちを感心させる前に叱りとばされなぐられる」[8]ようなことであっても、子どもたちが意欲的に文化を創造していけるような活動であれば行わせていった。

　戸塚の実践は教科指導の工夫にとどまらなかった。教科書以外には本を読むことがないという子どもたちの実態を受けて、40〜50ページ程度の短時間で読める書籍の箱入りセットを購入して学級で共有した[9]。さらに、自らの給料の3分の1を供出して古本屋で子ども向けの書籍を買い込み、4年生を管理者とする学校図書館を創設した。

　また、子どもたちの生活を豊かにするために戸塚は、自宅二階で子供クラブを開いた。最初は、家にラジオを持たない子どもたちが、登校前に戸塚の家に寄ってラジオ体操を行うことから始まったこのクラブは、子どもたちや村の青年の寄付を募って蓄音機や将棋盤を購入したり、板切れを拾ってきて机を製作したりしながら形を整えていった。クラブでは娯楽活動だけではなく、ニュースを発行したり、博物新聞や壁新聞を作成する活動が行われた。さらに夏休み中は、子どもたち自身の手によって「午前七時―九時：読書ノート学習。自然

第4章　学校・学級における文化の創造

観察。九時―十時半：水泳。午後四時―六時：共同作業」という日課が作成され、朝のラジオ体操と勉強には近隣の子どもは全員参加したという[10]。この子供クラブの実践は地域での取り組みであり、学校や学級における文化創造の活動というわけではない。しかしながら、そこで取り組まれた内容は学校内での実践にも通ずるものがある。

その後、新興教育同盟準備会静岡支部を結成したことにより検挙され、教員資格はく奪の処分を受けた戸塚は、上京して池袋児童の村小学校に参加し、やがて雑誌『生活学校』の編集を担うようになる。『生活学校』では優れた実践や研究を行っている人物による論文を掲載するだけでなく、「学級文化交流の頁」を設けて読者の投稿を募った。これは「児童文化を外部から与えるだけではなく、日本の子ども全員が対象となる教育の場でそれを消化し吸収して、子どもの文化創造を組織することによって、はじめて、子どもの発達に役立つという考え」[11]に基づくものであった。

なお戸塚は後年、当時の児童文化運動に関する研究に異を唱える形で自らの児童文化観を示している。すなわち、児童文化専門家による功績のみを重視して「現場の教師が、大正昭和の専門家に学びながら、また様々な人類の文化遺産にみちびかれて、子どもとともに学びつつ、想像しつつ、自己と子どもの環境を変革してきた運動」[12]を軽視するのは誤りであるというのである。この背景には、児童文化を教育の埒外のものと捉えることが、文化を「一部の小ブルジョアの遊び道具」[13]にとどめてしまうことになり、あるいは学校における文化不在状態を一般化してしまうという危惧があった[14]。

このように、戦前においては社会全体における児童文化への関心の高まりの中で、その成果を享受しつつも、子どもたちの生活実態に合わせて自覚的に工夫やアレンジを加えながら教室での文化創造を実現していく教師たちの苦心が見られた。地域間格差や学校と家庭との文化の違いといった問題は確かにありつつも、一方的な文化の押しつけにはならない、子どもたちの生活を真に豊かにする文化の在り方が模索されたのである。

第2節　戦後の学校における文化活動

第1項　戦後新教育期における取り組み

　戦後、新たな教育を目指してカリキュラムや指導方法は大きく変更されていった。特に戦後初期にカリキュラム改造によって新たな学校の在り方を模索したコア連では、「日常生活課程」の構想に伴って学級や学校での文化活動が模索されていたことがうかがえる。当時のコア連のカリキュラム構想は、基本的な知識技能を培う「基本課程」、生活実践の場である「日常生活課程」、そこで起こる諸問題を基本的な知識技能を駆使して解決する「問題解決課程」の三つから成り、「日常生活課程」は学校教育において欠くことのできない役割を担うものと考えられていた[15]。

　日常生活課程で取り組むべき実践については、その組織の在り方や子どもの自主性と教師の指導性のバランスなど、議論はあるものの、たとえば以下のような内実が報告されている。
・保健、運動、整備、銀行、購買、飼育、栽培（都市の学校における事例）[16]
・児童公民館、児童博物館、児童新聞社、学校図書館、子供組合、子供保健所、子供運動場（農村の学校における事例）[17]

動植物の飼育・栽培や学校・学級新聞の発行など現在の学校でも取り組まれる活動が、戦後初期のコア連による「日常生活課程」構想には含まれていたことがわかる。

　なお、この時期の実践においては、校舎や校庭の設備が貧弱であること、学用品の購入が不便であることといった学校生活上の問題点を自覚し、これに直接働きかけるような取り組みも見られた。上記の例に含まれる銀行、購買、子供組合といったものがそれである。ほかにも、工作クラブが校庭の遊具を製作したり、薬草収集によって集めた資金で図書館の図書や幻燈セットを購入するなど、子どもたち自身が文化活動のために必要な資材の入手に一役買っていた。

　この時期の文化活動をめぐる論点としては、まず上述のようなカリキュラム

第4章　学校・学級における文化の創造

上の位置づけの問題があった。また、全校的に実践を進めていくうえで、学級を単位とすべきなのか異学級や異学年の混合が望ましいのか、教師がどの程度主導すべきなのか、また各活動が代表を出して話し合う際の趣味的なクラブの位置づけをどうするかなども議論された。

第2項　学校・学級における文化活動の広がり

　1953年にコア連は日本生活教育連盟へと改称された。その機関誌である『生活教育』においては、1960年代中頃から、学級における文化活動の特集が繰り返し組まれるようになっていく。日生連が学校や学級における文化活動に注目していった背景には、主に二つの問題意識があった。一つ目は、経済成長や社会の変化に伴って、子どもたちの生活が変容していったことである[18]。当時の子どもたちの生活について日生連では、「学テ体制、子どもの生活破壊、頽廃的文化の氾濫という現代的状況」[19]の中で学校外での遊びも孤立的なものになりがちであり、集団で遊びや文化活動をする機会が奪われつつあるという批判的認識が示された。二つ目は、全国生活指導研究協議会（以下、全生研）による「集団づくり」の実践（第3章参照）が広まる中で、その実践の中身に対する危惧が生まれたことである[20]。日生連では、全生研の宮坂哲文や城丸章夫が戦前の教室文化実践の遺産を評価・継承し発展させていくことの重要性に注目していた点を評価しつつも[21]、生活指導運動の中で、活動内容そのものよりも集団組織方法の緻密化のほうに力が注がれていると捉え、城丸や宮坂の意図するものとは「むしろぎゃくの現象が一般化した」[22]と指摘した。

　この時期の日生連では、研究集会などで互いの実践を検討しあう中で、二つの実践が優れたものとしてたびたび言及された。一つ目が東京都の小学校教員である鈴木孝雄による実践である。鈴木は戸塚の著作に刺激を受け、学級での文化活動に積極的に取り組んでいった[23]。鈴木学級には、動物園、誕生会、人形劇、ニュース、スポーツ、読書、学習クイズといった学級内クラブがあり、この中の動物園クラブを中心として、学級全体でのアヒルとヤギの飼育が試みられた。

　動物園クラブの子どもたちは、当初うさぎでも飼ってみようかと考えていた

79

が、それに対して鈴木は「うさぎ？　悪くはないが人がやっていないものを飼ってみろよ。餌に何をやったらいいかわからない。そこから研究していくような動物の方がおもしろくねえか」(24)と問いかける。鈴木の挑発でやる気を出した子どもたちは、まずは自力でヘビをつかまえてきて教室で飼い始めた。鈴木はヘビを選んだ子どもたちの動機として、「めずらしいもの［が飼いたい］」、「びっくりさせてやろう」という気持ちが先立っていることに気づきつつも、その挑戦を見守り、一方ではファーブル、シートン、椋鳩十などの作品と出会わせていくことで、より真剣に飼育動物を選ぶ糸口を与えていった。このような動物文学を読む中でアヒルが人に懐くことを知った子どもたちは、アヒルを飼いたいと思い立つ。

　子どもたちは、片道2時間かけて縁日の出店までアヒルのヒナを買い出しに行ったり(25)、池や小屋を作るために、校庭に穴を掘ったり、のこぎりで木材を切ったり、コンクリートを打ち込んで土台を作ったりと5ヶ月もかけて飼育の実現に取り組んでいった(26)。アヒルの飼育を思い立ってから実現するまでの過程で子どもたちは、アヒルを売っていない地域の実態や飼育場所の確保もままならない学校の規則など様々な矛盾に気づいていった。その後、ヤギの飼育にも取り組んだ子どもたちは、卒業前には引き取り手探しに奔走し、無事に校内の他学級にアヒルの一部を、上野動物園に残りのアヒルとヤギの引き取りを依頼して実現している。

　以上のような鈴木の実践は、日記や学級新聞、学級通信によってつくられた、子ども、保護者、教員のつながりに支えられていた。鈴木は日記を書かせて赤ペンを入れるという実践を継続的に行い、さらにその日記に保護者のサイン欄を設けていた。サイン欄に書かれたことは、個々の保護者と担任との交流に閉じず、学級通信に掲載して、他の保護者のサイン欄執筆の刺激としていた(27)。また鈴木学級には、子どもたちが作る学級新聞「ブタとアヒル」（親ブタ）および鈴木による学級通信「ブタとアヒル」（子ブタ）の二つが存在し、互いに競争して発行されていた（図4-1、図4-2参照）(28)。このような情報共有の媒体が存在していたことで、学級内の各クラブの活動の結果を共有してクラス全体で考えていくことが可能となり、さらには活動について保護者とも情報を共有

することが実現されていた。

　このような鈴木の実践は、アヒルの飼育という文化活動を通した教育と生活の結合につながり、また子どもたちの自主的集団的な労働やそれを支える教師と保護者の集団が生まれていっているとして日生連内で評価されている[29]。

　同時期の日生連におけるもう一つの優れた実践は、千葉の小学校教員である深沢義旻による実践である。戦前の綴方教師である寒川道夫や鈴木道太の実践（第2章参照）に学んだ深沢は、学級の子どもたちに積極的に詩を書かせて、自分のこと、家族のこと、学校での勉強のことなどを考えさせていった[30]。また深沢は、教科の教育内容や指導方法についても批判的に吟味を行い、たとえば算数では1km＝1000mを覚えさせて終わるのではなく、実際に1kmを歩いてみる[31]、理科ではフナの解剖図で体の構造を学ぶのではなく、泳いでいるフナの心臓を太い針で刺したらどうなるかを予想させてから実験してみる[32]、社会科では工場見学に行き、その後、親の給料や残業の実態について考えてみる[33]など、実際に目で見て体で感じながら学ぶことを行わせている。

　このような中でも、全6巻にわたる「子どもたちが綴る日本史物語」（1965年の実践）や、畳大（91cm×180cm）の木版画10枚による「版画で綴る日本歴史物語」（1972年の実践）は圧巻である。前者については、歴史学習の中での集団思考や討論が詩やレポートの作成へとつながり、最終的には古代から現代に至るまでを学級の子どもたちで分担しながら、127のレポートや詩が作り上げられた[34]。また後者では、どのような場面を取り上げるのか、どのような表情のどのような人物を登場させるのかを子どもたちが議論し、何カ月もかけて自分たちの手で完成させていった[35]。

　深沢実践は教科学習と深く結びついたものであるが、ただ歴史について受動的に学ぶことを目的とした学習ではなく、その過程で子どもたちが「内面的な闘いを通して前進」し、また「生活を切りひらく文化創造の力量を発展させている」[36]という。このような深沢の実践は、「『生活のための文化』という思想と『文化のための文化』という思想とが統一されている」ものと評価されている[37]。

　このように学級や学校における文化活動が盛んに進められた1960年代には、

図4-1　鈴木孝雄学級新聞「ブタとアヒル」（親ブタ）
出典：鈴木孝雄『学級文化活動と集団づくり——学級新聞"ブタとアヒル"の物語——』明治図書、1967年、87頁。

第 4 章　学校・学級における文化の創造

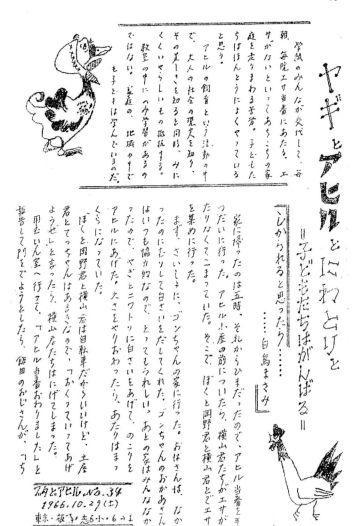

図4-2　鈴木孝雄学級新聞「ブタとアヒル」（子ブタ）
出典：鈴木孝雄『学級文化活動と集団づくり——学級新聞"ブタとアヒル"の物語——』明治図書、1967年、86頁。

様々な論点が見出されていった。一つ目は、やはりカリキュラム上の位置づけである。今後の課題の一つとして「学級文化活動をふかめる過程で、教科への芽を育てることを、もっと意識的にとりくんでみてよいのではないか」(38)との指摘がなされた。

二つ目の論点は、子どもたちが集団として文化活動に取り組むことの意義についてである。『生活教育』第19巻第6号では「集団づくりと文化活動」という特集が組まれ、この問題が議論された。その中で日生連委員長を務めた教育学者・中野光は、「単に学級の中の個々の子どもが、ピアノが上手になるとか、作文がうまくなったというのではなく、そうした事実が学級集団の前進に支えられて可能になった、というのでなけれぽならない。また、学級集団がとりくむ文化活動の過程で集団としての発展が、その集団の中での人格が変革されていくような文化活動こそが、われわれの追求する学級文化活動でなくてはならない」(39)という見解を示した。

第3項　新たな課題と学級・学校の文化活動

1970年代後半から1980年代初頭にかけて、全国の学校現場は青少年の非行問題、とりわけ校内での暴力行為や器物破損などの問題に直面した。このような問題行動の背景としては、家庭の生活や文化の貧困、地域の社会共同性の崩壊などが考えられた(40)。また、校内暴力を受けて管理主義教育が強まる中で、1980年代には暴力が鎮静化する一方でいじめの陰湿化が問題となり、不登校も増加していく。『生活教育』誌上でもこのような問題が取り上げられる一方で、子どもたちの文化の在り方に関して検討が重ねられ、「テレビに主体性を」(1981年7月号)や「マンガを子どもの味方に」(1988年12月号)といった、子どもたちを取り巻く現代文化との向き合い方が模索されていった。

このような時代の中で、子どもたちの抱える問題と向き合い、文化活動に積極的に取り組んだ実践としては、石川県の小学校教師である金森俊朗の実践が挙げられる。金森学級では、雨上がりの校庭で行う「どろんこサッカー」、学校近くの川での川遊び、わら草履づくり、秘密基地づくりなど、子どもたちが夢中で遊ぶ中で五感を使って自然や生の充実を感じ取っていくような実践が繰

り広げられている。金森は「子どもたちに遊びの体験を上から与えるのではなく、子ども集団みずからが遊びの復権者として自覚的に［遊びを］掘りおこし、組織的に検討し、広め、継承させていくこと」[41]が重要であるという。実際に金森学級の子どもたちは、遊びの企画者として積極的に行動した。たとえば、川遊びを楽しんだ6年生の子どもたちは、次の週には1年生との「ミニ運動会」を企画してその中に川遊びを取り入れることを実現している[42]。

さらに金森の実践は一つのクラスに閉じていない。全校的な取り組みの体制として、「遊び先にありき」型（遊び、場所は先に決まっていて、その日の遊びのリーダー以外は好きな遊びに行く）[43]と「集団先にありき」型（別の目的集団が、集団の要求とリーダーの必要性に基づいて遊びや場所を決定していく）[44]の二つを提案し、後者では町別児童会で学校ではなく地域の遊び場に集まって遊ぶなど、遊びを学校外にも広げていっている。

このような実践を行う一方で金森は、生活ノートに書かれた作文から子どもたちの悩みや考えを受けとめ、時には学級内で作文を読み合って共有していくことも行った。彼は、テレビやマンガを通じて若者文化にあこがれる子どもたちや、いわゆる問題行動を起こす子どもたちを、頭ごなしに否定することはしない。華やかなものに惹かれる気持ちは受けとめながら、学校での日々の生活に真剣に向き合うことの大切さを伝えていく。たとえば、「歌手や俳優になりたい」という子どもと対話する中で、華やかさの裏にある困難や危険に気づかせ、学校での生活に一生懸命に取り組む力も無いようでは、夢への道のりは遠いということに気づかせていった[45]。

第4項　文化活動を通して深い課題に向き合う

1990年代そして2000年代と、日本の子どもたちを取り巻く環境は日々変化を続けている。種々の大規模自然災害や、度重なるいじめによる自殺、一方では、雇用形態の変化による若者の将来の描きにくさなど、命や生き方を考えることの重要性が改めて自覚されている。

このような90年代以降における文化活動実践の中で、命や生き方について迫るようなものをここでは二つ紹介しておきたい。一つ目は、文化活動を通して

命について深く考えさせた、大阪府の小学校教師・黒田恭史による「ブタのPちゃん」の飼育実践である[46]。鳥山敏子によるニワトリやブタを捌いて食べる学習[47]に刺激され始められた黒田実践では、飼ったブタをいずれ殺して食べることが予定されていた。しかし、ブタを目の前にした子どもたちは、「名前をつけたい」と願い、さらに、校内での飼育環境確保、エサの入手、休日の交代での世話など、ブタのPちゃんが元気に命を長らえさせるための取り組みに夢中になっていく。

ただし、彼らは単なるペットの飼育を楽しんでいたわけではない。「食肉用のブタは通常100キロ」という話を聞いては、Pちゃんの体重と比較して複雑な思いになったり[48]、夕食に出た豚肉を見て「Pちゃんの友達ではないか」とふと考えたり[49]と、身近で切実な問題として、動物の肉を食べることを再認識し、ペットとしてのPちゃんと家畜としてのPちゃんとの間で葛藤していく。最後に食肉センターに送るという結論を出す過程では、卒業というリミットが迫る中で、保護者も巻き込んで議論が重ねられた。子どもたちは校内での引継ぎを目指して、全校集会で提案を行い、また下級生に飼育指導を試みるなど、他者に働きかけながら、より良い結論を必死で探していった。

このような黒田実践に対しては、飼育した動物を殺して食べるという方針に賛否両論があるが、そもそも豚という動物を選択した理由が注目に値する。黒田は、動物の飼育にはペットと家畜の二種類があるにもかかわらず、大半の学校における飼育活動はペットとしての飼育にとどまっており、対象も生命力が弱く簡単に死んでしまう小動物が多いことを問題視した。子ども一人で丸一頭を飼育することの不可能な、かつ強い生命力を持つ豚を飼育対象として選択することで、「大きな命をつなげるための一員であるという自覚」[50]が子どもたちに育つことを期待したのである。今日、全国の学校に普及している動物飼育であるが、ただ動物を飼えばよいのではなく、なぜその動物を飼うのかという点を突き詰めて考えることの重要性がわかる。

もう一つ紹介したいのは、中学生が文化活動を通して自らの生き方に向き合った、京都市立弥栄中学校（2011年閉校）の人権劇の実践である。1980年代に激しい「荒れ」を経験した同校では、力で抑える生徒指導の限界を自覚して、

生徒たちが荒れる背景を探っていった。その中で、生徒たちの抱えるしんどさの一つとして浮かび上がってきたのが同和問題である。弥栄中学では人権教育の在り方を見直し、校外学習や語り合いを多く取り入れるスタイルに変えていき[51]、1996年からは文化祭で学年ごとに人権劇を演じる取り組みを行うようになった[52]。劇のテーマには、いじめ、戦争、差別などが取り上げられ、演じる子どもたちの課題や実態を踏まえた脚本を学年主任が作成する[53]。ただし、生徒たちは与えられた脚本をそのまま演じるだけではない。劇中には「創作セリフ」の箇所が設けられており、生徒たちは自らの生い立ちや学校生活の中で経験してきた悩みや苦しみに向き合いながら、台詞や演じ方を考えていくのだ。

弥栄中学校の人権劇は、生徒自身が中学校卒業後の人生を選び取っていく力につながるだけではなく、劇を見た保護者が、差別問題をどのように子どもたちに伝えるかについて再考する契機ともなっている[54]。

おわりに

本章では学級や学校における文化活動について、時代ごとに優れた実践の具体例を示しながら描いてきた。学級や学校における文化活動は、それぞれの時期において子どもたちの日常に欠けている体験を意識的に取り入れていた。また、教科学習と関連を持ちながらも、そこで学んだ内容を、子どもたち自身の計画や議論によって発展させ、作品として結実させていくような活動が行われていた。学級や学校という枠の中で活動していく際には、意見の異なる他者と協力したり、大勢に対して自分たちの考えを説明していく必要が生じていた。さらに、活動の過程で保護者を巻き込んでいく場合もあった。このように学級や学校における文化活動は、学校外での自由な遊びや教科学習と共通する題材を扱いながらも、後者以上に子どもたちにイニシアチブを委ね、前者以上に幅広い他者や深いテーマと向き合うものとなっている。

学級や学校における文化活動に対しては、自由な実践を行う余地がある半面、指導する教師の力量や学校の条件によって、実践の中身に大きな差が生れてし

まうのではないかという危惧もあるかもしれない。しかしながら、戦前から教室での文化的活動に熱心に取り組んできた教師たちを見る時、決して物質的に恵まれているとは言えない学校環境においても、むしろそこに文化への飢えがあるからこそ、子どもたちが意欲的に取り組める実践が生まれていたことがわかる。

　子どもたちが自分では思いつかなかったような豊かな文化と出会わせ、その文化を自分自身のものとする中で新たな創造が行われていくような、そんな活動を行える場としての学級や学校をどのようにつくっていくべきなのか。学校外に様々な新たな刺激があふれる現代であるからこそ、学校における質の高い文化活動が求められる。

〈注〉
（1）福本友美子「外国児童文学の翻訳の歩み」『カレントアウェアネス』第308号、2011年、6-7頁。
（2）和田敦彦「家庭に図書館を──『小学生全集』がやってきた──」『リテラシー史研究』第5巻、2012年、21頁。
（3）高野奈保「赤い鳥社主催『自由画大展覧会』と鈴木三重吉──石井鶴三宛三重吉書簡から見えるもの──」『信州大学附属図書館研究』第4巻、2015年、41-48頁。
（4）中野光『学校文化と子どもの自主活動』明治図書、1976年、69頁。
（5）中野光「生活指導における『文化活動』の今日的意味」『生活教育』第19巻、第6号、1967年、11頁。
（6）戸塚廉『いたずらの発見（著作集第二巻）』1978年、230頁。
（7）同上書、229頁。
（8）同上書、232頁。
（9）同上書、234頁。
（10）同上書、250頁。
（11）同上書、209頁。
（12）同上書、208頁。
（13）同上。
（14）同上書、209頁。
（15）樋口澄雄「日常生活課程の内容」『カリキュラム』第34巻、1951年、26頁。

(16) 「日常生活課程に要する施設と運営費」『カリキュラム』第34巻、1951年、44頁。
(17) 稲生実男「日常生活課程の施設と費用──農村地区の場合」『カリキュラム』第34巻、1951年、42頁。
(18) 日本生活教育連盟編『日本の生活教育50年──子どもたちと向き合いつづけて──』学文社、1998年、109-110頁。
(19) 坂本清泉「生活教育と学級文化活動」『生活教育』第19巻、第6号、1967年、23頁。
(20) 海老原治善「学級文化活動実践の現状と問題点」『生活教育』第17巻第7号、1965年、80頁。
(21) 中野、前掲「生活指導における『文化活動』の今日的意味」1967年、16頁。
(22) 同上論文、17-18頁。
(23) 鈴木孝雄『学級文化活動と集団づくり──学級新聞"ブタとアヒル"の物語──』明治図書、1967年、2頁。
(24) 同上書、9頁。
(25) 同上書、13-14頁。
(26) 同上書、36頁。
(27) 同上書、48-52頁。
(28) 同上書、81頁。
(29) 坂本、前掲「生活教育と学級文化活動」28-29頁。
(30) 深沢義旻『教育実践と文化の創造』明治図書、1973年、143・190頁。
(31) 同上書、73-76頁。
(32) 同上書、79-81頁。
(33) 同上書、83-101頁。
(34) 深沢義旻「子どもが綴る日本史物語」『生活教育』第18巻、第7号、1966年、42-49頁。
(35) 深沢、前掲『教育実践と文化の創造』165-175頁。
(36) 坂本、前掲「生活教育と学級文化活動」32頁。
(37) 同上論文、30頁。
(38) 海老原、前掲「学級文化活動実践の現状と問題点」86頁。
(39) 中野、前掲「生活指導における『文化活動』の今日的意味」19頁。
(40) 日本生活教育連盟編、前掲『日本の生活教育50年』194-199頁。
(41) 金森俊朗『太陽の学校』教育史料出版会、1988年、107頁。
(42) 同上書、28-29頁。
(43) 同上書、107-08頁。
(44) 同上書、108頁。

(45) 同上書、48頁。
(46) 黒田恭史『豚のPちゃんと32人の小学生——命の授業900日——』ミネルヴァ書房、2003年。
(47) 鳥山敏子『いのちに触れる——生と性と死の授業』太郎次郎社、1985年。
(48) 黒田、前掲『豚のPちゃんと32人の小学生』45頁。
(49) 同上書、31頁。
(50) 同上書、12頁。
(51) 林由紀子『弥栄のきずな』毎日新聞社、2013年、151頁。
(52) 同上書、10頁。
(53) 同上書、10頁。
(54) 同上書、50-67頁など。

〈推薦図書〉

金森俊朗『太陽の学校』教育史料出版会、1988年。
中野光『学校文化と子どもの自主活動』明治図書出版、1976年。
日本生活教育連盟編『日本の生活教育50年——子どもたちと向き合いつづけて——』学文社、1998年。

第5章
職業指導・進路指導からキャリア教育へ

はじめに

　若者の非正規雇用、早期離職の広がりの中で、キャリア教育への期待が高まっている。「キャリア」の語源が表すように、キャリア教育は、本来、職業指導のみを目的として行われるものではなく、生き方や自立と関連させながら、就労や働き方について指導を行うことを目的とする。しかし、近年の産業構造の変化とそれに伴う雇用問題の出現の中で、職業的自立が、その大きな柱として位置づけられるようになると、学校から仕事への円滑な移行（school to work transition, 単にトランジションと呼ぶこともある）に、大きな比重が置かれるようになってきた。

　日本において、キャリア教育という文言が公文書に登場したのは中央教育審議会答申「初等中等教育と高等教育との接続の改善について」（1999（平成11）年）[1]であり、その歴史はまだ浅い。しかし、過去にさかのぼれば、日本の学校が、学校外の社会へのより良い移行のために指導することは戦前から行われていた。学校外での若者の生活が不透明で不安定なものへと変化する中で、学校の役割が拡張し、位置づけられたのである。このため、学校が本来行うべきとされる普通教育との関係が常に問われてきた。

　本章では、戦前に始まる職業指導、戦後の進路指導、そして現代へと歴史をたどる中で、学校が担うべきキャリア教育について展望する[2]。

第1節　キャリア教育の源流

第1項　戦前の職業紹介から学校における職業指導へ

　職業を世襲する場合には、学校における職業指導の重要性は低い。たとえば農家の子どもが農業を継ぐ場合、普段の家での農作業がそのまま職業指導になるからである。教育学者・中内敏夫は、学校へ子どもを長く通わせると、むしろ子どもの将来の自立を妨げると考えていた人々も少なくなかったことを指摘している[3]。

　ところが、工業化の進展に伴い、疲弊した地域では生きていくことが難しくなり、家業を継がない者は外での働き口を探さねばならなくなったこと、都市の労働者の必要性が高まったこととなどを背景に、都市への人口流出、出稼ぎが増加した。こうした中で、若者への職業紹介の必要性が高まった。第一次世界大戦後の経済不況下では、青少年は極めて条件の悪い職業の紹介を受けることになったと言われている。

　こうした背景の中で、1917（大正6）年には東京の児童教養研究所で適性研究や選職相談が始められた。公立の施設における最も初期の取り組みとしては、1919（大正8）年、大阪市立児童相談所で行われた職業指導がある。ここでは、子どもに対する学校選択の支援や、職業の紹介を行い、加えて職業紹介所に対する指導も業務として行った。翌年、青少年を対象とした職業相談機関として、大阪市立少年職業相談所が開設された。1921年にようやく職業紹介法ができ、主に成人を対象とした公立の職業紹介施設の設置が始まった。

　こうした中、職業指導研究の必要性を感じ、推進した教師が現れた。たとえば、小学校校長・三橋節は、実際に指導を推進するかたわらで大阪市少年職業指導研究会を立ち上げ、大阪市における職業指導に尽力した人物である。三橋は、1918年1月から3年半の間、本田尋常小学校長であった。このころ、物価が高騰し、都市下層階級の生活難が深刻化し始め、労働争議も頻発、米騒動も起きていた。本田尋常小学校では、たびたび先生が交代し、「ごたごたしてク

ラスもしまりがなかった」[4]という状態であった。今で言うところの学級崩壊に似た状態だったのではないかと推察される。

　三橋は、「吾人は職に人を真に生かしむべく、直接輔導の任に在る者であるといふことを先ず自覚せねばならぬ」[5]と考え、主知主義に傾く学校教育を批判した。その上で、毎月の校外教授について、児童の発達段階に合わせた見学地となるよう計画し、実施した。府庁、市役所、区役所、消防署、警察署、郵便局、梅田停車場、府立農学校、商品陳列場、マッチ工場、製油会社、新聞社、造幣局、電話交換局、公設市場、職業紹介所、紡績工場、製材所、大阪鉄工所、九条発電所、大阪測候所、電燈社などが見学地として挙がっている。

　1925年、内務省・文部省連名による通牒（つうちょう）「少年職業紹介ニ関スル件」が出され、職業紹介所と小学校とが連携して児童の職業紹介を始めた。当時の小学校では、中学校入試のための受験指導が過熱しており、職業指導には関心が払われていなかった。しかし、受験競争が加熱し、自殺者や中等学校中退者が出る中で、文部省は1927年に中学校試験制度の改正をもとめた省令及び訓令第19号を発し、小学校における過度な進路指導の改善を要求した。同年、小学校における職業指導を本格的に求めた訓令第20号「児童生徒ノ個性尊重及職業指導ニ関スル件」が出され、個性に応じた職業指導が推奨された。このときの「個性尊重」は、教育測定運動の広がりを背景に、知能テストによって明らかにされた特徴に応じた進路指導を行うことであった。教育学者の天野正輝は「このような一般知能による職業や学校への選別は、教育の階層性を『能力・適性』の名によって合理化するものとなる。ここでは、教育の目的は『適材を適所に配すること』とされ、学校は能力を育てる場ではなく、人材配分機関としての性格を色濃くする」[6]と指摘した。

第2項　学校における職業指導・労働教育をめぐる議論

　経済不況と凶作・豊作貧乏の中で、出稼ぎが特に多かった東北でも職業指導の研究が進められた。子どもたちの進路に関する悩みの深さや身売りなどの実態の深刻さに気づいた教師たちは、これらの悩みに応え、現実的な解決策を模索することが重要だと捉え、そのための指導を理論的、実践的に深めていくこ

とになった。尋常高等小学校２年生の佐藤サキが書いた綴方作品「職業」[7]（鈴木正之指導）が特によく知られている。進路を決めるべき時期になり、赤貧の自分の家を見て、農業は継ぎたくない、職業婦人になりたいと思うサキ。「百姓はきらいだといえば生意気かも知れないけれども——銭がかからなくて、私に適した職業で家の手助けの出来る職業、私は何時もこんな夢のようなことばかり思っている。私もどうすればよいやら迷っている」と締めくくられた作品の検討を通じて、綴方という科目の指導であっても、生き方の指導に結びつくべきではないかと議論が深められた。

　こうした中、秋田の伝統ある明徳小学校で指導を行っていた加藤周四郎は、新設の秋田市高等小学校に異動し、子どもたちの進路指導に深くかかわっていった。当時の秋田市では、尋常小学校並びに尋常科卒の６割が高等科に、３割が中等学校に入学しており、高等科における職業指導は重要な課題であった[8]。高等小学校の補習科（中等学校進学に失敗したものの、再度進学を試みる子どもたちの指導をする科）も担任した加藤は、進学指導と職業指導の両方に深く関わることになった。

　秋田市高等小学校においては、学校教育の役割とは何か、その中での職業教育とはいかにあるべきかの議論がなされ、職業一般に関する基礎的陶冶を行う点が合意されていた。職業指導を選職・就職指導に矮小（わいしょう）化せずに学校教育の一環として扱ったことが分かる[9]。

　秋田市高等小学校では、知識の獲得だけでなく、技能の習得や職業道徳の養成にも力を入れた。職業実習だけでなく、長期休暇の課題に「職業の研究」を課すなど、自分の希望する職業について、冷静に捉える目を養おうとしていたことが伺われる。

　加藤は、子どもたちの進路保障に心を砕き、この後秋田県職業課業務係長となり、児童の進路の保護・支援を継続した。さらに、東北のほかの教師たちと、東京近郊に送られた児童のために大森機械工業徒弟学校を設立した。これは、より高い学歴を得ている方がよりよい条件の就職ができるという学歴社会の到来の中で、高等小学校卒後の学校を設立して子どもたちの就職をよりよくしたいという教師の願いと、子どもたちの進学要求（本当はすぐに就職するのでは

なくもっと学びたい）という願いの中で設立された学校であった。

学校における労働教育についての関心は高く、雑誌『生活学校』上で論争も行われた（「生産と教育」論争1936〜1937年）。教育のために労働（苺篭(いちごかご)づくり）を行わせる鳥取の峰地光重と、貧しい子どもたちの給食費を捻出するために労働させた岩手の柏崎栄の実践と、どちらが優れているかが議論されたのである。当時は、リアルでない労働を行わせる峰地よりも、柏崎の方が労働教育として優れていると捉える立場が優勢であった。一方、家に帰れば暗くなるまで労働している貧しい子どもたちに、学校でまで労働を行わせることはかえって非教育的であり、学校は知育を行うべきであるとも考えられる。

また、戦後になり、柏崎の取り組みは、国が「学齢児童就学奨励政策」の一貫として始めた欠食児童への学校給食の経費を、国庫負担から県市町村等への負担へと移行させていく中で、その負担に耐えきれなくなっていた岩手県とその市町村が編み出したものであり、単に優れた労働教育と理解すると本質を見誤るとも指摘された[10]。こうした議論は、貧困が広がり、家庭での手伝いやアルバイトで疲弊している子どもが多数いる現代において、もう一度注目されるべきであろう。

第3項　職業指導教科書の発行

1941（昭和16）年には文部省通牒「国民学校ニ於ケル職業指導ニ関スル件」が出され、全学年を通じて職業指導を教科の授業に即して行った。初等科6年では教科外の時間を使い、高等科では実業科の時間数を増やし、職業指導を科目として増設するなどして、教育課程の中に組み込まれた。それに伴い、日本で初めての職業指導教科書が高等科1、2年で発行された。

このように、制度上は職業指導の整備が進んだものの、それは満州事変後の国家の非常時に対応する労務動員の色彩を強く帯びたものであった。

第2節　戦後の職業指導と進路指導

第1項　教科で行うキャリア教育

　第二次世界大戦後には、敗戦から日本が復興するために職業指導や職業教育の実施が必要と認識され、1947（昭和22）年初頭に文部・厚生両省によって職業教育ならびに職業指導委員会が発足した。教科として「職業科」が設置され、教科書も新制中学用に切り替えて発行された。1948年、文部・労働両次官通達「新制中学校の職業指導に関する件」が出され、職業指導の中心を小学校から中学校へ移行したことが明確に示された。職業科を受ける形で様々な議論を経て、1956年、中学校に「職業・家庭科」が設置された。この時代は教科の一領域に職業指導が位置づけられたのである。

第2項　特別活動で行う進路指導から教育活動全体を通した進路指導への移行

　1958年の学習指導要領では、職業・家庭科が「技術・家庭科」となった。職業指導は「進路指導」となり、中学校では学級活動、高校ではホームルームにおいて指導すると明記された。主な指導者として担任が位置づけられた。
　1969（昭和44）年改訂の中学校学習指導要領総則に、初めて「進路の指導」が盛り込まれた。ただし、進路指導が行われる場所は依然として特別活動における学級活動・ホームルームであった。1977年改訂中学校学習指導要領では、「教育活動全体を通じて」「計画的・組織的」に進路指導を行うことが盛り込まれた。これにより、教育活動全体を通した進路指導との認識が拡大した。
　この間、若者・家庭の進学要求も高まり、中卒よりも高卒、高卒よりも大卒を目指す子どもが増え、進路指導は進学指導の色彩を強く帯びていった。子どもたちの受験のための指導資料として、業者テストの活用も広がり、行き過ぎた利用に批判の声が上がった。1976年には大阪市教育長が校長に自粛を求めた。東京都の教育委員会も実態調査に乗り出した。こうした動向の中、文部省が全

国的な調査を行ったところ、業者テストはすべての都道府県で実施され、6割の都道府県で授業中に行われていたという[11]。

埼玉県では、高校入学者選抜の事前資料として業者テストによる生徒の偏差値を私立高校へ提供していた。これに対して1992（平成4）年に埼玉県教育長が異を唱え、進路指導における偏差値の不使用を打ち出した。翌年、文部省は指導の転換をはかるための基本的視点として、以下の4点を示した。

① 学校選択の指導から生き方の指導への転換
② 進学可能な学校の選択から進学したい学校の選択への指導の転換
③ 100％の合格可能性に基づく指導から生徒の意欲や努力を重視する指導の転換
④ 教師の選択決定から生徒の進路決定への指導の転換

こうした動きに続き、1996年、第15期中央教育審議会第一次答申で「生きる力」（「いかに社会が変化しようと、自分で課題を見つけ、自ら学び、自ら考え、主体的に判断し、行動し、よりよく問題を解決する資質や能力」「自らを律しつつ、他人とともに協調し他人を思いやる心や感動する心など、豊かな人間性」、「たくましく生きるための健康や体力」）が盛り込まれ、これがその後の学習指導要領改訂に影響を与えた。1998年改訂学習指導要領では、「総合的な学習の時間」が盛り込まれ、そのねらいとして、「学び方やものの考え方を身に付け、問題の解決や探究活動に主体的、創造的に取り組む態度を育て、自己の生き方を考えることができるようにすること」（総則編）が盛り込まれ、その後のキャリア教育の展開においても重要な役割を担うこととなった。

1998年には、兵庫県で「トライやる・ウィーク」が開始され、これを契機として全国の中学校で職場体験などの社会体験の実践が広がった。

第3節　日本におけるキャリア教育の展開

第1項　キャリア教育の登場

「キャリア教育」という用語が、初めて日本の教育政策文書において登場し

たのは、1999（平成11）年の中央教育審議会答申「初等中等教育と高等教育との接続の改善について」であった。そこでは「望ましい職業観・勤労観及び職業に関する知識や技能を身に付けさせるとともに、自己の個性を理解し、主体的に進路を選択する能力・態度を育てる教育」と定義された[12]。

その後、キャリア教育は、2003年に発表された「若者自立・挑戦プラン」の若者就労支援と結びつき、その一環として推進されていった。2004年に出された「キャリア教育の推進に関する総合的調査研究協力者会議」の報告書では、そこで身に付けさせたい能力を「人間関係形成能力」「情報活用能力」「将来設計能力」「意思決定能力」の四つに整理し、具体的な指標を発達段階ごとに示している[13]。それは、学校現場におけるキャリア教育のガイドラインとなり、絶大な効果を発揮した。

近年、キャリア教育の目的は、当初の「望ましい職業観・勤労観」の育成から、「働き方」や「生き方」を中心にすえた社会的・職業的自立の支援へと徐々に拡大しつつある。2011（平成23）年の中央教育審議会答申「今後の学校におけるキャリア教育・職業教育の在り方について」では、「人が、生涯の中で様々な役割を果たす過程で、自らの役割の価値や自分と役割との関係を見いだしていく連なりや積み重ね」を「キャリア」の意味とし、そうした「キャリア発達」の支援を「キャリア教育」としている。また、2016年12月に中央教育審議会より出された「幼稚園、小学校、中学校、高等学校及び特別支援学校の学習指導要領等の改善及び必要な方策等について（答申）」においても、そうした理解が引き継がれている。そこでは「キャリア教育とは、一人一人の社会的・職業的自立に向け、必要な基盤となる能力や態度を育てることを通じて、キャリア発達を促す教育のことであり、社会の中で自分の役割を果たしながら、自分らしい生き方を実現していく」ことと提起している[14]。

こうしたキャリア教育の目的は、特段新しいものではない。「生徒が自らの生き方を考え主体的に進路を選択することができるように……進路指導を行う」という文言に示されるように、それは進路指導として広く行われてきた教育活動と重なる[15]。しかしながら、「進路」という言葉から私たちが連想するように、進路指導は、中学校や高等学校の「出口」、すなわち進学や就職の決

定指導に矮小化されてきた経緯がある。キャリア教育は、従来の進路指導の広まりの中で見失われてきた、その本来の意義を取り戻す契機となりえる。自らの生活や人生の中で、どのように「働く」ことを意味づけ、具体的な職業や進路を選択・決定し、自己実現をはかっていくのか。そうした子どもたちの「生き方」や「働き方」に関わる能力や態度を学校教育全般を通して継続的に培うことをキャリア教育は提起していると言える。

第2項　キャリア・ガイダンスとしてのキャリア教育実践の広がり

キャリア教育として、学校現場で行われている活動は、どのようなものなのだろうか。キャリア教育は、学校教育活動全体を通して行うと示されていることもあり、「総合的な学習の時間」や特別活動を中心としながら、各教科との関連を保ち、学校独自のカリキュラムとして計画、実施されている。教育学者・児美川孝一郎は、「自己理解系」「職業理解系」「キャリア・プラン系」の三つのジャンルが、現在のキャリア教育実践には見出せると述べている[16]。

「自己理解系」の活動とは、自分の内面を見つめ、どのような仕事に興味を持っているのか、どのような職業に就きたいのかを考える学習である。具体的には「自分史」を書いてみたり、「なりたい自分」や「やりたいこと」、「就きたい職業」について考えてみる、あるいは一般職業適性検査や職業レディネス・テストなどを受けることで、自分の能力や適性を見つめるなどの学習活動が行われる。

「職業理解系」では、具体的な職業についての理解を深めることが目標となる。職場体験やインターンシップ、職業図鑑等を使った職業調べ、職業人へのインタビューや講話などの体験型の学習活動が企画されることが多い。中でも、今や、キャリア教育実践の看板ともなっているのが、中学校での数日間の職場体験である。文科省が、その導入を積極的に推進したこともあり、それは現在ではほぼ100％に近い実施率を誇っている。中学校の職場体験は、およそ表5-1のような計画で実施されることが多いようである。

最後の「キャリア・プラン系」は、就きたい職業と現在の自分を結びつける将来設計についての学習である。たとえば「10年後の自分」「30歳の私」など

表5-1　中学校の職場体験計画

事前指導	○体験先の決定 ○下調べ、質問事項などの確認 ○マナー指導、注意事項の徹底　　　計4時間
職場体験中	○体験記録の記入　　　　　　　　　　5日間
事後指導	○体験レポートの作成 ○体験発表会　　　　　　　　　　　　計4時間

出典：児美川孝一郎『キャリア教育のウソ』筑摩書房、2013年、102頁。

表5-2　将来設計目標設定シート

私が将来やってみたい仕事は…	①
上記①の仕事に就くために必要なのは…(勉強、経験、資格など)	②
上記②を身に付けるためにやるべきことは…	③
上記③のための高校卒業後の進路は…	④
①～④を実現するために明日からやることは？(具体的な目標を設定しましょう)	明日から取り組む今月の目標 今後1年間の目標

出典：児美川孝一郎『キャリア教育のウソ』筑摩書房、2013年、116頁。

を想像させ、将来設計に挑ませる、あるいは表5-2のような目標設定シートを活用して、就きたい職業に至る道とそのために行わなければならないことを明らかにする学習活動などが行われる。こうした学習を通じて、自らの職業や進路に対して前向きに、主体的に向き合う能力と態度を育てようとするのである。

　これら三つのジャンルは、個別に実施されるというよりも、むしろ一連の活動として行われることが多い。将来、どんな職業に就きたいのか、どんなふうに生きたいのかを「自己理解系」の学習によって喚起し、それを「職業理解系」の学習によって、具体的な職業としてイメージ化させる。そして、最後に「キャ

リア・プラン系」の学習を通じて、それを実現するための将来設計に挑ませる。こうした発想は、アメリカのキャリア教育の中で発展させられてきた職業指導としてのキャリア・ガイダンスの理論と共通している。その特徴は、ライフ・キャリアというよりはワーク・キャリアに焦点化されている点にあり、日本のキャリア教育実践の多くも、そうした性格が強いと言える。

しかしながら、児美川が指摘するように、本来「キャリア」という意味は、そうしたワーク・キャリアのみを指すのではなく、人々のライフ・キャリア、すなわち「生き方」そのものにかかわる。そのため、職業指導としてのキャリア教育にとどまらず、各人の「生き方」を考える教育として、たとえば「生き方」との関係から「働き方」を考える、あるいは「生き方」や「働き方」を権利の観点から捉えるキャリア教育へと拡大していく必要を児美川は、指摘している。

第4節　権利としてのキャリア教育

第1項　日本のキャリア教育の特徴と課題

日本のキャリア教育は、その理念や目的が「望ましい職業観・勤労観」の育成から働き方や生き方にかかわる社会的・職業的自立支援へと拡大されつつあるとはいえ、その実践は職業指導としてのキャリア・ガイダンスの性格が強い。その背景には、日本のキャリア教育が、当初、若者の雇用問題対策の一環として登場したことがある。

既に述べたように、日本のキャリア教育は、2003（平成15）年に発表された「若者自立・挑戦プラン」の一環として推進された。「若者自立・挑戦プラン」は、政策の基本的考え方として「若年失業の流れの転換」を挙げ、それを次のように示している。「若者が可能性を高め、活躍できる社会を構築するためには、就業機会創出や人材育成のための政策を重点的に実施し、若年失業やフリーター等の増大の流れを大きく転換する必要がある」[17]。ここには、高い失業率や離職率、増加する無業者やフリーターに対する問題意識、そして、そうした

状態が引き起こす社会問題、たとえば不安定就労による所得格差の拡大や貧困化、社会保障システムの崩壊等への危惧(きぐ)が込められている。

　こうした方針に従い、その後、「若者自立塾」「ジョブカフェ」「若年者トライアル雇用」といった若者を対象にした就労支援が実施された。キャリア教育は、教育的な処方箋であり、若年雇用問題の深刻化を防ぐための一環として登場したのである。この背景からうかがわれるように、日本のキャリア教育は、日本社会の将来に対する危機感から生まれたものであり、子どもたちや若者の労働権や社会権、生存権といった権利保障という視点が弱い。この点に大きな課題がある。

　この課題は、日本のキャリア教育実践が、職業指導としてのキャリア・ガイダンスとして広まっていることと無縁ではない。それは、職業選択や就労意欲の喚起には光をあてるものの、結婚や子育て、親の介護といったライフ・イベントや、現実の社会の雇用情勢や問題の認識には十分な関心を払っていないことに表れている。

　たとえば、児美川が指摘するように、日本のキャリア教育実践では、自分を見つめさせ、就きたい職業を考えさせるが、その実現可能性や社会的意味を問い、その中で「やりたいこと」を再度、考え直させるというような視点が弱いのである[18]。職業に就くということは、好きなことをして、自己実現を目指すというだけでなく、社会で必要とされていることや、問題とされ、解決が望まれていることに従事するという側面もある。そうした「やるべきこと」も職業選択や人生の目標の中に含まれて良いはずである。そのためには、職業や就労に焦点化された体験だけでなく、様々な社会体験や自然体験が幅広く、豊かに取り入れられるべきである。

　何よりも、問題なのは、仕事に対する夢や可能性を膨らませるだけで、現実の社会の雇用問題に正面から向き合うキャリア教育実践が、広まっていない点である[19]。先の「若者自立・挑戦プラン」が「若年失業やフリーター等の増大」を問題視していたように、現在のキャリア教育は、自分の能力や適性を見出し、正規雇用に就くことを暗黙の目標としている。しかしながら、現実には若者の半分が非正規労働者であること、そして日本の産業構造が、そうした非正規雇

用の労働者によって支えられている現状において、自分の能力や適性を見出し、正規雇用に就くことをねらいとすることは、非現実的であり、また正規雇用に就けなかった若者に自分の努力が不足していたという「自己責任論」を押し付ける結果となる。子どもたちの将来に責任を持つためには、就労や労働にかかわる現実の社会認識を含めたキャリア教育の構想と実践が、喫緊の課題となっている。

第2項　生き方・働き方を学ぶ権利としてのキャリア教育を目指して

　キャリア教育を進路指導や職業指導に閉じ込めず、それらを含みながらも、子どもたちの生涯発達を射程に入れつつ、「生き方」や「働き方」へと開いていくための理論的・実践的な提起が、近年、徐々に広まってきている。たとえば、全国進路指導研究会は、キャリア教育が登場する以前から、進路指導として、そうした取り組みを構想し、実践を蓄積してきた。そこでは、キャリア教育として学ばせたい基本的なことが次のように示されている[20]。

① 　労働は、人間の生存と生活の基本的条件をつくるものであること。
② 　人間は、「学ぶこと」と「働くこと（労働）」を通じて、能力を発達させ、人格を豊かに形成すること。
③ 　人間と人間は、労働を通じてつながり合うこと。
④ 　したがって、労働は人間の義務であると同時に、基本的な権利であること。
⑤ 　しかし、現代の労働は、その多くが企業の利益追求の目的に組み込まれ、人間の権利として保障されていないばかりか、健康を損ね、人間性を破壊させえる契機をも含んでいること。
⑥ 　現代社会には、さまざまな職業、多様な生き方があること。
⑦ 　働くももののの権利と、その実現への道すじ（労働三権・労働三法、女子差別撤廃条約、男女雇用機会均等法、労働組合、社会保障など）。
⑧ 　労働と生活における技術の役割。

ここには、キャリア教育を職業指導としてのキャリア・ガイダンスから、労働することの意味や生き方の多様性といったライフ・キャリアや生涯発達の支援へと拡大すると同時に、職業に就くまでに必要な能力や態度に光を当てるだけでなく、職業に就いた後に職場そのものを改善し、充実した働き方ができる力量形成を組み込もうとする姿勢がうかがえる。

　こうした方向へとキャリア教育を拡充して行くためには、少なくとも次の二つの点を押さえておく必要があろう。一つ目は、キャリア教育の「キャリア」の意味をワーク・キャリアのみに限定するのではなく、それを柱としつつ、ライフ・キャリアに拡大することである。つまり、働くことと関連づけられた「生き方」を「キャリア」の意味として想定するのである。子どもたちは、社会に出て行った後、職業人のみならず、家族の一員、友人、地域住民、趣味人、ボランティアや社会活動に参加する人など、様々な役割を引き受け、生きていく。また、結婚や子育て、介護などのライフ・イベントもたどることになる。学校教育の文脈において、キャリア教育やキャリア発達を考えるのであれば、そうした一人ひとりの「生き方」全体の中に「働くこと」を位置づけ、子どもたちが望む「生き方」の観点から「働き方」を考えることが必要であろう。

　二つ目は、働く権利を持つ主権者として子どもたちを育てる視点、いわば権利としてのキャリア教育の構想を持つことである。女性保護規定の廃止や労働者派遣法改正など、近年、雇用の弾力化や規制緩和が立て続けに行われている。そうした中で、従来に比べ働く者の人権が簡単に踏みにじられる状況が生まれてきている。こうした労働環境の変化を考えると、職業に就く力だけでなく、働く者として自らの労働環境を守る力を子どもたちに身につけさせていく必要がある。貧困問題が日本でも注目されるようになって以降、そうした視点は喫緊の課題となってきている。労働三権や雇用契約の法的意味など、子どもたちが将来、自らの「生き方」や「働き方」を守るために必要な知識やスキルを、権利の盾として教える必要がある[21]。

おわりに

　職場体験を通して、実際に働く大人たちと交流する中で、働くことに伴う喜びや困難を学び、仕事観や職業観を形成していく。自身の興味や関心に沿って、職業を調べ、体験することで、進路を明確にする。そうした取り組みを行い、子どもたちの将来の可能性や夢を開いていくことは、重要なことである。しかし、夢や可能性の開拓のみを目指すことが、キャリア教育の目標とされるならば、将来訪れる実際の職業選択や実際に働き続けるための力、そして何よりも望ましい「生き方」を切り拓いていく力を育成することはできない。

　憲法第27条には、「働くこと」が義務であると同時に権利であることが明記されている。将来訪れるであろう「働くこと」について、子どもたちが希望を持ち、かつ自らの「生き方」との関連で「働き方」を考える、つまり「働く」権利と幸せに「生きる」権利を実質的に保障しうる教育機会としてキャリア教育を構想していく必要があるだろう。

　非正規雇用、早期離職などは社会構造の問題であり、その原因を若者の資質・能力の不十分さやその育成機会の不足に帰しているだけでは改善が難しい。既に2011（平成23）年中央教育審議会答申「今後の学校におけるキャリア教育・職業教育の在り方について」の中でも、「若者個人のみの問題ではなく、社会を構成する各界が互いに役割を認識し、一体となり対応することが必要」と述べられているように、そもそもの雇用や労働のあり方について社会全体で議論し、具体的な改善に結びつけていく必要がある。就業できたとしても、労働者が身体的、精神的に追い込まれていくような「ブラック企業」「ブラックバイト」の存在が指摘される中で、社会全体でそのような企業や雇用を許さず、人間にとっての生きることと働くことの意味を問うていくことがキャリア教育を考える上でも重要になることを確認しておきたい。

〈注〉
（1）中央教育審議会「初等中等教育と高等教育との接続の改善について（答申）」1999年12月（http://www.mext.go.jp/b_menu/shingi/chuuou/toushin/991201.htm、2017年1月30日確認）。
（2）なお、1999年の中央教育審議会答申（同上）第6章タイトルには「学校教育と職業生活との接続」とあり、school to work について移行ではなく接続（アーティキュレーション）の語を用いている。しかし、接続については異なる教育階梯の学校間移行に用いられるケースが多いため、「移行」を採用した。
（3）中内敏夫『中内敏夫著作集Ⅲ 日本の学校——制度と生活世界——』藤原書店、1999年、特に「第Ⅱ部第1章4 未就学層の人づくり原理」、104-105頁。
（4）大阪市立本田小学校創立100周年記念事業委員会編『大阪市立本田小学校創立100周年記念誌』1971年、21頁。
（5）三橋節『教育刷新の一過程』新進堂、1924年、23頁。
（6）天野正輝『教育評価史研究——教育実践における評価論の系譜——』東信堂、1993年、219頁。
（7）佐々木昂「リアリズム綴方教育論（三）」『北方教育』第15号、1935年5月、38-41頁。
（8）秋田市初等教育研究会編『秋田市の教育』秋田市初等教育研究会1937年、25頁。木村元編著『人口と教育の動態史——1930年代の教育と社会——』多賀出版、2005年も参考になる。
（9）戸田金一『秋田教育史 北方教育編』みしま書房、1979年、458-467頁。三村隆男『キャリア教育入門——その理論と実践のために』実業之日本社、2004年も参考になる。
（10）太郎良信「『生産と教育』論争の検討——1930年代における教育政策と教育実践——」『関東教育学会紀要』第13号、1986年10月、23頁。
（11）中澤歩「教育政策が全国に波及するのはなぜか——業者テスト問題への対処を事例として——」『東京大学大学院教育学研究科紀要』第44巻、2005年、151頁。
（12）中央教育審議会「今後の初等中等教育と高等教育の接続の改善について（答申）」1999年12月の第6章第1節。
（13）キャリア教育の推進に関する総合的調査研究協力者会議「キャリア教育の推進に関する総合的調査研究協力者会議報告書——児童生徒一人一人の勤労観、職業観を育てるために——」2004年を参照。
（14）中央教育審議会「幼稚園、小学校、中学校、高等学校及び特別支援学校の学習指導要領等の改善及び必要な方策等について（答申）」2016年12月（http://www.mext.go.jp/b_menu/shingi/chukyo/chukyo0/toushin/1380731.htm、2017年1月30日確認）。

(15) 文部省「学習指導要領」1989年。
(16) 児美川孝一郎『キャリア教育のウソ』筑摩書房、2013年を参照。
(17) 若者自立・挑戦戦略会「若者自立・挑戦プラン」2013年。また、これ以降の政策動向については、児美川孝一郎「『若者自立・挑戦プラン』以降の若者支援策の動向と課題」『日本労働研究雑誌』No.602、2010年、17-26頁が参考になる。
(18) 児美川、前掲『キャリア教育のウソ』。
(19) 全国進路指導研究会編『働くことを学ぶ――職場体験・キャリア教育――』明石書店、2006年や児美川孝一郎『権利としてのキャリア教育』明石書店、2007年などを参照。
(20) 全国進路指導研究会編、前掲『働くことを学ぶ』203頁。
(21) たとえば肥下彰男「『反貧困学習』における労働者の権利学習」『高校生活指導』、2011年春号、32-37頁や、井沼淳一郎「共同的に生きる、という感覚」『高校生活指導』2011年夏号、22-29頁、大澤仁「日本社会の貧困問題を考える」『高校生活指導』2014年春号、18-24頁などがある。また、こうした学習の教材として新谷威・笹山尚人・前澤壇著『「働くルール」の学習――子どもたちにこれだけは教えたい――』きょういくネット、2005年などがある。

〈推薦図書〉

熊沢誠『若者が働くとき――「使い捨てられ」も「燃えつき」もせず――』ミネルヴァ書房、2006年。
児美川孝一郎『キャリア教育のウソ』筑摩書房、2013年。
全国進路指導研究会編『働くことを学ぶ――職場体験・キャリア教育――』明石書店、2006年。
西岡正子他編著『生涯学習時代の生徒指導・キャリア教育』教育出版、2013年。
本田由紀『教育の職業的意義――若者、学校、社会をつなぐ――』ちくま新書、2009年。
溝上慎一・松下佳代編『高校・大学から仕事へのトランジション――変容する能力・アイデンティティと教育――』ナカニシヤ出版、2014年。
三村隆男『キャリア教育入門――その理論と実践のために――』実業之日本社、2004年。

第6章
問題事例と解決の方策

はじめに

　教師ならば誰でも、子どもたちに楽しく実り多い学校生活を送ってほしい、と願っていることだろう。しかし、現実の学校では、様々な問題が起こってしまうことも事実である。学校における「問題」は、ある側面から見れば、子どもたちに、どのように自分が直面する問題を乗り越えればよいのかを学ばせる、生活指導上のチャンスと捉えることもできる。しかしながら、あまりに問題が深刻化すれば、たとえば「いじめ」を原因とした「自殺」のように、取り返しのつかない事態ともなりかねない。

　そこで本章では、「いじめ問題」「各種メディアを通じた問題」「学級崩壊と校内暴力」「不登校問題」に焦点を絞り、それぞれの問題が歴史的にどう変遷してきたのか、また現在、どういう状況にあるのかを明らかにする。また、これらの問題に対して、具体的にできることは何なのかについて提案したい。

第1節　いじめ問題

　いじめ問題に対する社会的関心は高い。2011（平成23）年10月に滋賀県大津市で発生した「いじめ自殺」事件を画期として、「いじめは絶対にしてはいけない」「いじめは一刻も早くなくすべきだ」といった指摘はますます大きくなり、学校関係者に向けられる視線は厳しさを増した。

　そうした中で、2013（平成25）年に「いじめ防止対策推進法」が公布され、

いじめに対して法的な手続きが明記された。しかし、肝心の子どもたちの世界からその影はなくならない。それどころか、大きな事件がまるで「呼び水」であったかのように、いじめやそれが原因と思われる痛ましい自殺の報道が後を絶たない。

　本節では、まずいじめ問題がどのように論じられてきたのか、その変遷を概観し、いじめの今日的特質は何かについて考察する。また、現実世界でのいじめ（リアルいじめ）と相関関係の強いネットいじめについても言及しながら、その実態と背景となる要因について、2015（平成27）年に筆者らの研究グループが行った大規模調査のデータ等を用いて実証的に明らかにし、いじめの抑止に向けて、地域社会や学校、親が向き合わなければならない問題は何かについても論じてみたい。

第1項　具体的な事象を通して見るいじめの変遷と定義の変更

　大きく社会問題として取り上げられるようないじめ事象が起こるたびに、文部省（現在の文部科学省）は、それに対応するため、定義そのものの変更も含めた施策を講じてきた。

　まず、いじめの発生件数について概観してみたい。図6-1-1を参照されたい。これは文部科学省による「児童生徒の問題行動等生徒指導上の諸問題に関する調査」のいじめの認知（調査開始時は発生）件数を校種ごとに示したものである。

　この図と教育学者・スミス（Peter K. Smith）が示す世界のいじめ研究[1]を照らし合わせると、いじめ問題は大きく四つの時期に区分できる。

　まず、第1期はいじめ調査が本格実施される以前の1970（昭和45）年から1988（昭和63）年頃までである。この時期は「いじめ研究の起源の時期」[2]であり、「足が短い」「頭が悪い」「走るのが遅い」といったその人のもつ負の側面をあげつらって、いじめの標的にするという傾向を持つ。さらに、教師などから見ても、いじめの被害者となる子が誰で、その原因が何なのかが「見えて」いたこと、いじめは加害者と被害者という当事者間での問題であるという認識が強かったことなどが特徴として挙げられる。この期のいじめ事例としては、

第6章　問題事例と解決の方策

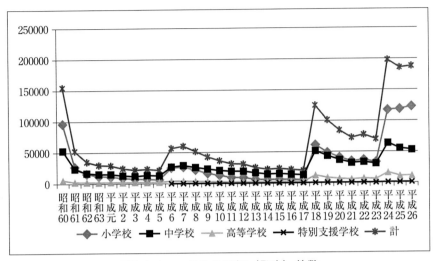

図6-1-1　いじめの認知（発生）件数

注1）平成6年度、平成18年度からは調査方法を改めているため、それ以前との単純な比較はできない。
注2）平成6年度以降の計には特別支援学校（特殊教育学校）の発生件数、平成18年度以降は国私立学校、中等教育学校を含む。
注3）平成17年度までは発生件数、平成18年度以降は認知件数。
注4）平成25年度からは高等学校に通信制課程を含める。
出典：文部科学省「平成26年度『児童生徒の問題行動等生徒指導上の諸問題に関する調査』における『いじめ』に関する調査結果について」(http://www.mext.go.jp/b_menu/houdou/27/10/__icsFiles/afieldfile/2015/11/06/1363297_01_1.pdf　2017年1月30日確認）

1985（昭和60）年9月に福島県いわき市で発生したいじめ自殺事件と、1986年2月の東京都中野区のいじめ自殺事件がある。前者は、遺族が起こした「損害賠償を求める民事裁判において，全国ではじめて学校の責任が認められた」[3]ものであり、その後、遺族が加害者や学校、地方自治体を相手に民事訴訟を起こす契機となった事例であり、後者は、「葬式ごっこ」の末に被害者が「生きジゴク」になるという遺書を残して自殺したことで、その後に加害者に対する遺恨を「遺書」という形で残して自殺するケースが多くを占めるきっかけとなった事例である。

いじめの第2期は、1989（平成元）年から1990年代中頃にかけてとされてお

り、英国でのいじめ自殺が増加したため、「主に欧州での調査研究の確立期」[4]であったと言われる。この時期の我が国のいじめ被害の特徴は、これまでのような負の側面だけが強調されるのでなく、「顔がかわいい」や「頭がよい」、「先生の言うことをきちんと聞く」といったように、従来ならばプラスの評価を受ける子も、いじめの対象となったことである。その背景には、友人関係の同質性の高まりがあると言われる。すなわち、自分たちの仲間として許容できる範囲が狭くなり、マイナス、プラスの両側面において限度が設けられ、その許容幅を越えた子に対して、いじめの刃が向けられることになったと指摘できる。

　この期のいじめ自殺事件には、1994（平成6）年に愛知県西尾市で発生した事例がある。この事件では、100万円を超える金銭の強要や、川遊びと称した溺死寸前までの追い込みが被害生徒（中学2年生）の遺書に詳細に記されており、その内容が「いじめ」という範疇を超えた「恐喝」や「殺人」の域に達していることが大きく報道された。再びいじめに対する厳しい視線が、連日学校や教師、加害生徒に向けられたのである。

　いじめの第3期は1990年代中頃から2004（平成16）年頃までであり、欧州だけではなく、日本や韓国などのアジア圏、オーストラリアなどのいじめ研究者がスミスのもとで研究を進めた「国際的な共同研究の確立期」[5]とされている。この時期になると、いじめは特定の国に派生するものではなく、先進諸国において共通に見られる学校の病理であるとの認識が共有された。

　この期の日本のいじめの特徴は、周囲から「見えない」いじめへと深化したことである。図6-1-1を見てもわかるように、いじめの発生件数は一見しただけでは減少しているように見える。しかしそれは、いじめが遊びに偽装されたり、隠蔽されたにすぎない。社会学者・森田洋司は、いじめは被害者と加害者だけの問題ではなく、それを見てはやし立てる「観衆」層と、見て見ぬふりをする「傍観者」層の「四層構造」になっており、いじめの当事者間だけでは解決が難しいことを指摘した[6]。とりわけ、自分に危害が及ぶことを恐れて無関心を装おう傍観者の存在が、いじめをより見えにくくしてしまった主要因と言えよう。第3期のいじめの事例として取り上げられることが多いのは、2006（平成18）年の北海道滝川市で起こった小学6年生のいじめ自殺事件である。この

ケースがこれまでと大きく異なる点は、被害者が小学生の女児であり、いじめの内容も金銭のたかりや暴力ではなく、本人の身体的な特徴に対する行き過ぎた誹謗中傷であること、報告書では女児の遺書を「手紙」と表現し、遺書と認めないなど、いじめ調査が不適切であり、被害者や遺族に対する尊厳を毀損する内容までが含まれていたことなどである。

　最後に、いじめの画期としての第四期は2004（平成16）年以降であり、インターネット空間を利用した「ネットいじめ」を伴う、「いじめ研究の発展変革期」(7)とされている。この期の特徴には、文部科学省がいじめの定義を大きく変更したことがある。1985（昭和60）年に規定された初発のいじめの定義は「自分より弱いものに対して一方的に、身体的・心理的に攻撃を継続的に加え、相手が深刻な苦痛を感じているもの」であったが、2007（平成19）年には「一定の人間関係のある者から、心理的・物理的攻撃を受けたことにより、精神的な苦痛を感じているもの」となり、「いじめか否かの判断は、いじめられた子どもの立場に立って行うよう徹底させる」と変更された。「一定の人間関係」とは、いつも一緒にいるなど、周囲から見れば「友だち」のように見える関係を指している。すなわち、現代のいじめは子どもの「友人関係」が危ういことに警鐘を鳴らし、その関係の中にいじめが入り込んでいる実態を重視する。また、「いじめられた子どもの立場に立って」、被害を「認知」するという定義への変更によって、図6-1-1にあるように大きく数値が増加したのである。また、2013（平成25）年の「いじめ防止対策推進法」制定によっていじめを調査・認知する組織が学校内に設置されたことも無関係ではない。この期のいじめ事件には、滋賀県大津市で発生したいじめ自殺がある。事件そのものは2011（平成23）年10月に起きたにもかかわらず、翌年の7月に大々的に報道され、いつも一緒にいる「友だち」から、被害生徒（中学2年生）が「自殺の練習」をさせられたという内容が、社会問題として取り上げられることになったことは記憶に新しい。

　このように、いじめをめぐる言説は、時代を経るごとに変化してきている。それは、単に「学校で起こったからいじめである」といった問題にとどまらず、学校、自治体、ひいては社会のあり方そのものに疑問を投げかけるものへの変化である。すなわち、第1期においては、それまで当事者間の問題であった「い

じめ」が社会問題として取り上げられ、第2期には「犯罪」とそん色ない行為に対する厳しい視線が学校や教師に向けられ、第3期には重篤ではない行為であっても被害者の側に立った支援が必要であること、第4期には法律によっていじめを防止するというきっかけとなった、という流れを読めば、自明である。

第2項　今日のいじめは「何が問題なのか」、その背景を考える

これまで見てきたように、いじめの発生（認知）に関する数値はめまぐるしく変化しているように見えるが、いじめ調査が実施されるようになった1985（昭和60）年以降も一定の水準を保ち続けて現在に至っており、いつの時代にも普遍的に存在する学校病理の一つである。そこで、今日のいじめは「何が問題なのか」に注目し、その背景を考える上で子どもたちの「人間関係構築の方法」の変化を切り口としてみたい。ここでは以下の四つの視点を提示する。

一つ目は、場の「ノリ」や仲間からの同調圧力である。社会学者・内藤朝雄は、中学生などが作る小社会においては、「いま・ここ」が「正しさ」の基準となり、みんなのノリにかなっていることが「よい」ことだと感じられてしまうと指摘する。したがって、「その場その場のみんなのノリをおそれ、かしこみ、うやまう」傾向が強いあまりに[8]、「市民社会の秩序」や親友といわれるような特定の友人間の「個と個の親密性」は、子どもたちの「共同生活のその場その場」で動いていく「いま・ここ」のノリには無力である。それは、社会が認識する「正しさの基準」とは必ずしも一致せず、むしろ自分たちの「ノリの国を汚す」ものとして認識されている。言い換えれば、「いじめはダメだ」という規範は、子どもたちにも理解されてはいるが、それは「その場のノリでふざける」という同調圧力の前には黙殺されるのである。

二つ目に仲間グループの閉鎖性がある。子どもたちのグループ間の閉じた関係が進行することを社会学者・宮台真司は「島宇宙化」と表現した[9]。宮台は若者の集団が、「現在では2～4人くらいの小グループに分断されていて、それぞれが教室をこえたつながりを、街の中で（クラブやパーティ）、あるいはメディアを通じて」[10]持つようになったと指摘している。これが「島」であり、それがクラスという集合体を超えた「宇宙」に浮かんでいるのである。そして、

それぞれの「島相互の間には驚くほどの無関心しかない」[11]ことが、いじめ発生の指摘（先生への通報など、子ども言葉で「チクリ」と呼ぶ）を遅らせ、傍観者への転化を招くのである。もちろん、これまでにも仲良しグループはいくつかに分かれて存在していたが、グループ間の垣根は低くコミュニケーションはとりやすい状況にあった。しかし、今日ではグループ内の同質性が高く、それはそれぞれのグループが重視している価値観が大きく異なることを意味する。例えば、「音楽が好き」というグループと「野球が好き」というグループには共通する話題（ネタ）がなく、グループ同士がコミュニケーションを取るきっかけすらない。グループ間で「流行語」が共有されない結果として、グループ内でのコミュニケーションは促進されるが、それ以外の「友だち」との関わりが急速になくなり、結果として、子どもたちの小グループはそれぞれ独立したものとなり、閉鎖的になってしまうのである。

　三つ目に、学校内での子どもたちの人間関係の序列を示す「スクールカースト」の存在があげられる。教育社会学者・鈴木翔はクラス内に暗黙のうちに存在する上位、中位、下位グループという階層分けを「スクールカースト」と定義し、クラス内の人気や面白さ、どのような部活動に入っているか、コミュニケーション能力の高低などによってカーストが決定されると指摘している。鈴木によれば、スクールカーストは小学校高学年から子どもたちに認識され始め、小学校では「個人間の地位の差」に、中学・高校ではそれに加えて「所属するグループの差」としても現れるという。したがって、小学校では個人の特性に起因したカーストが認識され始め、中学や高校では自分がどのグループに所属しているのかによってもカーストが決められてしまうのである。さらに問題は、そのグループ「内」「間」の力関係がいじめの土壌になることである[12]。そこで、子どもたちは自分の立ち位置や所属するグループによって「空気」を読みながら、それにふさわしい言動をとることが求められ、下位グループなら発言を控えるなどのカーストに沿った行動をとることが多い。また学年が上昇するほど「コミュニケーション能力」や「生きる力」といった「ポスト近代型能力」[13]と呼ばれる、個人の努力では変えることが難しい力によってスクールカーストが規定されるため、ひとたび下位グループに所属してしまうと、そこからなか

なか抜け出すことができないとも言われる。

　四つ目に、「コミュニケーション能力専制」時代と価値観の多様化にともなう仲間集団の分節化がある。心理学者・土井義隆によれば、今日の若者たちは、ネットなどを介して友人関係のつながりそのものが増えており、「友人数が多いほど自己肯定感が高くなる傾向」が見られること[14]。クラスや部活動といった帰属集団による強制力が働かなくなったために、友人関係を切り分ける若者が多くなってきたこと。それらがネット社会の進展により「人間関係が多元化・複層化をさらに促進」[15]していること、などを指摘している。それは、日本社会の価値観から「一億総中流」に見られるような画一的な価値観が薄れていったことと無関係ではない。土井は、個人がどのような価値観をもとに友人となるかがその場の雰囲気やノリで変化していること、そこでのコミュニケーションのやりとりに齟齬をきたさないように、若者自身が「キャラ化」し、あえていつも同じグループにいる友人には悩みなどを相談せず、不安定な人間関係に対するリスクを回避していることを指摘した[16]。これは、宮台が言うところの同質な価値観をもつ「島宇宙化」された仲間関係への逃避に結びつくのである。

　こうしてみると、今日いじめの問題点は、子どもたちの人間関係の作り方そのものに起因する点が大きいことを指摘できる。それは、逆説的には、自らをいじめ被害から守るために、関係性の持ち方を変えてきたと言うこともできる。所属する集団を小さくし、同質化するといった特質などは、その典型であろう。いずれにしても、今日の子どもたちの実態が、「ノリ」を重視することによる普遍的な価値観の低下、島宇宙化したことによるグループ間の交流の減少、スクールカーストによるグループ間の序列制、多様な価値観の中で本当の意味での親友を探すことの困難、といった閉塞的な状況にあることが指摘できる。ゆえに、われわれ大人がイメージする「友だち」と子どもたちの考えるそれとの間に大きな乖離が見られることも、いじめ問題に対する理解をより複雑なものにしている遠因と言えよう。

第3項　ネットいじめから見る「いじめ」の実相
　　　　　——リアルいじめとネットいじめの関係に注目して——

　2013（平成25）年に制定された「いじめ防止対策推進法」以降、「いじめ」は本当に抑止されてきているのだろうか。この問いに答えるためには、いじめの新たな形態としての「ネットいじめ」の実相がどうなっているのかを考察し、加えて、リアルいじめとネットいじめの関係を整理しなくてはならない。その問題に迫る際のキーワードの一つに、可視性の低さがある。それは、いじめを意図的に周囲に見せないように隠ぺいしたり、気づかれないようにする行為がいじめを「見えにくく」しているという指摘である。そうしたいじめの典型が、子どもたちのネット環境（バーチャル空間）の中に展開される「ネットいじめ」である。

　「ネットいじめ」について明確な定義はなされていない。教育社会学者・今津孝次郎は、いじめを①子ども同士の力関係のなかで、弱者の立場に置かれた被害者に対して優勢な立場にある加害者が、②一時的または継続的・長期的に、身体的、言語的、金銭的、あるいは<u>ケータイ・ネット上などさまざまな面で有形・無形の攻撃を加え（下線筆者）</u>、③身体的・精神的な苦痛をもたらすこと、と定義する[17]。下線部のように、直接面と向かってではなく「ケータイ・ネット上などさまざまな」ネットツールを用いて「有形・無形の攻撃を加える」ことを、ネットいじめと言うことができる。

　また、「いじめ防止対策推進法」には「児童生徒に対して、当該児童生徒が在籍する学校に在籍している等当該児童生徒と一定の人的関係にある他の児童生徒が行う心理的又は物理的な影響を与える行為（インターネットを通じて行われるものを含む）であって、当該行為の対象となった児童生徒が心身の苦痛を感じているもの」をいじめと定義しているが、ここでも「インターネットを通じて行われる」「心理的」な「影響を与える行為」によって「心身の苦痛を感じ」る事象がネットいじめであると指摘されている。いずれの定義にも共通することは、これがネットいじめであるという具体的な行為を分類して示すというより、ネット空間で生じた行為が、当事者にとって苦痛であれば、その重

篤さによらずネットいじめの範疇に入ることである。京都府教育委員会がいじめを認知する際の例に従って考えれば、ネットいじめに重篤なものから軽微なものへと三つの段階を設定し、もっとも重いものは殺害予告などネットいじめと言うより、もはや「犯罪」と言うべきものから、中位には「さらし」といわれるような悪意を伴った個人情報の公開が分類され、軽いものには「いじり」のような笑いをともなうコミュニケーションの一形態そのものなどを例として分類することもできる。教育学者・藤川大祐は、中学生、高校生のスマートフォンの普及・利用が拡大したことを受け、それを「平成25年問題」として画期している[18]。藤川の指摘に沿えば、平成25年以降は、①利用時間が長くなっている、②ネットいじめが多くなっている、③ネットに関係する犯罪被害が増えている、といった特質を有しており、これらに共通するのは、ネットを介したいじめが2000年後半から子どもたちの「いじめの方法に組み込まれ」、現在では彼・彼女らの「日常生活の中に溶け込んでいる」という実態である。

(1) ネットいじめの種類と実態

　ネットいじめには、大きく二つの種類がある。一つは「死ね」、「消えろ」といった誹謗中傷を本人のブログやLINEなどに直接書き込む「直接型」のネットいじめであり、もう一つが、いわゆる学校裏サイトや、不特定多数が閲覧できる掲示板、twitterなどにネタを書きこむ「間接型」のそれである。最近になって増加傾向にあるのはむしろ後者で、ネット上へ写真や動画の投稿をする「さらし」が深刻な問題を引き起こしている事例もある。間接型のネットいじめは、自分が知らない間に不特定多数の目にさらされていたことを知るに至って精神的な「痛み」を伴う。多くの場合、書き込む側は軽いノリであることが多く、それはまるで「落とし穴」を掘って被害者を待つ時のような感覚に近いことから、「落とし穴型」のネットいじめと言われることもある。しかし、出会い系サイトに本人と偽って（「成り済まし」と言う）、携帯番号やLINE ID等を書き込み、それがもとで犯罪に巻き込まれるといったケースも出てくると冗談では済まされない。

　それでは、実際にどの程度、ネットいじめは発生しているのだろうか。2015

表6-1-1　高等学校でのネットいじめの内容（複数回答）

	メール	ブログプロフ	裏サイト	個人情報	画像動画	LINE	twitter
n	631	649	133	266	333	1,358	1,773
%	18.4	19.0	3.9	7.8	9.7	39.7	51.8

出典：原清治他「ネットいじめの実態に関する実証的研究（Ⅰ）」日本教育学会第75回研究大会（2016）発表資料より引用。

　（平成27）年に実施した筆者らの研究グループによる近畿圏の高校生66,399人を対象とした大規模調査によれば、高校生の8.7％がこれまでに「ネットを介して嫌な思いをしたことがある」と回答している（高校入学後に限定すれば5.4％）。同調査によれば、高校生のケータイまたはスマホの所有率はほぼ100％に近く、その状況下でのネットいじめを発生率だけに注目してみれば、それはごく一部の生徒に限定的な現象と言うこともできる。次に、その被害の内訳を見ると、「twitterによる誹謗中傷」（51.8％）や「LINEでの誹謗中傷」（39.7％）が多くを占めており、「メールでの誹謗中傷」（18.4％）や「ブログ・プロフでの誹謗中傷」（19.0％）は少なくなってきている。データ上からも、直接型よりも間接型のネットいじめが多いことがうかがえる。

　こうした実態から考えるに、ネットいじめの怖さはどこにあるのだろうか。それは、被害を受けた生徒にとって、事実無根な嘘や誹謗中傷が、あるいは他者に知られたくない個人情報が、果ては自分の話題が笑いの「ネタ」としてネット上に「さらされて」しまうことであり、それを不特定多数の「みんなに見られる」ことで、自分が周囲から孤立した好奇な視線で見られ、「誰が書き込んだのか」を疑って疑心暗鬼や人間不信に陥ってしまう点である。調査データからはリアルいじめとネットいじめに相関関係が見られることも指摘しておきたい。

　表6-1-2は前述した高校生を対象としたアンケート調査結果の一部である。「ネットへの書き込みは誰が書いたものか特定できましたか」というネットいじめの被害者への質問への単純回答である。結果を見ると、「特定できた」と「だいたい」を合わせると、86.1％が加害者を特定できたと回答している。

表6-1-2 「ネットへの書き込みは誰が書いたものか特定できましたか」
（単純集計結果）

特定できた	だいたい特定できた	あまり特定できなかった	特定できなかった
67.5%	18.6%	6.0%	7.9%

出典：原清治他「ネットいじめの実態に関する実証的研究（Ⅰ）」日本教育学会第75回研究大会（2016）発表資料より引用。

この結果からは、ネットいじめの被害・加害の両者の間には一定の人間関係が存在する場合が多いことがうかがえる。かつては、ネット上なら誰が加害者かわからないだろうという「匿名性」が、ネットいじめに加担する罪の意識を薄める緩衝材となっているという指摘もされた。しかし最近では、身近な仲間の中でのコミュニケーションからネット空間に誘われ、それに同調しなければ仲間でないような圧力や、逆に自分がネットいじめの対象とされることへの恐怖心から集団に過度に同調してしまうという方がより現実に近いのかもしれない。とりわけ、仲間であって仲間でないような曖昧な集団に属していたり、希薄な友人関係を基盤とした集団にあっては、あるときは被害者であっても、集団に同調する意識さえあれば容易に加害者にもなり得るのである。

（2）誰がネットいじめの被害者となるのか

ネットいじめの実態を分析してくると、そこには現実世界でのいじめがネット世界に転じた要素が多いことがわかる。

表6-1-3は高校生個人に関する項目とネットいじめの発生率をクロス集計したものである。これを見ると、リアルないじめ（「ひやかし、からかい、悪口」「仲間外れ、無視」「殴られる、金銭をたかられる」）を「とても受けた」経験のある生徒ほどネットいじめの被害にもあう割合が高くなっていることがわかる。両者の間の相関関係は強く、ネットいじめは子どもたちのリアルなコミュニケーションと同一の線上に発生しているのである。

第4項　いじめの抑止に向けて

本節第2項の時期区分に沿えば、最近のいじめの特質は一定の人間関係があ

表6-1-3 高校生個人に関する項目(「とてもそう思う」のみ抽出)×
高等学校のネットいじめの発生率

		複数回あり	単発であり	経験なし
ケータイを手放すのが不安	n	266	556	9299
	%	2.6%	5.5%	91.9%
ひやかし、からかい、悪口	n	459	799	4802
	%	7.6%	13.2%	79.2%
仲間外れ、無視	n	268	448	2496
	%	8.3%	13.9%	77.7%
殴られる、金銭をたかられる	n	91	127	806
	%	8.9%	12.4%	78.7%
周囲から頼まれやすい	n	154	384	6299
	%	2.3%	5.6%	92.1%
自分のネタで話が盛り上がる	n	133	289	4294
	%	2.8%	6.1%	91.1%
自分がいることで周囲が盛り上がる	n	75	170	2589
	%	2.6%	6.0%	91.4%
LINE外しをしたことがある	n	101	179	2145
	%	4.2%	7.4%	88.5%

出典：原清治他「ネットいじめの実態に関する実証的研究（Ⅰ）」日本教育学会第75回研究大会（2016）発表資料より引用。

る集団の中に、いじめとの境界線があいまいな「いじり」が顕著となり、かつネットツールの中にもそうした関係が蔓延し始めたことである。こうした現状は以下の二つの問題点を抱える。そこで、ネットいじめも含めたいじめ全般を俯瞰し、その抑止に向けた方略に言及して結語としたい。

　一つ目はインターネットやケータイがもたらす「全能感」と、周囲からの承認欲求の強さの問題である。それは、子どもたち一般の傾向であるだけでなく、たとえば現実世界（リアル）においていじめにあいやすい子や、スクールカースト下位の子であっても同様である。ネットなどから得られる莫大な情報と、そこへ自由にコミットできる発信機会をもつことによって、ある種の全能感を

享受するようになる。さらに、自分が発信した情報に、他者からの「イイネ！」を欲しがる承認欲求は高く、ネット上ではリアルとは別人格を演じることもできる。対面でのコミュニケーションが不要な空間では、自分が傷つかずに相手とやり取りをすることも可能であり、嫌ならいつでも一方的に退場できる。こうした利便性から、現実世界よりもむしろネット上での親密なコミュニケーションを選好する子どもたちは決して少なくない。

　二つ目はネット上では「ネタ的コミュニケーション」が可能なことである[19]。ネット上もさまざまな話題に対して双方向的にコミュニケーションが取れる空間ではあるが、現実世界と決定的に異なるのは、相手のことを考えずに、時にKY（その場の空気（K）、雰囲気を読まない（Y）こと）でもいられることである。話題が逸れても文脈がつながらなくても、自分の言いたいこと（ネタ）を一方的に書き込みとして並べることができる。掲示板などは必ずしも相手の含意を汲んでまじめに答える必要がなく、すべてが「ネタであるかのように」振る舞い、それが事実かどうかよりも、繋がりたい感覚や感情を優先し衝動的に書き込むことができる場である。したがって、負の感情が沸き起こった場合に、それが他者否定のいじめ感情へと転化する可能性は大きい。

　こうしたネット世界の特質が、ネットいじめの引き金となる背景にある。ネット上でのコミュニケーションを重視し、さまざまな書き込みを「ネタ」として扱うことに慣れてしまった子どもたちにとって必要なのは、やはり原点に戻って、対面でのコミュニケーション機会をできるだけ多くもつことではないだろうか。ネットいじめの被害にあう子は、現実世界でもいじめの被害者である場合が多いことは表6-1-3で指摘した通りである。ならば、その解決に向けての方略は、リアルいじめもネットいじめも根の部分は同種であると考えるべきであろう。すなわち、保護者や地域を巻き込み、学校や家庭生活のさまざまな場面で他者と対面でやりとりをする機会を増やし、子どもが自分の意見を面と向かって話す、「ベタ」な（よくある）フェイス・トゥ・フェイスの関係を意図的にできるだけ多く「しかけ」ることが、時間はかかってもいじめを少しでも減じることになるのではないかという視点である。

　ここでは対策の一つとなりうる啓発活動の効果について言及してみたい。図

第 6 章　問題事例と解決の方策

6-1-2を参照されたい。これは、我々の研究グループがモデル校となる中学校を選定し、いじめ（ネットいじめも含む）の啓発活動を３年間にわたって頻回に継続した結果のデータである。数値を見ればわかるとおり、人間関係を「しかけ」続けることによって、「いつも一緒にいるグループがある」（41.3％→50.3％）、「悩みがあれば友達に相談する」（23.8％→36.0％）、「面と向かって話したい」（33.6％→44.4％）生徒の割合がそれぞれ上昇していることがわかる。

こうした環境にある中で、同時にネット上でのトラブルの認知件数を調査したものが表6-1-4である。一般に、人間関係の大切さが認識されると、ネットいじめの発生は抑止されると予想されるが、結果は必ずしもそうなっていない。認知件数は2013（平成25）年の5.5％から2015（平成27）年の18.6％へと13.1％上昇しているのである。これは、生徒同士のつながりあいが強くなることによって、嫌なことがあるとそれを声に出して伝えることができる環境が整った証左であると言えるのではないだろうか。その理由として、表6-1-5にあるように、トラブルの重篤さが軽微なものへと転じているからである（重篤なもの：2013

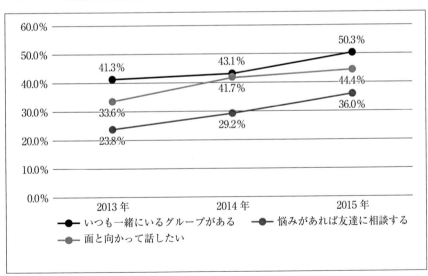

図6-1-2　友人関係に関する項目の推移

出典：原清治他「ネットいじめの要因と実態に関する実証的研究（Ⅲ）」日本教育学会第74回研究大会（2015）発表資料より引用。

表6-1-4　ネットいじめの発生率

	たくさんある	時々ある	たまにある	ほとんどない	まったくない
2013年	1.9% (n=3)	0.0% (n=0)	3.6% (n=6)	8.2% (n=13)	86.1% (n=136)
2015年	0.8% (n=1)	2.4% (n=3)	15.4% (n=19)	18.7% (n=23)	62.6% (n=77)

($p<0.001$)

表6-1-5　ネットいじめの重さ

	軽度	重度
2013年	50.0% (n=3)	50.0% (n=3)
2015年	86.7% (n=13)	13.3% (n=2)

($p<0.1$)

出典：原清治他「ネットいじめの要因と実態に関する実証的研究（Ⅲ）」日本教育学会第74回研究大会（2015）発表資料より引用。

年50.0％、2015年13.3％へ下降、軽微なもの：2013年50.0％、2015年86.7％へ上昇）。

　こうした結果を受けると、学校はいじめの認知件数が多いことを必ずしも憂う必要はない。むしろ、声の出しやすい環境にすることこそが、いじめ防止対策推進法の「児童等が安心して学習その他の活動に取り組むことができる」[20]の意にかなっている安心・安全な学校づくりだからである。児童・生徒からのトラブル発生の訴えが届いた場合は、教師がすぐに個別対応することによって、初期で軽微な段階ならば、比較的容易にいじめの芽を摘むことができる。

　いじめ問題の根本的解決は、人間同士の「つながり力」の醸成にあるという指摘は多い。その点について、社会関係資本（ソーシャル・キャピタル）の論に立てば、今日の子どもたちの弱さの原因の一端が見えてくるのかもしれない。

　社会関係資本を論じる研究のなかでパットナム（Robert D, Putnam）は、集団の凝集性を高める「結束型」の資本と、異なるグループをつなげる「橋渡し型」資本の違いを指摘している[21]。前者は排他的なアイデンティティと等質な集団を強化するものであり、内向きの志向ではあるものの集団内の互酬性と連帯

を高める点に長じている。それに対して後者は異なる外部集団をまとめたり、広範囲の情報共有にすぐれており、大きな集団へ向けたアイデンティティを構築する。そして、今日の子どもたちに求められる「つながり力」には、とりわけ後者の「橋渡し型」に思いを致すことが重要なのではないだろうか。宮台の指摘を借りれば、今の子どもたちは島の内部のつながりは非常に強く、「結束型」の社会関係資本構築への意識は高い。しかしながら、自分の島の外にある、異なった島にも目を向けたり、ましてや、島同士をブリッジできる子はどのくらいいるのだろうか。いじめを受けている児童・生徒や、人間関係がうまく取り結べずに教室で立ちすくむ他者に対して、思いやりの心をもって「うちのグループに来たらいいよ」と声をかけることのできる中学生・高校生は残念ながら意外に少ない。いじめの啓発活動には、こうした「橋渡し型」の社会関係資本をどのように形成させるのかといった視点が必要になろう。

そのヒントに、人間関係のとりわけ「互酬性」への注目がある。社会貢献学者・前林清和の指摘を借りれば、win-winの人間関係をつくるためには、人から何かしてもらったのなら、こちらからも何かの形で「お返し」をすることが人間関係の機微であるという[22]。この当たり前に見える行為の意味を理解することこそが、地域や保護者も含めた学校全体で向き合わなければならない課題なのかもしれない。そのためには、他者を思いやる心をどう育てるのか。言うのはやさしいが、今どきの子どもたちにはなかなか理解しにくい難問である。

【付記】
　本稿は文部科学省科学研究費補助金基盤研究（B）15H03491「ネットいじめの構造とその対策に関する実証的研究」（研究代表者：原清治、2015～2018年）および佛教大学総合研究所共同研究「いじめの実態と児童・生徒への支援のあり方に関する総合的研究」（2014～2016年）の研究の成果の一部である。

〈注〉
（1）戸田有一「いじめ問題と子ども主体の対策」佐藤学・秋田喜代美・志水宏吉・小玉重夫・北村友人編『岩波講座　教育変革への展望3──変容する子どもの関係──』岩波書店、2016年、129-131頁。

（2）同上、130頁。
（3）佐久間正弘「"いじめ事件"における学校責任の社会的構築」『社会学年報 No.43』2014年、120頁。
（4）戸田、前掲「いじめ問題と子ども主体の対策」130頁。
（5）同上。
（6）森田洋司・清永賢二『いじめ―教室の病い』金子書房、1994年、159頁。
（7）戸田、前掲「いじめ問題と子ども主体の対策」130頁。
（8）内藤朝雄『いじめの構造』講談社現代新書、2009年、31-41頁。
（9）宮台真司『制服少女たちの選択』講談社、1994年、243-274頁。
（10）同上書、246-247頁。
（11）同上書、247頁。
（12）鈴木翔『教室内（スクール）カースト』光文社、2012年、25-34頁。
（13）本田由紀『多元化する「能力」と日本社会』NTT出版、2005年、22頁。
（14）土井隆義「ネット・メディアと仲間関係」、前掲『岩波講座　教育変革への展望3』104頁。
（15）同上、105頁。
（16）同上、115-121頁。
（17）今津孝次郎『増補　いじめ問題の発生・展開と今後の課題――25年を総括する――』黎明書房、2007年、179頁。
（18）藤川大祐『スマホ時代の親たちへ――「わからない」では守れない！――』大空出版、2016年、56-68頁。
（19）鈴木謙介『わたしたち消費――カーニヴァル化する社会の巨大ビジネス――』幻冬舎、2007年、104-123頁。
（20）いじめ防止対策推進法（http://www.mext.go.jp/a_menu/shotou/seitoshidou/1337278.htm、2016年8月26日確認）。
（21）Putnam, R. D., *Bowling Alone: The Collapse and Revival of American Community*, Simon & Schuster, 2001（パットナム, R.D. 著、柴内康文訳『孤独なボウリング』柏書房、2006年）。
（22）前林清和『Win-Winの社会を目指して』晃洋書房、2009年。

〈推薦図書〉

森田洋司・清永賢二『いじめ――教室の病い――』金子書房、1994年。
鈴木翔『教室内（スクール）カースト』光文社、2012年。
原清治・山内乾史『ネットいじめはなぜ「痛い」のか』ミネルヴァ書房、2011年。

第6章　問題事例と解決の方策

第2節　各種メディアを通じた問題

　本節では、インターネットなど各種メディアを活用する中で生じている問題について検討する。まず、問題状況を概観し、具体的な事例を紹介した後、問題解決のための方法を提案したい。

第1項　各種メディアを通じた問題の概観──問題状況の全体概観──

　内閣府による「平成28年度青少年のインターネット利用環境実態調査」[1]によれば、青少年の91.5%がインターネットの利用できる機器を所有しており、実際にインターネットを利用している青少年は71.9%である。また、インターネットを利用して何をしているかという具体的な使用内容としては、インターネットによるコミュニケーションの利用割合が最も高く、高校生89.9%、中学生62.9%である。使用機器をスマートフォンに限定すれば高校生の92%、中学生の80.3%がコミュニケーションとして利用している。
　インターネットによるコミュニケーションの利用とは、無料通話アプリLINE（ライン）やFacebook、Twitter、Mixiなどを含めた各種SNSアプリの利用を指す。これらのアプリは道具の一つであるので、道具自体が問題を引き起こすわけではない。LINE安心安全ガイドを見ると、プライバシー設定機能や無差別勧誘メッセージ（サクラサイト誘導）対策、削除依頼の方法などが明記されている。FacebookやTwitter、Mixi等の各種SNSにおいても問題が起きていないわけではないが、青少年が被害や加害になるLINE絡みの問題は絶えない。総務省による「平成26年版情報通信白書」[2]によれば、コミュニティサイトに起因して犯罪被害にあった児童数は1,293人であり、前年と比較して217人増加している。コミュニティサイトに起因する犯罪被害とは、無料通話アプリLINEやFacebook、Twitter、Mixiなどを含めたインターネットを介したコミュニケーションサイト・アプリ使用に起因する被害である。ネットいじめや詐欺行為など多くの青少年の関わる多くのネット犯罪が起きている[3]。出会い系サイトがらみの犯罪は、近年では減少傾向にあるが、コミュニティサイト・ア

プリに起因して犯罪被害は増加し続けている。今後もしばらくは次々と新しいアプリが誕生することになるであろうが、ここ数年の間に青少年が被害および加害となった事件の大半はLINE絡みの事件である。

第2項　問題事例の説明

（1）リベンジポルノの問題

たとえば2015（平成27）年8月に、愛知県の高校生が交際相手の女子高校生にスマートフォンで裸の画像を撮影させてLINEで送らせたうえ友人に転送し、20人がその画像を受け取り閲覧する事件が起きた。男子高校生は児童買春・児童ポルノ禁止法違反で逮捕され、女子高校生が被害に遭った事件である。3ヶ月以上、女子高校生の裸の写真が多くの人々に拡散され続けた後に、本人がその事実を知ってから警察に被害届が提出されて、裸の写真の削除に至った。この事件の場合は、初めから悪意があったと推察されるが、中には長期交際しており、別れてから何年も前の交際中の画像がばらまかれるといった事件もあり、リベンジポルノ問題と分類されている。これに類する事件は、ほぼ毎月のように全国のどこかで起きている。警察を通じて一端は削除されても、一度公開された写真や動画は、匿名で何度でもネット上に浮上してくることはよくある。一度公開されたら、完全に消し去ることは不可能だという認識を持って、公開するかどうか判断できるよう具体例を示しながら指導をしていくことが重要である。

なぜならば、すでに多くの子どもたちはプライバシーには敏感だからである。かつて学校で住所や電話番号を掲載したクラス名簿をつくり当然のように配布していた時代もあったが、20年ほど前からプライバシーに対して敏感な人々が増え、クラス名簿に連絡先を載せない学校が増えた。そのような環境で育ってきた高校生らは、自らのプライバシーに対しては必要以上に敏感である。担任の教師にはアドレスを教えないが、交際相手には自分の裸の写真を送ってしまう場合もあるのである。単に個人情報保護やプライバシーの遵守を一般論で教えても、適切に伝わらない場合もある。事故が起きた場合に迅速に連絡を取る必要があるため、携帯電話番号や親の職場の電話番号を担任の先生へ伝えるべ

きであるが、公開されたくない写真データは親密な間柄の恋人や友人であっても送っていけないなど、具体的に誰に何を伝えて良いか悪いか、その理由も説明できるようになる指導が重要である。

（2）LINEでの悪口が掻き立てる嗜虐性の問題

2013年7月には広島県呉市で、LINEに悪口書かれたことを根に持った16歳の少女が、被害者少女を別の友達経由で呼び出し、男女6名の16歳と21歳の若者によって残忍な方法で殺害するという事件があった。報道された供述によれば、被害少女を知人の車の中で根性焼きをし、殴る蹴るの暴行を働き、灰ヶ峰の山中でもリンチを続けたところ動かなくなったので、最後に首の骨を折って殺したという。そして事件からわずか数日後に被害者が発見されたときには、DNAおよび歯型の鑑定によらなければ本人の特定が難しいほど損傷が激しかったとのことである。なぜ、LINEでの悪口が、ここまでの嗜虐性を掻き立てたのか。

第1項で述べたように、道具の一つであるLINEが嗜虐性を引き起こしているわけではないが、原因はアプリの特徴にあるようだ。メールであっても、スマホを開けば、すぐに新着メールを見ることができる。そして返信をしようと思えばすぐに返信ができる。中学生、高校生、大学生らのスマホメールの作法を見ると、返信をするにあたり、○○様などの宛先も書かず、当然冒頭の挨拶もなく、要件だけを書く場合が多いので、返信の操作性としては、LINEでの作法と大差は見られない。だが、メッセージのやりとりの履歴の閲覧という観点では、圧倒的にメールより見やすいのである。メールの場合、送信メールに過去の送信履歴をつけていない場合、一覧からワンクリックで開かないと過去のやりとりを見ることができない。しかしながら、LINEの場合は、画面を上にスクロールすれば、すぐにこれまでのやりとりを見ることができる。「これから行く」「わかった」など、ほぼ会話に近いやりとりがなされている。単語に近い一言ずつのコミュニケーションであるため誤解や解釈違いによるトラブルも、多くの利用者が経験をしていることである。悪意のない解釈違いによって、ストレスが生じた場合、画面をスクロールさせて履歴を見ることにより、

誤解の原因を見つけることができ、誤解を解消することもできる。

　だが、悪意のある悪口を書き関係が悪化する場合は、1通のメッセージのやりとりで終わることはなく、大量のメッセージの送受信がなされる。大量のメッセージの一つに「おまえは存在しているだけで迷惑」などのひどい文言を浴びせられた時、その後会話が進んでも、画面をスクロールさせて何度もそのメッセージを見て、傷ついた気持ちを反芻(はんすう)させることになる。言葉での会話であれば、売り言葉に買い言葉でひどい文言が返ってきたとしても、1回聞いただけであれば、頭の中でぐるぐるとその文言を想起することはあっても、日が経つにつれその記憶は風化し薄れていく。しかし、LINEの場合はぐさっと心をえぐるような言葉を、容易に何度も繰り返し見ることができる。日が経った後も、LINEを開いてその傷ついた一言を何度も見ることができ、風化を妨げる。

　LINEを利用したネットいじめの場合は、その履歴が記録として残るため、言った言わないの水掛け論を避け、被害者のいじめが立証されるケースが増えてきている(3)が、悪意のこもった文言の履歴も記録として残るため、嗜虐性を募らせ、広島県呉市の事件のよう残虐極まりないリンチ事件へ発展する場合もあるのである。

(3) KS（既読スルー・既読無視）の問題

　LINE等のコミュニケーションアプリでは、受信先の人がメッセージを見ると既読マークがつき、送信者に相手がメッセージを読んだことが知らされる。アプリによっては、既読マークでなく、読まない間は未読マークがついていて読むと未読マークが消えたり、既読マークがつかないようにするアプリなども存在するが、メッセージを読んだのに返事をしないことをKS（既読スルー・既読無視）と言われており、様々な問題を引き起こしている。

　KSが原因で起きた生徒の足首縛り川落とし火あぶり事件がある。2013年10月広島県山県郡で、通信制高校に通う男子生徒19歳に対し殴る蹴るの暴行を働き、ぐったりした被害者の両足を縛り川に突き落とし、それでも被害者が川からはい上がってきたため、足をライターの火であぶってやけどを負わせたという事件であった。加害者は友人の少年四人（16〜17歳）である。男子生徒は全

身に打撲痕があるほか、やけどは皮膚移植が必要なほどの重傷であった。この拷問・殺人未遂をすることになったきっかけは、少年4人（16～17歳）のうち一人が、スマートフォンの無料通話アプリ「LINE（ライン）」での呼びかけを被害者の男子生徒に無視されたことがきっかけだったのである。加害少年4人は既読無視をされたことために被害少年に対し嗜虐性を募らせ、江戸時代の拷問よりもひどいような仕打ちをしたのである。

また、2013年9月には京都市南区の市立中学3年生の15歳の少女がKSをしたため、14歳～17歳の少女4名によって区内西九条の公園で殴る蹴るの暴行を受けた事件も起きている。

なぜこれほどまでKSが嗜虐性を掻き立てるのか。確かに、KSは場合によっては礼儀を欠く行為である。ただし、節度のないメッセージに対してはKSの対応が適切な場合もある。たとえば、長時間LINEのやりとりが続く生徒への指導方法へ助言を求められた場合は、「続きは明日学校で」などと一言書いてから返信しないことを、適切なSNSコミュニケーションの方法として薦めている。

しかし、それ以上に「スルー文化」は生徒らの間に蔓延している。自分の書いた呼びかけに返信が来ないと怒りを募らせる一方で、他人からの呼びかけには、関心がなければ読んでも返事をしない「スルー文化」が形成されているのである。特に、LINEカーストの上位者からの呼びかけには、皆が即座に応答するのに、LINEカーストの下位者からの呼びかけに無反応であっても、誰も気にとめないことがある。そのため、自分のメッセージに人が応答しないこと＝自分を軽んじていると考えてしまうのである[4]。

必ず返信を返すという信頼関係が成り立ち、断る場合は代案を提案したり代理人を立てるなど、従来のマナーが通用する相手であれば、多少返信が遅くても、怒りを募らせ残虐なリンチには至らない。万が一期日までに返事がなければ、相手は病気で寝込んでいるのではないかなどの心配をするであろう。しかし既読スルー文化の中で育った生徒らは、面倒というだけで既読スルーをすることがあるために、残虐なリンチやいじめに発展するのである。

（4）即レス症候群の問題

　既読スルー文化の中で育った生徒らにとって、いち早く返信をすることこそが親交の証なのである。そのために、友達からメールが来たらすぐに返事をしなければと焦燥感に駆られ即レス症候群[5]に陥る子どもたちが増えている。15分ルール、3分ルールなど、一定時間以内に返信をしないと、グループから仲間はずれにされるなど独自のルールをつくっている場合もある。そのルールに従わないと、友達全員からブロックされてしまうこともある。完全にブロックされてしまうと、いくらメッセージを送っても、相手にそのメッセージは閉ざされて、当然返事も来ないため、関係修復の道すら閉ざされてしまう。そのため、24時間片時もスマートフォンを手放せず、依存状態に陥る生徒もいる。

　また、即レス症候群は、早とちりや誤解を生む原因になりやすい。手紙文化の時代であれば、相手の手紙を何度も読み返し、行間を読み、表面的な字づらの奥にある相手の言わんとしていることをきちんと解して返事を書く。しかし、すぐに返事をしようと慌てるために、早とちりをしたり、不適切な返事を書いてしまいがちだ。

　スマートフォンが普及してからは、かなりの長文のメールを読むことができ、十分とは言えないながら表計算ソフトなどの添付ファイルも閲覧することができる。そのため、筆者自身もスマートフォンを購入した数年前の頃は、スマートフォンでメールをチェックし、すぐに返事を書いていた。しかし、重要なメールの返事に限って、言葉足らずのまま送信してしまったり、礼儀を欠く返信をし、幾度も失敗を繰り返した。返信の失敗を深く反省し、相手もヘビーユーザーだとわかっているときは、一言だけのメールをすぐに返すが、そうでない相手には、スマートフォンで読んでも即レスはしないことにした。きちんとパソコンでメールを開いて返信を書くようにしたところ、今度は、スマートフォンからであっても一度メールを開くと、既読表示になってしまい、すっかり返信をしそびれてしまう失態も繰り返している。

　SNSの投稿があるとそれをメールに知らせる設定にしてあると、あっという間に数百件の受信メールで埋め尽くされる。数百件のメールに埋もれることを少しでも阻止する方法としては、メールに目印をつけておくなり、スマート

フォンで閲覧したときには「今は外出中のため後で返信をする」という趣旨のメールを返信しておき、改めてきちんとした返信をする習慣にするのも一つの手だろう。

ただ、そういった趣旨のメールを自動送信するように設定している人を時々見かける。その設定をしている人にメールを送ると、すぐに「後で返信をする」という趣旨の即レスメールが届く。追伸を書いてもすぐに同じ内容のメールが自動送信されてくる。この自動送信も煩わしく感じる人も少なくないだろう。

第3項　メディアを通じた問題を解決するための方法

第2項で各種メディアを通じた典型的な問題として、リベンジポルノの問題、悪口の問題、KSの問題、即レス症候群の問題を取り上げた。これらの問題を解決する主な方法は、以下に示す三つである。

（1）メディアに関する生活指導の徹底

子どもにスマートフォンを買い与えるときは、ルールと親子の契約書を作り、継続してそのルールをチェックすることである。ルールを作ることはよく知られているが、継続したチェックがなされていないことが多い。ルールを作っただけでは、親と子どもでは認識の差が大きい。親はルールを作って使用させているつもりでも、子どもは、ルールがないと思っている場合が多いことは、日米ともに共通する傾向である[6]。3ヶ月、6ヶ月と期間を設けて、毎日チェックすることで、ルールを定着させることができる[7]。

（2）オンラインコミュニケーショントレーニングの実施

ネットいじめ対策として知られる方法に、フィンランドのKiVaプログラム、スウェーデンのファシュターメッソッド、オルヴェウスプログラム等がある[8]。これらのプログラムは、いじめ防止のために開発されいじめ防止に一定の効果を上げている方法であるが、LINEでのコミュニケーションのずれやKS、悪口によって嗜虐性を募らせ攻撃行動を引き起こすことを防止するために一定の効果があると予測される。

オンラインコミュニケーショントレーニングとは、海外のいじめ対策メソッドを参考に筆者が考案した方法で、リベンジポルノの問題、悪口の問題、KSの問題、即レス症候群の問題などの問題行動例を見て、加害者・傍観者・被害者を客観視し、ロールプレイングやワークシートの問題を解き、それぞれがどう行動すべきかを考えるトレーニングである。校長先生や学校カウンセラーを対象に開いた講習会で、LINEでの根も葉もない悪口の例を示し、この続きにLINEで書き込むとしたら、どう書き込むかを実施したことが何度かある。誹謗中傷やネットいじめはいけないと指導しているはずのカウンセラーの方々でも、大勢が悪口を書いているところで、一人反対意見を書くことに抵抗やストレスを感じたと感想を述べられた方が多数いた。生徒に対してだけでなく教育者に対してもトレーニングの実施が必要だ。口先で「〜しないように」とスローガンを声高に呼びかけることの虚しさを実感していただくことも、オンラインコミュニケーショントレーニングの実施意義である。

（3）義務教育段階からの情報教育の定着

　明治期の日本で、多くの家庭が貧しかった頃、子どもを何年も小学校へ通わせることに否定的だった時代がある。なぜなら、子どもは、重要な働き手だったからである。小学校に通わずとも日本語は話せるようになる、文字の読み書き、簡単な計算であれば、1年も学校に通えば十分だと考えたのである。そのような考えを持つ国民に学校へ通うことの意義を伝えるために多くの労が払われた。現代の日本の多くの大人たちも、情報教育を受けなくてもパソコンやタブレット、スマホを必要に応じて使えるため不要と考える人が少なくない。あるいは、他教科の中で利用し活用できれば良いと考える人々もいる。それを主張しはじめたら、社会科の中でグラフを書いたり、理科で計算をしたりするから、算数や数学も教科として学ぶ必要がないことになる。情報教育の重要性は、何らかの操作やスキルを身につけることが目的ではなく、情報的な見方や考え方[9]を身につけることに意義がある。系統的に小学校1年生から、情報的な見方や考え方を身につける教育を実施することにより、本質的な未然防止につながるであろう。

〈注〉
（1） 小学生・中学生・高校生別の詳細なデータや使用時間、フィルタリング状況やルールの有無等は次のURLを参照。内閣府「青少年のインターネット利用環境実態調査」（http://www8.cao.go.jp/youth/youth-harm/chousa/net-jittai_list.html、2017年1月15日確認）。
（2） 総務省「情報通信白書」（http://www.soumu.go.jp/johotsusintokei/whitepaper/h26.html、2017年1月15日確認）。
（3） 加納寛子編『ネットジェネレーションのための情報リテラシー＆情報モラル──ネット犯罪・ネットいじめ・学校裏サイト──』大学教育出版、2008年。加納寛子編『実践情報モラル教育──ユビキタス社会へのアプローチ──』北大路書房、2005年。
（4） 被害者側の弁護士も、いじめを隠蔽しようとする学校や教育委員会側の意向を汲み、頑なに通信履歴の保全を阻止しようとする場合が有り、山形県高畠での事例のように、被害者生徒が携帯電話にいじめの加害者の名前を書いた遺書を残して自殺しても、自殺後7年経った後の判決において、いじめが立証されなかったという例外もある。この事件の直後、筆者は被害者へ何度も通信履歴の保全をアドバイスしたが、被害者側の弁護士の進言により、被害者の両親は通信履歴の保全を執り行わなかった。
（5） 加納寛子「LINEカーストの形成──既読無視によってなぜ容易に友人関係が破壊されるのか──」『教育システム情報学会第40回全国大会講演論文集』2015年、341-342頁。なお、即レス症候群とは、メールが来たらすぐに返事をしなければいけないという強迫観念に駆られ、ケータイを片時も放せない状態を指す。必ずしも利用頻度だけでは判断できない。利用頻度が低くても、物事に集中できず、ケータイが気になって片時も放せない場合は、「即レス症候群」を疑うとよい（加納寛子『即レス症候群の子どもたち』日本標準、2009年）。
（6） Kanoh, H., Research of Children and Parents Concerning Internet Use: A Japan-U.S. Comparison, in Gibson, I. et al. (Eds.), *Proceedings of Society for Information Technology & Teacher Education International Conference 2009*, 2009, pp. 910-916. Kanoh, H., Analysis of School Records and the Internet Usage: 2 Polarization of a Children's Lifestyle, in Siemens, G. & Fulford, C. (Eds.), *Proceedings of World Conference on Educational Multimedia, Hypermedia and Telecommunications 2009*, 2009, pp. 4402-4407.
（7） 親子契約書の例や、発達段階ごとのルールの例、毎日のチェックシート例は、加納寛子『即レス症候群の子どもたち』日本標準、2009年参照。
（8） カナダの対策、イギリスの対策なども含め、海外のいじめプログラムの詳細の紹介は、加納寛子『いじめサインの見抜き方』金剛出版、2014年参照。
（9） 加納寛子・菱田隆彰・長谷川元洋・古崎晃司「文部科学省検定教科書高等学校『情報』

の用語分析」『日本科学教育学会第37回年会論文集』2013年、152-155頁。加納寛子『ポートフォリオで情報科をつくる――新しい授業実践と評価の方法――』北大路書房、2002年。

〈推薦図書〉

加納寛子編著、内藤朝雄・西川純・藤川大祐著『ネットいじめの構造と対処・予防』金子書房、2016年。

加納寛子・加藤良平『ケータイ不安――子どもをリスクから守る15の知恵――』NHK出版、2008年。

加納寛子編著『情報社会論――超効率主義社会の構図――』北大路書房、2007年。

第3節　学級崩壊と校内暴力

「学級崩壊」と「校内暴力」、この二つのトピックはその原因を分析しようとすると、時代規定性と個別性に相当な配慮を要することになる。個々のケースには類型化を容易にはさせないだけの固有の背景があり、そこには必ず時代的背景が少なからず影響を及ぼしている。また、二つのトピックは、マスメディアを中心とした力点の置かれた時代もかなりずれている。「校内暴力」は1970年代後半から1980年代前半にかけて中等教育でクローズアップされたが、「学級崩壊」は、1990年代後半に主に取り上げられた。マスメディアによる注目はいくぶん退潮したと言えるが、どちらの現象も現代的課題をはらみながら現在でも一定程度起こっている。

本節では、各トピックについて概念や先行して議論されている枠組みなどを整理しつつ、実践的課題の解決に関するわれわれの寄るべき立場について検討を行うことにしたい。

第1項　学級崩壊事例の類型化

国立教育研究所（現、国立教育政策研究所）内に設置された学級経営研究会は、2000（平成12）年に『学級経営の充実に関する調査研究（最終報告書）』を示した。そこでは、学級がうまく機能していない状況として以下の10のケースに類型化を行っている[1]。

1　就学前教育との連携・協力が不足している事例。
2　特別な教育的配慮や支援を必要とする子どもがいる事例。
3　必要な養育を家庭で受けていない子どもがいる事例。
4　授業の内容と方法に不満を持つ子どもがいる事例。
5　いじめなどの問題行動への適切な対応が遅れた事例。
6　校長のリーダーシップや校内の連携・協力が確立していない事例。
7　教師の学級経営が柔軟性を欠いている事例。
8　学校と家庭などとの対話が不十分で信頼関係が築けず対応が遅れた事例。

9　校内での研究や実践の成果が学校全体で生かされなかった事例。
10　家庭のしつけや学校の対応に問題があった事例。

　このように、全国の小中学校で一定割合の教室において学級がうまく機能しない状況、すなわち学級崩壊現象が発生していると言われている。文部科学省は学級崩壊が問題視されて久しい現在においても体系だった大規模調査を実施していないので、その発生・認知件数の全国的な推移はなかなかつかめないのが実状である。だが、非常勤講師の加配などの政策的根拠の必要性から、いくつかの自治体においては1990年代末から学級崩壊に関する継続的な調査が実施されている。それらの調査によるとマスメディアが取り上げた2000年代前半がもっとも発生率が高く、政策的対応が功を奏したのかそれ以降は横ばいか減少傾向にある[2]。

第2項　学級崩壊の原因と対応

　心理学者・河村茂雄は、学級崩壊の発生パターンを大きく二つ、すなわち、児童や生徒による「管理的な教師への反抗」と子どもたちのなかに「集団ができないまま拡散している」ものとに大別した[3]が、先述の学級経営研究会の10の類型事例を通覧すると、いくつかの根本的な問題に分類できることがわかる。それは、「(いわゆる) 小1プロブレム」、「教師の指導力不足」、「特別な配慮を要する子どもたちの増加」、「学校の運営管理体制や同僚性の問題」、「家庭での教育の不全」などとなるであろう。教室内にいまや必ずいると言われる「課題を持つ子」、発達上や学習上の困難を抱える子どもたちにどの経験層の教師も対応にあぐねており、一人の教師による対応の限界が崩壊事象へとつながることも多く経験され報告されているところである。

　その中でも「小1プロブレム」については、確かに就学前教育や保育、家庭教育との非連続な環境から起こされる集団未形成状態が引き起こす学級崩壊現象である。だが、未形成という意味で崩壊と表現するのは妥当とは言えないだろう。崩壊と称する立場は、ア・プリオリに完成し安定した学級像が先にあってその基準枠をもとに判断していることになり、目の前にいる子どもたちの固有性を前提にした集団を時間がかかっても作り上げていこうとする契機を失う

第6章　問題事例と解決の方策

可能性のある見方にもなっている。さらに付け加えれば、一時期「小1プロブレム」が学級崩壊の核心的課題として捉えられもしたが、実際には小学校だけで見ても高学年の方が発生率は高く、またその問題の質も異なっていた。そのことに鑑みると、「小1プロブレム」に注力することで、問題の全体像をとらえそこねて事態を深刻化させたとも言えるかもしれない。

また一方で、ベテラン教師の中で発生する事例を大きく取り上げて、旧来の教師の指導性への疑念が表現されたり、時代や子どもの変化についていけないでいる経験年数豊富な教師像がやや戯画的にも描かれたりもしたが、実際には経験年数5年以内という若手教員の学級での崩壊が件数としても最も多いことも確認しておく必要があるだろう。

上述の河村は、学級崩壊からの再生の前提として、「教育的効果の高い学級集団の条件」として、以下の四つを挙げている(4)。

1　学級集団にふれあいのある人間関係が確立している。
2　学級集団に一定のルールが確立している。
3　活発な相互作用が生じている。
4　活動をふりかえる場面と方法が確立している。

具体的な方途としては、教師が他者と関係を持とうとする第一人者として、子どもを尊重し、積極的かつ率直に自分の考えを開示することが推奨される。学級崩壊からの再生で最も重視されているのは、管理主義的な教師としての役割演技ではなく、子どもに対し、取り換え不可能な一人の当事者として向き合う大人の存在であることは非常に興味深い。教師・子どもの垂直的関係性が学級崩壊を生み出してきたとの認識に立ち、集団を構成し、対話的関係を築く先導的存在として位置づくことは、「管理的教師への反抗」や異議申し立てに対する教師としての応答でもあると同時に、その教師の働きかける姿を見た子どもたちがその価値や意義に気づき、みずからもその当事者としてふるまおうとすることを期待する構造にもなっている。さらに、第4条件は、確固たる明確な自覚的理由もなく、つまり、「なんでこんなふうになってしまっているのかわからない」中、崩壊を経験している、あるいはしてきた子どもたちにとって、再生の途上で経験している集団のルールや構造についてメタレベルで子ども自

身が省察を加えていくことがいかに重要であるかも教えてくれている。

　このように、学級崩壊の諸事例から、その原因を探り、特定し、時にはその責任の所在を問うことは政策対応的にも実践的課題解決上も有意義であったと言える。だが、「小１プロブレム」のように、類型化が安定し、対処法もかなり共有されてくるようになることで、複雑な背景事情から視点をずらして、定型的な対応が積み重ねられるようにもなったと言える。中には、その対応に、これまで教師の専門性のうちには認識されていなかったような新たな領域、つまり学習や発達に困難を抱えている子どもへの対応も付加されるようにもなった。また、行政的支援もかなり自覚的になされるようになり、一人の教師の負担はいくぶん小さくなり、多くの手を借りながら学級はある程度再生することも可能になった事例報告も多い。2000年代後半以降、発生件数もいくぶん減少した背景には、少人数指導などの制度的改革も考えられるが、原因を分析することで有効な対応策が構築されつつあることも指摘できるだろう。

第３項　背後にある問題と向き合う

　学級崩壊が現象として認識されてからおよそ20年が経過し、いまや生活指導上の数ある課題の一つとして人々にとらえられるようになった。それは、「再生」「復旧」といった課題解決には困難が伴うものの、あくまでも局所的、個別的なものであるし、それ以外の諸課題への対応に労力を割かねばならない現状もあるということの表れなのかもしれない。

　もはや学級崩壊現象が本質的に問いかけていたことは顧みられなくなった。そもそも教室という空間がもっている抑圧性や、カリキュラムや評価システムが持っている圧力などは温存されること、あるいはそのシステムへ健全に復帰させることを「再生」と称して目標にしてしまうことにも疑念が持たれなくなってしまった。

　評価や選抜の圧力に日常的にさらされている教室空間は、何も手が加わらなければ、優勝劣敗が可視化されてしまう、ある意味、むき出しの競争の場であり、誰もがそうなった場合の居心地の悪さを認識している。ゆえに、教師はできるだけ、最終的な評価については表立って触れないようにし、高度な個人情

報として秘匿すらしつつ、表面的には尺度評価のないフラットな関係性を演出する。同時に、許容される範囲の多様性を子どもたちに励ましながら、集団的な学習形態などを仕組み、「学び合い」や「話し合い」の価値を伝えようとしている。きわめて不自然で人工的なルールを強いているとも言えよう。多様な価値が表向きは尊重されながら、その実、単一尺度で序列化される競争が裏では進行している、このような欺瞞に満ちた空間での学習で子どもが感じているストレスは相当大きいであろう。

　他方、子どもたちの側は、教室の持つ二重性に気づいているから、教師が実現しようとする「公平」や「平等」を変質させて、集団の中で目立つことをおそれ、誰もが「協働」して「同調圧力」空間を作ることになってしまう。この同調圧力が他の生活指導上の課題を生み出す温床になっているのであるが、学級崩壊現象を通じて子どもたちが表現していたことは、実はこのストレスフルな空間への異議申し立てであったとも言える。

　教室が教師の権威を背景にして秩序を保つことは、皮肉にも子どもにとっては同調圧力空間の中で息苦しく生きることと重なる部分がある。筆者が立ち会ったある小学5年生の担任教師は、学年開きから間もないころ、教室を立ち歩き、飛び出してしまうAさんを教室に連れ戻すことをやめにして、むしろAさんが出て行った先である校舎の隙間や農機具庫の裏に、残された子どもたちを連れ立って後を追いかけた。その教師は、そこで場も空気も変えて新たな集団を作り直し、同時にそこを居心地よく感ずるAさんに対する理解もみなで更新することに成功した。学級集団の再生を旧来の秩序回復に求めるのではなく、むしろそれを縛っていたものをこそ問い直し、新たな集団性を模索した事例として興味深い。

第4項　時代の変化に見る校内暴力問題の変化

　次に、改めて校内暴力について検討してみよう。校内暴力の定義もやはり曖昧であり、事例に基づき類型化されることになるが、児童・生徒間暴力、教職員への暴力、そして学校内の器物損壊である。文部科学省による調査は、その発生件数も多く報道も過熱気味になされた1980年代から始まる。その当初は調

査対象も中学校・高等学校に限定されていたが、1990年代後半から小学校もその対象に入った。調査方法も何度か変更されたので単純に推移を語ることは困難だが、確実に言えるのは、中学校・高等学校の発生件数が横ばいなのに対して、小学校での発生件数が如実に増えているということである。つまり、データからは明らかに校内暴力の低年齢化が指摘できる。先述の学級崩壊現象の自覚化の時期とも重なり、校内暴力が、いじめや学級崩壊などと複合的に進行していることの表れとも言える。

　1981（昭和56）年、当時の文部省は「生徒の校内暴力等の非行の防止について」という文書を発しているが、そこでは「校内暴力事件では、その大部分に遠因と近因が見受けられる。教師に対する暴力の場合には、一見したところでは、教師から注意を受けた直後に発作的に暴力に走ったように見えるが、以前から指導に服さずに反抗的な態度を続けていて、これに対する教師の指導が適切さを欠いたため、その不満が暴力行為という形で爆発しているように思われる」とし、生徒や家庭の問題点をあげつらいつつ、「学校における指導体制に何らかの欠陥があることが指摘されている。例えば、教師の間で生徒指導への取組に足並みの乱れがあったり、規制や禁止の指導に偏りがちであったり、注意の仕方が生徒の心情を無視したものであったりした場合が挙げられている。また、事件の初期の段階でささいな暴力を安易に考え、十分な指導を行わなかつたために、次の段階の大きな暴力を生むという場合が見られる」と学校の指導の問題点も指摘している[5]。校内暴力はあくまでも「非行」として認識され、その対応が求められていたことがわかる。

　しかし、先述したように、低学年でも見られるようになった近年の子どもによる暴力は、〈新しい「荒れ」〉とも表現されることがあり、かつての中学生や高校生が見せていた物理的な攻撃行為とはかなり性質を異にしている。松浦・中川によると、「フツウの子どもの突発的行為」であり、「明白な理由が見当たらない場合が多く」、年齢下降化しているのが特徴であるという[6]。また、物理的な攻撃行為だけではなく教師に対する罵詈雑言や無視・無関心など精神的なものも多く、学級崩壊へとつながり教師を追い詰めていく事例も多く見られるという。

第6章　問題事例と解決の方策

　現在の学校・学級は複雑である。暦年齢だけを揃えられただけの制度的集団のその中身はと言えば、個々の発達差はもちろんのこと、外国籍の子どもや性的マイノリティの子どもの存在など、あまりに多様である。学級崩壊を検討した際も触れたように、教室や学校という空間はこのままでは精神的にも肉体的にも安定し、安心して過ごせる環境ではなくなりつつある。

　家庭や親子関係の問題として、また教師の力量不足の問題、子どもの生活や遊びの変化の問題として、子どもの新たな荒れを再解釈していこうとする動きがここ数年模索されてきた。また子どもの貧困の問題は深刻で、「キレる」子どもの存在を栄養状態の悪さに見出す言説もある。何らかの原因を求め、社会問題化して、子ども観の転換を世に問うたことの意義は大きい。校内暴力として表れている問題は、ひとり学校の問題に尽きるものではないという認識は、ストレスフルな大人社会でも起こっている可能性があり、問題は通底しているとのとらえにたどり着いたことを意味している。そして、その対応も新たな局面を用意することになるだろうし、政策的な対応も変わらざるを得なくなっていくだろう。校内暴力への対処療法的な対応ではなく、子どもの貧困やハイステイクな選抜制度の是非、学級・学年制度の再検討など考えるべき課題はより根本的なものであると言える。

小括

　学級崩壊・校内暴力には個々の事情と複雑な背景があることは明らかである。また、一見すると、時代をたがえて学校に集中的に出現、存在し、別々の背景をもった二つの事象と考えられるのだが、一つ確かなことがある。それは、この二つのトピックを「問題」として見る眼差しには、教室（内外）にせよ、学校（内外）にせよ、絶えず教師による権威的な秩序維持を是とする前提が厳然と存在しているということである。この強固な前提が実際にはこれらの現象を引き起こしている直接的な要因とも言える可能性はないだろうか。現象への対処という実践的課題解決と併行して、学校とは何かを問い直す契機とし、子ども・教師の双方にとって当事者としての居心地の良い学びの空間が出来上がる方途について考究し続ける必要がある。

〈注〉
（１）学級経営研究会『学級経営の充実に関する調査研究（最終報告書）』文部省、2000年。
（２）須藤康介「学級崩壊の社会学——ミクロ要因とマクロ要因の実証的検討——」『明星大学研究紀要—教育学部　第５号』2015年、50頁。
（３）河村茂雄『学級崩壊に学ぶ——崩壊のメカニズムを絶つ教師の知識と技術——』誠信書房、1999年、２頁。
（４）同上書、66-69頁。
（５）文部省「生徒の校内暴力等の非行の防止について」1981年（http://www.mext.go.jp/b_menu/hakusho/nc/t19810423001/t19810423001.html、2017年１月30日確認）。
（６）松浦善満・中川崇「子どもの新しい変化（「荒れ」）と教職に関する研究——小中学校の担任教師調査結果から（教育臨床・学校教育相談研究プロジェクト）——」『和歌山大学教育学部教育実践研究指導センター紀要8』1998年、４頁。

〈推薦図書〉
尾木直樹『「学級崩壊」をどうみるか』日本放送出版協会、1999年。
河村茂雄『学級崩壊に学ぶ——崩壊のメカニズムを絶つ教師の知識と技術——』誠信書房、1999年。
村山士郎『なぜ「よい子」が暴発するか』大月書店、2000年。
吉益敏文・山﨑隆夫・花城詩・齋藤修・篠崎純子『学級崩壊——荒れる子どもは何を求めているのか——』高文研、2011年。

第6章　問題事例と解決の方策

第4節　不登校問題

　ここでは義務教育段階における不登校問題について、現状を確認したうえで、問題の背景を整理する。その上で、従来行われてきた取り組みについて述べる。

第1項　不登校問題の現状

　不登校の児童生徒を検討する前提として、2016（平成28）年現在、小学校や中学校に何らかの理由で長期間にわたって通えていない子ども、すなわち「長期欠席児童生徒」は、どの程度存在するのかについて確認しよう。文部科学省による「平成27年度学校基本調査」によると、年間30日以上学校を欠席する子どもは、表6-2-1のとおりである。この中で、不登校の子どもは、「何らかの心理的、情緒的、身体的、あるいは社会的要因・背景により、児童生徒が登校しない、あるいはしたくともできない状況」にあり、「年度間に連続又は断続して30日以上欠席した児童生徒のうち、欠席理由が『不登校』に該当する者」である。そのため、表に示した長期欠席の児童生徒から、何らかの疾患や経済的理由といった明確な理由ある場合や、これらが複合した「その他」を除いた数値が、不登校の子どもに該当することになる。なお、不登校の子どもの割合は、過去3年間で、小学校では0.3〜0.4％台、中学校では2.5〜3％にあり、ほぼ横ばいである。

第2項　不登校問題の成立史

　しかしながら、不登校は、なぜこうした間接的な定義なのか。背景には、不登校とされる子どもが学校を欠席する理由が捉えがたく、用語自体も容易には定まらなかった経緯が指摘できる。不登校研究の起源はアメリカの研究者ジョンソン（Adelaide M. Johnson）による1941年の「学校恐怖症（school phobia）」にあるとされ、不登校は精神医学に関わる問題として研究された[1]。
　この学校恐怖症は心理学者・ボウルビー（John Bowlby）にも引き継がれ、1973年には、子どもが学校に恐怖を感じる原因として、母親との分離不安があるのではないかと説明された。しかしながら、表6-2-2に示した通り、分離不安

表6-4-1　理由別長期欠席児童生徒

	計	病気	経済的理由	不登校	その他
小学校	63,091	19,946	18	27,583	15,544
中学校	131,807	21,118	31	98,408	12,250

出典：文部科学省「平成27年度　児童生徒の問題行動等生徒指導上の諸問題に関する調査」より、一部改変。

表6-4-2　2013（平成25）-2015年度までの不登校の児童生徒数及び割合

	小学校		中学校	
	全児童数	不登校児童数(%)	全生徒数	不登校生徒数(%)
2013	6,676,920	24,175（0.36）	3,552,455	95,442（2.69）
2014	6,600,006	25,866（0.39）	3,520,730	97,036（2.76）
2015	6,543,104	27,583（0.42）	3,481,839	98,408（2.83）

出典：文部科学省「平成27年度　児童生徒の問題行動等生徒指導上の諸問題に関する調査」より、一部改変。

を感じるはずの低学年の子どもよりも、高学年ないし思春期前期の子どもに明確な理由がない長期欠席が好発するという点から、この説明にも限界があった。その後、子どもが学校を長期欠席する理由を求めて、「登校拒否（school refusal）」や「学校嫌い（school avoidance）」といった用語を経たのち、「不登校（non-attendance at school）」が定着した。

　日本では、1960年代以降、明確な理由のない長期欠席が社会問題として認識されるようになった。なぜなら、戦後直後から1950年代にかけては、山形県の中学校教師・無着成恭による『山びこ学校』（青銅社、1951年）に記されているとおり、家業の手伝いといった理由から学校を欠席する子どもが多く、学校に通うこと自体が自明ではなかったからである。1960年代の高度経済成長とともに、上級学校への進学および就職に向けて、学校に通うことが自明視されるようになった結果、明確な理由もなく、長期にわたって欠席する子どもの存在が問題として認識されるようになった。当時、こうした子どもは、本人に何らかの原因があるため登校拒否や学校嫌いになると考えられ、精神医学的な治療が必要な対象と考えられた。しかしながら、不登校問題は学校に通うことを前

提とした教育制度上の問題であり、作られた社会問題と言える点には留意しておきたい[2]。

こうした明確な理由のない長期欠席を子どもに原因があるとする認識が変わったのが、学校の「荒れ」が問題となった1970年代である。校内暴力やいじめが問題視された結果、学校の側にも原因があるのではないかと指摘されるようになり、1970年代後半からは登校拒否という用語が日本でも普及した。登校拒否は生徒指導上の問題として取り組まれるようになり、担任の教師を中心に家庭訪問を行う、級友からのメッセージを伝える、といった登校を促す刺激を与えるというアプローチがとられた。

こうした取り組みが行われる中で、学校に行きたいと考えていても、行けないという子どもの存在が数多く報告されるようになり、登校拒否という枠組みとの不整合も指摘されていた。加えて、登校刺激を与えることが、家族や子どもにとって負担になるケースも報告され、こうした対応をとることの是非そのものが議論されるようになった。

そこで、1990年代になると不登校という用語が使われるようになった。その背景には、第一に、法務省人権擁護局『不登校の実態について』（1989年）において不登校という用語が公的に使用されたこと、第二に、学校不適応対策調査研究協力者会議によって、1992（平成4）年に「登校拒否は誰にでも起こりうるものである」と、捉えられるようになったことが挙げられる。これまで、登校拒否は特定の家庭で起こる問題であると考えられていたことに対し、誰にでも、どの家庭にでも起こりうる問題とする認識が芽生えるようになった。同じころ、長期欠席の傾向にある子どもを早期に発見し対応を取るべく、文部科学省は、1991年から長期欠席の児童生徒の年間欠席日数を50日から30日へと変更した。これにより、欠席を繰り返すものの、50日を超えていなかった「グレーゾーン」の子どもも、不登校としてカウントされるようになった[3]。

このように、不登校という枠組みが成立し、早期の対応が模索される中で、不登校の子どもへの支援も模索されるようになった。たとえば、子どもが可能な範囲で登校できるように、別室登校や放課後における登校も出席として認められるようになった。別室登校には、保健室登校も含まれ、生徒指導担当の教

諭だけでなく、養護教諭も不登校問題に取り組むようになった。

　さらに復学を支援するために、学校外に公的な適応教室（2003年以降は教育支援センター）が設けられた。1993年以降は、適応教室に通う子どもも出席扱いとされるようになった。2005年からは、一定の条件を満たした場合、家庭での学習も出席扱いとする措置が取られるようになっている。このように、現在では子どもに応じた登校方法が模索されている。

第3項　不登校問題への取り組み

　以上、不登校という概念が成立し、これが徐々に普及した1990年代までの動向を整理した。次に不登校に対し、現在どのような対策が採られているのかという点について、第一に教育行政、第二に学校、第三に保護者、第四にスクール・カウンセラーら専門家、第五にフリースクールおよびこれを相対化する社会学者に焦点を合わせて、不登校問題への取り組みを検討する。

　第一に、文部科学省は「学校基本調査」などを通じて、不登校問題の動向を探る基礎的なデータを収集している。また、2001（平成13）年に組織された「不登校生徒に対する追跡調査委員会」が、2006年、2011年に追跡調査を行うなど、不登校の子どもへの理解を深めるために縦断的な研究も進められている。各自治体レベルでも不登校に対する調査が行われ、よりきめ細やかな把握が進められている。実態の把握を主な目的とする学校基本調査が終わった後に、年度の途中に学校現場での教育実践と結び付けることを目的として調査を行う教育委員会もある。

　ここで、2014年度の「児童生徒の問題行動等生徒指導上の諸問題に関する調査」を見ると、「不登校になったきっかけと考えられる状況」では、中学校に関しては「無気力」（26.7％）、「不安など情緒的混乱」（28.1％）、「いじめを除く友人関係をめぐる問題」（15.4％）、「学業不振」（9.2％）などが挙げられている[4]。こうした捉え方は、不登校には原因があり、それを取り除けば復学が可能であるという見方とも言える。しかしながら、たとえば友人関係をめぐる問題については、再登校のきっかけも友人関係となる場合もある。そのため原因論から不登校を説明することには限界があり、原因探しよりも、子どもに寄

り添うことを優先すべきであるとの見方もある[5]。

　第二に、学校教育現場においては、不登校の子どもへのケアに取り組んだ事例が蓄積されている。教師の中には、研究会を立ち上げ不登校問題に取り組み、「ソーシャルスキルトレーニング」や「構成的グループエンカウンター」を取り入れる教師もいる[6]。

　ここでは教育実践の一例として、戦前の生活綴方運動の流れをくむ生活指導に着目しよう。この立場は、子どもが作文によって自分を表現する行為を契機に、生活そのものを改善すること軸に据え、不登校を含む教育問題に取り組んできた。例えば、京都市つづりかたの会の小松伸二は、書くことを通じて子どもが自分を表現し、それを教師が「持ち味」として受け入れることで、学級づくり、授業づくりへと展開する実践を行い、不登校の子どもを再登校へと導いている[7]。不登校問題に取り組む当事者の一人である教師による、こうした蓄積に学ぶ点も大いにあるだろう。

　第三に、同様に当事者の一人でもある保護者に目を向けよう。不登校の子どもを持つ保護者は、子どもを学校に通わせられないことに自責の念を抱えるとともに、周囲から「育て方が悪い」とレッテルを貼られることもあり、弱い立場に置かれていた。1990年代以降になると、同じ悩みを抱える保護者の自助グループとして、全国にいわゆる「親の会」が設立されるようになった[8]。不登校という共通した課題を抱える保護者が集い、交流することで、「子育てが悪かったわけではない」と自信を取り戻すきっかけとなっている。その結果、保護者は自分を、そして子どもを受け入れ、不登校の子どもが変わることに結びつく例も報告されている。現在においても、不登校研究者らを招く勉強会が開催されるなど、「親の会」は貴重な情報交換の場となっている。

　第四に、不登校問題にかかわる専門家に目を向けよう。1996（平成8）年から全国の学校にスクール・カウンセラーが配置されるようになった。スクール・カウンセラーの相談内容には、不登校に関する内容も含まれ、臨床心理学においても不登校問題が研究されている。スクール・カウンセラーは、学校と連携しつつも、「第三者性」「外部性」を保持し、相談に来た子どもの話を傾聴することを主な仕事としている。そのため、子どもの問題が学校で解決できるのか、

外部の専門機関と連携する必要があるのかを見分けることがスクール・カウンセラーの重要な作業となっている。

2016年現在、地域差はあるものの、公立中学校では8割以上、高等学校では半分以上、小学校では3割程度の学校にスクール・カウンセラーが配置されている。しかし、スクール・カウンセラーの雇用の不安定さなどが課題として指摘されている。そこで、2017年度より、公認心理師が国家資格化され、スクール・カウンセラーの地位の向上が目指されている。

また、不登校外来が病院に設置されているように、医師も不登校に関わっている。特に、不登校は表面的な現象に過ぎず、その背後に子どもの精神疾患や身体的な疾患がある場合もある。たとえば、不登校の子どもが腹痛を訴える背後に、過敏性腸症候群があり、心理社会的な要因が関係している場合もある[9]。

ここで、対人関係や、行動面、学習面に対する支援ニーズを抱えている子ども、すなわち発達障害や学習障害を持つ子どもの不登校に着目しよう[10]。例えば、通常学級で過ごす可能性が高い自閉症スペクトラムの子どもの場合、学習障害やADHDを併発していることも多く、人間関係や学習で困難を抱えがちである。こうした子どもがクラスになじめなかった結果、不登校となるといったケースが報告されている[11]。このような場合、不登校問題は結果にすぎず、背景にあるニーズに対応した措置が必要となってくる。特に、医学的に治療可能な場合もあり、学校はスクール・カウンセラーとともに、病院との連携も模索する必要がある。

さらに、学校にかかわる専門家としてスクール・ソーシャルワーカーの存在が挙げられる。子どもの貧困の問題が指摘されている通り、長期欠席の中には、通学の前提となる家庭が心理的、経済的に機能しておらず、学校に来られないケースがある。こうしたケースについて、保坂亨は2015年、中学1年生の少年が3人の少年に暴行された後、殺害された川崎中1事件に触れながら、保護者との連絡が途絶えがちな長期欠席を「危険な欠席」と考え、「脱落型不登校」という枠組みを提起している[12]。このように、家庭が抱える問題が不登校を媒介として表出することもあり、福祉の専門家を交えた対応が必要な場合もある。

第6章　問題事例と解決の方策

　第五に、しばしばNPOによって運営されるフリースクールをはじめとする民間の教育施設による不登校への取り組みに着目する。不登校という考え方が浸透するにつれ、フリースクールに対しても、文部科学省は、公的な支援を行うようになった。1992（平成4）年から、小・中学生については、一定の条件を満たし、学籍がある学校の学校長が認めた場合、フリースクールに通えば、出席扱いとされるようになった。

　こうしたフリースクールの嚆矢は、1985年に元小学校教師・奥地圭子によって設立された東京シューレである。同校は、子どもが安心できる居場所となることを第一としつつ、農業などの様々な体験や、一人ひとりの進路希望に応じた学習指導、卒業生による講演など、様々な学びを提供してきた。奥地は、子どもが自分でやりたいことを見つけ、一人ひとりに合った支援を行えば、社会的な自立を果たすことができると考え、子ども中心の教育を展開した。東京シューレは、通信制高校や専門学校、大学に進学したり、あるいはミュージシャンなど専門職に就いたりする卒業生を輩出している。

　他方で、フリースクールに対しては、不登校の子どもが自分をありのまま受け入れられる居場所としての意義を認めつつも、相対化する主張もある。東京シューレの卒業生である常野雄次郎は、上述のような「明るい不登校」像に違和感を投げかけている[13]。不登校を「選択」として、明るく描いたとしても、フリースクールの卒業生は、不登校を経験しなかった人が共通して持つ学校教育体験を共有していないため、学校に関する話題ではコミュニケーションをとりにくい、といった不登校を原因とする困難に直面していることを述べ、「明るい不登校」像の限界を指摘している。

　こうした不登校経験者が抱える困難について、自身も不登校を経験し、その後社会学者として不登校問題に取り組む貴戸理恵は「関係的な生きづらさ」という視点から切り込んでいる。不登校のみならず、働くこと、生きることを「関係性」という視点から問いなおすことで、生きづらさをもたらす自己責任論や、社会要因論といった論理の限界を指摘している。その上で、「関係性」という視点から、生きづらさを抱える誰もが当事者として、学校や職場とのかかわりを振り返り、生活をよりよくしていくという道筋を示している[14]。

以上、不登校問題は、子ども本人やその保護者のみならず、文部科学省や教育委員会、教師、臨床心理士、医師、フリースクール、社会学者など、様々な専門家が取り組む、複合的な領域であることを見てきた。こうした領域において研究蓄積に学びながらも、子どもが不登校になった際には、その子どもをありのまま受け止めると同時に、どのようなニーズがあるのかを読み解き、学校の内外において、その子どもの発達や学習を支援することこそが肝要であると言えよう。

小括
　不登校問題の現状、成立過程、そして、不登校問題への取り組みを整理した。最後に、2016年8月現在、どのような対策が文部科学省から示されているかを確認しよう。すでに見てきたように、文部科学省は、不登校問題を、担任や生徒指導担当の教師、管理職、そして専門家を交えたチームとして取り組むべき生徒指導上の課題として位置づける方針を示している。
　また、生徒指導資料やリーフレットといった刊行物などを通じて、「不登校に関する調査研究協力者会議」などにおける研究成果を発信している。たとえば、表6-2-2に示したように、小学校から中学校への進学に伴い不登校が増加している現象は、「中1ギャップ」と説明されてきた。これに対し、国立教育政策研究所は、これまでの研究を踏まえつつ独自にアンケート調査を行い、回答を分析した結果、小学校6年生から中学校1年生に至る過程に大きな壁やハードルがあるかのようなイメージを与える「中1ギャップ」という説明が、中学1年生で不登校が急増する現象を適切に説明するものではないことを明らかにし、従来の見方の修正を提起している[15]。
　これに代わり、これまで不登校となった子どもに対して学校が行ってきた、ケア中心のアプローチを見直し、「未然防止」と「初期対応」を軸とした対応へとシフトすることが提案されている。ここで、「未然防止」とは、子どもが学校に居場所をつくる「集団づくり」と、日々の授業等で活躍できる場面を実現する「授業づくり」によって、充実した学校生活を送ることができるようにすることである。また、「初期対応」とは、前の学年までの欠席状況を踏まえて、

学級編成や学級開きを工夫し、休まないように取り組む対応を意味する。この時、もし不登校傾向にある子どもが休み始めた場合、即座に教師集団と専門家がチームを編成し、対応することが提案されている。このように、不登校を引き起こさないために、対処から予防へとシフトしていると言える[16]。

しかしながら、ここで示された方針は、不登校対応の枠組みとしての新しさはあるものの、学校における従来の指導の改善以上のことを述べているわけではない。国が示す最新の動向を踏まえつつも、教育研究の蓄積に学び、日々の教育活動をよりよいものにすることこそ、不登校問題の解決に結びつくと言えよう。

〈注〉

(1) 滝川一廣『どう考える？ ニッポンの教育問題シリーズ 学校へ行く意味・休む意味——不登校ってなんだろう？——』日本図書センター、2012年。
(2) 加藤美帆『不登校のポリティクス 社会統制と国家・学校・家族』勁草書房、2012年。
(3) 森田洋司『「不登校」現象の社会学』（第2版）学文社、2005年。
(4) 文部科学省「平成26年度「児童生徒の問題行動等生徒指導上の諸問題に関する調査」結果について」(http://www.mext.go.jp/b_menu/houdou/27/09/1362012.htm、2017年1月30日確認)。
(5) 伊藤美奈子『不登校——その心もようと支援の実際——』金子書房、2009年。
(6) 千葉孝司『不登校指導入門』明治図書、2014年。
(7) 小松伸二著、川地亜弥子解説『学級の困難と向き合う——子どもの"持ち味"を生かした学級づくり——』かもがわ出版、2015年。
(8) 高垣忠一郎・春日井敏之『不登校支援ネットワーク』かもがわ出版、2004年。
(9) 山崎透「不登校の子どもの身体症状」『教育と医学』慶應義塾大学出版会、No.743、2015年、50-57頁。
(10) 宮本信也「発達障害と不登校」東条吉邦・大六一志・丹野義彦編『発達障害の臨床心理学』東京大学出版会、243-254頁。
(11) 金原洋治「自閉症スペクトラムの子どもの不登校の現状と支援のあり方」『アスペハート』アスペ・エルデの会、vol.38、2014年、20-24頁。
(12) 塩川宏郷・宮本信也「学習障害」『小児科』vol.55、No.12、2014、1835-1841頁。
(13) 保坂亨「学校からは見えない子どもたち——見過ごしてはならない『危険な欠席』——」

『月間　生徒指導』学事出版、2015年6月号、18-21頁。
（14）貴戸理恵・常野雄次郎著『増補　不登校、選んだわけじゃないんだぜ！』イースト・
　　プレス、2012年。
（15）貴戸理恵『「コミュニケーション能力がない」と悩むまえに　生きづらさを考える』
　　岩波書店、2011年。
（16）生徒指導・進路指導研究センター編「生徒指導リーフ『中1ギャップ』の真実」国
　　立教育政策研究所『生徒指導 Leaf.15』2015年（部分改訂）。

〈推薦図書〉
保坂亨『"学校を休む"児童生徒の欠席と教員の休職』学事出版、2009年。
貴戸理恵『「コミュニケーション能力がない」と悩むまえに──生きづらさを考える──』
　　岩波書店、2011年。
滝川一廣『どう考える？　ニッポンの教育問題シリーズ　学校へ行く意味・休む意味──
　　不登校ってなんだろう？──』日本図書センター、2012年。

第6章　問題事例と解決の方策

▎おわりに▕

　本章では、「いじめ問題」「各種メディアを通じた問題」「学級崩壊と校内暴力」「不登校問題」に焦点を合わせて、それぞれの事象の歴史的変遷と現状を確認するとともに、具体的な対応策について検討してきた。
　インターネットや携帯電話といったメディアの発達などの影響もあり、子どもたちの人間関係の変化が生じる中、たとえば「いじめ」などの問題事例の表出の仕方も変化している。その抑止のためには、メディアに関するルールの定着やオンラインコミュニケーショントレーニングの実施といった教育プログラムを活用するとともに、リアルな状況におけるフェイス・トゥ・フェイスの関係づくりを学ばせる指導が有効であると考えられる。
　一方で、「校内暴力」や「学級崩壊」の問題は、学校が前提としている「権威的な秩序」そのものを取り直す回路を指し示している。現象への対処療法的な対応だけでなく、「荒れている」子どもたちにとっても居心地の良い学びの空間をどう創り出していくのかが問われている。「不登校問題」について見れば、そのような関係の編み直しは、教師や管理職、子ども、保護者のみならず、スクール・カウンセラー、医師、スクール・ソーシャルワーカーなど、様々な人々がチームとして取り組むべき課題として捉えられると言えよう。

第7章
発達段階と生活指導の課題

はじめに

　子どもの発達（development）とは、子どもの中にある潜在的な力や可能性が外界との関係で開花し、展開していくプロセスと言い替えることができる。そのような子どもたちの発達を保障できる生活を子どもたちと一緒に創造していくことが、生活指導の最大の課題となる[1]。

　本章では、幼児期、小学校低・中・高学年、中学校期、高等学校期のそれぞれについて、発達的な特徴を確認する。また、それぞれの時期において生活指導にどのように取り組めばよいのかについて、具体的な実践事例を踏まえつつ検討する。

　なお、言うまでもないことだが、一人として同じ子どもはいないし、一つとして同じクラスはない。生活指導とは、そうした子ども、クラスと向き合い、教師がそれまでの学びや経験を個性的に生かしながら行うものである。そのため、本書で取り上げている事例の通りに指導すれば、必ず同じ結果にたどり着くわけではない。これらの事例を通じて学んでほしいのは、教師の判断の源となっている子ども観や生活指導観であることを強調しておきたい。

〈注〉
（１）生活指導の概念については、楠凡之「発達保障と生活指導」中村隆一・渡辺昭男編『人間発達研究の創出と展開——田中昌人・田中杉恵の仕事をとおして歴史をつなぐ——』群青社、2016年、91-104頁などを参照。

第1節　幼児期

第1項　幼児期における「生活」指導の意味

(1)「幼児期にふさわしい生活」への着眼

　日本では近年、経済的な格差が拡大し二極化する家庭状況の中で、生活の厳しさから子どもに向き合いにくい親や、受験を意識した過剰な早期教育を求める親が増えている。『保育所保育指針』(厚生労働省、2008年)では、乳幼児期にふさわしい生活を送ることが難しくなってきている現状を踏まえて、保育所が「子どもの最善の利益を考慮し、その福祉を積極的に増進することに最もふさわしい生活の場でなければならない」ことが明記された。

　『幼稚園教育要領』(文部科学省、2008年)では、「幼児期には特有の心性や生活の仕方がある」ことを踏まえて、特に「幼児期にふさわしい生活が展開されるように」「遊びを通しての総合的な指導」及び「一人一人の特性に応じた指導」の重要性が示されている。幼児教育においては、「教科」と「教科外」、「学習指導」と「生活指導」といった区別はない。「発達の側面から」、現在は五つの「領域」(健康・人間関係・環境・言葉・表現)ごとにまとめて指導のねらいが示されており、そのすべてが「生活」に関わる指導である。『幼稚園教育要領』と『保育所保育指針』から、幼児期における「生活」指導の観点を整理するならば、①家庭生活との連続性に配慮して「幼児期にふさわしい生活の場」をつくり出すこと、②「生活に必要な基本的な習慣や態度を養い、心身の健康の基礎を培う」こと、③「一人一人が過ごしてきた生活を受容し、それに応じる」という三つを挙げることができる。

(2) 幼児期における「指導」をめぐって

　1989(平成元)年の『幼稚園教育要領』改訂時、「大人中心の保育から子ども中心の保育へ」(=一斉保育から個別保育へ)という「保育の発想の転換」が唱えられた。その際、「指導」は子どもの「行動を規制」し、「自発性の発達

に対しては圧力をかける」恐れがあるとして、「子ども中心の保育を実現する」ためには「援助する」という考えこそがふさわしいという主張もなされた[1]。

　しかし、本来「指導」とは、身につけることが期待される技能、認識などの大切さ、価値が子ども自身に実感され、その獲得が子ども自らの要求となっていくように、そうした「価値と要求」を「子どもと指導者が共同で創造していく取り組み」である[2]。何らかの障害があるなど、身辺自立にかかわる課題が大きい場合、少しでも自分でできることを増やすということに重点が置かれやすい。そうした潮流にあっても、子どもたちの「動作の終結点のできばえを何段階かに評定する」だけでなく、その動作の「終結点がつぎの動作の次の動作の始発点として」、特に「なかまとのかかわりのなかでどうふとり、発展していくか」を見る視点の必要性が確かめられてきた[3]。

　たとえ「まだできない」という終結であっても、「○ちゃんのように」「○ちゃんと一緒なら」やってみよう、という「なかまとのかかわり」での始発につなげる生活指導のもとでは、「できない自分」をも肯定的に受け止めることができるであろう。したがって、幼児教育においても、個別の「支援」にとどまらず、「集団づくり」を視野に入れた生活指導が重要なのである[4]。

第2項　「生活」をつくり出す主体者としての幼児
　　　　──「自立」(self-reliance) の視点から──

　保育学者・宍戸健夫は、縦軸に子どもたちの「基本的生活の形成」と「集団生活の発展」、横軸に「遊び活動」を中心として「クラス運営活動（仕事）」、「課業的活動（学習）」という保育内容をおき、相互に関連し合う立体構造として保育計画を構想するモデル図を示した（図7-1-1）[5]。

　ここで想定されているのは、幼児ら自身が「生活をつくり出す」主体者として、「自分たちがよりよく生活できるための集団」を発展させていくという過程である。「自分のこともちゃんとできないのに、自分たちの生活を築いていくなんて……」と困惑されることがあるが、「まずは自分のことを」という優先順序ではなく、先述のような「指導」観のもとで、一人ひとりの「自立」と「集団の発展」とを統一的に考える必要がある。

「子どもの権利条約」で「自立」と訳されている原語は「self-reliance＝自己信頼性」である[6]。障害の有無にかかわらず、人は一人では生きていけない。「他者に頼り頼られながら共感関係を深め、よりよい自分をめざす」子どもどうしの関係が、「お互いの持ち味を認め高め合い、よりよい生活をつくり出す集団」へと発展していく過程で、一人ひとりの自己信頼性が培われていく[7]。幼年期の「自立」というのは、"ひとりで"するのではなく、家族や仲間と一緒に、「みんなといっしょに自分でする」ことであり、その努力がきちんと認められることが大切である[8]。

第3項　幼児期における子どもの発達要求と生活指導上の留意点

『保育所保育指針解説書』では、「発達過程」という言葉が、「同年齢の子どもの均一的な発達の基準ではなく」、「行きつ戻りつしながら」「子どもが自ら発達していく」道筋の共通性を重視する意味で用いられている[9]。『幼稚園教育要領』では、幼児のしようとしている行動が「好ましくないと思えることもある」が、「その行動をし、その行動を通して実現しようとしていることがその幼児の発達にとって大事」であるとの考えが述べられている[10]。

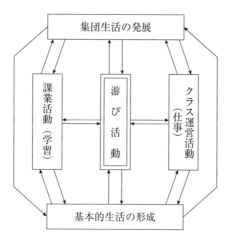

図7-1-1　宍戸健夫が示した「保育計画の構造図」

出典：宍戸健夫・村上裕一編『保育計画の考え方、作り方』あゆみ出版、1992年、49頁。

第7章 発達段階と生活指導の課題

　本項では、子どもが実際に見せる言動の奥にあって、その言動を通して実現しようとしている願いを「発達要求」と捉え、それぞれの発達段階における質的な変化に着目する。発達要求は、からだの変化や他者との関わりの中で触発、喚起される「自分を変えようとする願い」であり、実現していく過程での困難さが様々な生活上の「問題」行動となって現れる場合がある。したがって、それぞれの発達段階における発達要求の質を理解し、その実現をともに目指すという生活指導が求められる。

（1）幼児期前期（1歳なかば～3歳）の発達要求と生活指導上の留意点

　行って‐戻る、登って‐おりる、すくって‐入れる、など、身体運動面や手指の操作面での「方向転換」が可能になり、新たな活動スタイルが獲得される1歳後半児は、大人のすることを真似て"同じようにしたい"と要求し始める。選択の余地のない一方的な指示には必ず「イヤ」と抵抗し、うまくいかない時にはみずからやり直そうとする。まさに、「～デハナクテ、～ダ」とでも言うように、見比べて違いがわかり、「ジブンデ」したい、選びたいという発達要求が育ち、「自我」が誕生した姿と見ることができる[11]。

●「自分から」生活活動に向かう条件──期待感と満足感を保障する──

　食事、排泄、睡眠を中心とする生活習慣の形成に関しては、家庭でも保育所でも大人と子どもとの「たたかい」になりがちである。午睡のとき、寝ることに抵抗して泣き疲れ「力尽きて眠ってしまう」姿に問題を感じ、「自分で眠るつもりになる」ことを大事にしてさまざまな工夫がかさねられた1歳児クラスの実践がある[12]。「寝る」リズムをつくりにくい子どもが多いクラスで、とにかく体を動かして疲れれば気持ちよく寝られるのではないかと考えられたが、そうとは限らなかった。実践記録をもとに担任同士で話し合い、体は動かさなくても子どもたちの中で「遊びきったと思えた日」は気持ちよく眠れるのではないかという考えに行き当たった。

　そこで、昼食後から昼寝までの時間に、食べ終わる早さでグループに分け、それぞれが魅力的な場所（屋上探索）や手指をつかうおもちゃでじっくり遊べるようにするなど、「どの子も」「ほんの一時」でも眠る前に「いい気持ち」で

過ごせるように工夫が試みられた。すると、早くごはんを食べる、自分から着替えはじめるなどの変化も見られるようになったという。「ジブンデ」するか、しないかを「決めたい」という要求が育ってくる子どもたちにとっては、単に「おなかがすいた」「疲れた」などの生理的・身体的欲求よりもむしろ、あそびでの満足感があるか、生活の見通しや期待感がもてるかどうかが基本的な生活活動に向かう意欲を左右すると考えられる。

● 「対の関係」認識期における拒否的態度の意味──「指導が難しい子ども」との共通性──

　生活を想起するイメージ力が備わってくる２歳児たちは、変化する素材と道具を介して「モット、モット……」「〜シテ、〜シテ……」と遊び込み、「○チャンモ！」「ジブンデ！」「モッカイ！」と要求を強く出しながら「ジブンノ」という領域、そして「イマ」という時間に杭打ちをしていく。ジブンノ−○チャンノ、大−小、今−後、デキル−デキナイなど、外界を「対の関係」でとらえるようになってくるこの時期には、食べ物や人に対する「好き−嫌い」がはっきりしてこだわりが強くなる。「もう大きいジブン」と「まだ小さいジブン」の間で揺れる姿を見せ、反対のことばかり言ったりしたりして大人を困らせる。慣れない場面、新しいことへの誘いかけに対して強い不安や抵抗を示すとともに、タオルやお気に入りのオモチャなどを「心の杖」にして前向きに頑張ろうとする姿も見られる[13]。

　「２歳児のような４（５）歳児」という表現で「指導が難しい」子どもたちの発達上の課題が語られることがある[14]。デキル自分もデキナイ自分も丸ごと「受けとめてもらう」手応えがほしい２〜３歳児の、「やらない！」という拒否要求の奥に潜む「ヤッテミタイ」という発達要求をくむ姿勢が求められる。好きな友だちに誘ってもらったり、風呂敷マントで「ヘンシン」させてもらったりすると、一変して張り切ることも見られる。「するの？　しないの？」と二者択一で追い込むのではなく、「今はいやだったら、後でしようか？」「ココじゃなくてアッチでする？」「センセとする？　お友だちとしようか？」など、ひらかれてきた「対の認識」を基本に、友だちとの関係を媒介する「間」の世界をつくって受け止め、歩み寄るアイデアが必要とされる。

発達心理学者・川田学が指摘しているように、「学校教育的に構造化された場面に乗らない」、「好奇心に導かれながら、小さな予測をつなぎあわせて活動を創り出していく」という「ブラブラ期」の2歳児は、狭い保育室に過密状態にされ、その発達要求をくむ余裕のない関わりのもとで「イヤイヤ期」にさせられている可能性がある[15]。2歳児を受け入れる幼稚園も増えている現在、1クラスの人数の多さや空間の狭さ、短時間パートを多用せざるを得ない保育体制など、生活指導を行う前提として改善されるべき保育条件の問題は大きい。

（2）幼児期中期（3～4歳ごろ）の発達要求と生活指導上の留意点

　3歳後半から、「○○シナガラ□□スル」のように、二つの方向に注意を向けて二つの行動を一つにまとめあげるようなコントロールができ始める。オニの動きを見ナガラ走って逃げる、支える方の手も調整しナガラ利き手で道具を使うなど、「注意を分けることで一所懸命に打ち込む」姿が見られ始める。ひも結びのほか、じゃがいもなどを回しながらピーラーで皮をむくなど、身辺自立やお手伝いの技能面に磨きがかかる。

　その一方で、「食べながら対話する」ことができ始める4歳児たちは昼食時に騒がしくなる。子どもたちの話に耳を傾けてみると、「これ食べたら強くなれるんだよ」「お水あげたからピーマン大きくなってきたね」「赤いのだったら食べられる」などと、原因と結果、前と今、全体と部分、といった「対の関係を関連づけ」て、お互いの発見や変化を伝え合っていることがわかる。

●いたずらや「はずれ行動」の発達的な意味：理由を考えて納得

　〝××したらどうなるかな？　△△になるかな？〟と因果関係や変化を確かめようとする4歳児の「実験」は、大人の目には「いたずら」や「悪ふざけ」として映る。頭ごなしに制止、禁止するのではなく、こうした行動に子どもたちの好奇心や関心を見出し、遊びや学びにつながるプロジェクト的な活動として展開するなどの工夫が求められる[16]。

　また、このころの子どもたちには、「～するもの」と決められた習慣的な集団活動を横目に見て「～ダケド、シナイ」という「はずれ行動」を見せることがある。日常の繰り返しの中で何となく身につけていた習慣や行動パターンに

疑問を感じていったん崩し、「〜だから……する」という意味を見出そうとしている姿だと考えられる。したがって、「前はやっていたのにどうしてやらないの」と個別に注意するよりも、「どうして朝の集まりをするのかな？」「体操するのはなぜかな？」と子どもたちに問いかけてその理由を考えさせてみるほうがよい。「今日何して遊ぶかみんなで決める」、「自分がいないとグループの友だちが困る」、「体操したら元気もりもりになる」などと、あらためてその集団活動の意義を考えて納得すると、「〜だから〜しよう！」と友だちと声をかけ合って積極的に参加するようになる。「生活の必要にもとづいて」、対の関係を「人間関係のもとで自我を媒介にして結合させはじめる」4歳児は、このような指導のもとで、自分の世界を「修正可能な世界としてひろげて」いく「誇りをもった自制心」を形成しはじめる(17)。

●大人との信頼関係をベースに子どもどうしの親密な関係を育む

　現在の日本では、保育士の配置基準が1、2歳児「6人に1人」に対して、3歳児では「20人に1人」という厳しい事情がある。この移行期に「子どもどうしの二者関係」を生活に位置づける「二人組」は、散歩時などに手をつなぐ、一緒に野菜の水やり当番をする、給食の配膳当番をするなど「互いを必要とする」活動を通して親密性を高めることをねらう取り組みである。生活活動や遊びへの意欲に乏しかった子が、「一緒に〜〜しよう」、「おかず、『少ないのにしてほしい』って言おう」などと寄り添って待ってくれるペアの友だちを心の支えに生活の安定感を得て、積極性を見せるようになったという実践報告もある(18)。

　乱暴な行動が多く「指導が難しい」子どもの場合も、特定の親密な友達関係が形成されると集団活動への関心が高まり、楽しく遊べる時間ができてくると結果としてトラブルが減っていく(19)。集団遊びに「入れる」こと、謝らせてトラブルを「おさめる」ことを一義的な目的にするのではなく、興味や関心をもとに遊びをしかけ、グループ編成や遊びの展開を工夫して親密になれるきっかけをつくり出す指導が求められる。

（3）幼児期後期（5〜6歳ごろ）の発達要求と生活指導上の留意点

　フランスの発達心理学者、ワロン（Henri Wallon）は幼児期後期の子どもが「自分にない新しい価値がどうしても欲しくなって」、「他者を模倣して、自分がその人のようになるよう努力することが問題になる」と述べた[20]。歯の生え替わりや肺活量の増大、ワーキングメモリの増大にみられる生理的基盤の変化は、縄跳びや竹馬、コマ回しなど、様々な「技」への挑戦を可能にする身体制御や手指の調整力を高め、友だちのやり方を見ながら考え、必要なときには積極的に教えてもらいながら粘り強い挑戦ができていく。そうした経験をもとに、「仲間とともに、自分を変えていける」という自己信頼性を培い始める[21]。

　教訓を引き出しつつ目標を高め、〝だんだんできていく〟体験のなかで、「できた-できない」の二分的評価ではなく、「〜したらできるようになる」プロセスを自覚し、「もっと○○にするためには、どうすればよいか」を考えてやってみたがるようになる。自分の変化をとらえることができ始め、「今」が、「過去」と「未来」の「間」に位置づき、目標と結果の「間」（過程）について、「えっとね…、それでね…」などのつなぎことばを多用して描画やことばで密度高く表現し始める。

　「〜の時はどうしたらよいか」と仮定状況での対処法を問う質問に対して、5歳なかばの子どもたちは「〜だったら……して、〜じゃなかったら……」などと、問いと答えの「間」にみずから条件をつけ加え、想像力を駆使して答えるという特徴が見られる[22]。「相手にわかるように」話したいという気持ちの高まりと、それを可能にする認知能力は、文字を使って語る「書きことば」の基盤となる。こうした発達要求に見合う「体験」が乏しい場合、テレビで見たり人から聞いたりしたことに想像を加えてあたかも自分の体験のように話す「つくり話」をして、「ウソつき！」とケンカの原因になることがある。

　2歳ごろから大人が仲介者となって楽しみ始めるつもり・ごっこ遊びは、3歳ごろのヘンシン大好き期から4、5歳にかけて、役を決め、憧れの役になりきって自分たちでストーリーをつくりながら楽しむようになる。読み聞かせてもらった絵本や自身の体験、友だちの話まで取り込んで、想像のなかのリアルを追求しはじめる。楽しかったごっこ遊びのことを語る子どもに、「あれ？

Aちゃんはいじわるするからイヤって言ってたんじゃないの？」と筆者が聞いてみると、「遊ぶときは仲いいに決まってるやん！」という答えが返ってきたことがある。普段の生活ではついぶつかってしまう仲であっても、ごっこ遊びの世界では「海賊とたたかう乗組員」といった対立を楽しむ固い絆を見せてくれることも多い。

　遊びや自分たちの生活をつくりかえていく力が備わり始める5、6歳児たちをホンキにさせるのは、ホンモノとの出会いである。手洗いをさぼりがちだった5歳児クラスに「バイキン博士」がやってきて、目には見えないバイ菌が繁殖していくリアルな映像を見せてもらった。すると、こぞって丁寧に手洗いをするようになり、家の人にも熱心にその意義を説明してくれたという[23]。

　「あたりまえ」だと思っていたことが「ホントはそうではない！　もっとすごい世界があるんだ！」と気づけるような〝新鮮な〟体験を5歳児は求めている。空想を拡げる絵本・文学の世界や科学の世界、自分たちとは異なる生活の仕方をする人たちや、いつもの先生とは違うプロの先生など、「自分にない新しい価値」との出会いを通して、自分自身や自分たちの生活をちがった角度から見つめ直すことができ始める。

●クラスの「荒れ」、「ボス」的な子どもに対する指導
　5歳児クラスで「荒れ」る姿が見られる場合、上述のように新たに育ってくる能力を発揮して遊ぶにふさわしい空間と素材が不足しているということが少なくない。カッパややまんばから手紙が来た、地図が届いた、さあ、探検に行こう！　というようなホンキのごっこ遊びの中では、ふだんケンカしがちな子どもどうしも力を合わせ、自分たちで考えて役割を分担する姿が見られる。〝とても一人じゃやりきれない〟と思うほどの「しごと」をまかせられたり、ルールのある遊びに夢中になり作戦を考え合ったりする中で、5、6歳児の協同性や柔軟な思考力が発揮される。

　「自分たちの生活を自分たちでつくっていく」ためにグループをつくり、どの子にもリーダーとしての力を発揮できるように工夫された実践がある[24]。保育者から見れば「自分勝手」でトラブルが絶えないものの、遊びがおもしろいH児は子どもたちからリーダーに選ばれた。仕事をまかせられ、認められ

ることで自信をつけたH児は、みんなのためにアイデアを提案するようになった。保育者はH児の一面しか見ていなかったことに気づき、またH児も友だちの変化やいい所を見つけて伝えるようになったという。「ボス」的な子どもも、幼児なりに「リーダーの仕事」を理解して憧れをもつと、「みんなのために」「よりよい自分」になっていく努力をし始めることがわかる。

●「困る」「おかしい」気づきを「みんなの問題」に──共感・納得・合意

　筋道をつくって話そうとする子どもたちは、友だちの言ったことを、「ちがう。だって、～」「そうだよ。でも、～」と受け、テーマを保持して意見を出し合うことができてくる。よい－悪い、好き－嫌い、といった2次元的思考から、「ふつうくらい」「どっちでもない」といった「間」の世界をとらえ始め、「～～だったら、○○していいよ」「～したらいいんじゃない？」などと、対立する意見の「間」を結ぶ「第3の道」を考え出して合意する力も芽生てくる[25]。誰かが困っている問題については、その場での解決を急がず、時と場をあらためて「みんなの問題」として考え合う機会をつくり、その時どきに必要なルールを子どもたちとともに見直していくことが大切である。

　このころ、特別なニーズのある子どもに対する保育者の「配慮」が、「○ちゃんだけどうして？」という不満をもたらし、その子を挑発したりわざと保育者を困らせたりする行動を引き起こすことがある。「必要な配慮」と「特別扱い」は、その支援内容で区別することは難しく、その集団における合意の有無によって区別される。共感的理解にもとづいて、「○ちゃんに必要」な支援の方法を、子どもたちとともに考えるという指導が求められる。

〈注〉
（1）勅使千鶴『子どもの発達とあそびの指導』ひとなる書房、1999年、93頁。平井信義の述べた「指導」の考え方について検討が加えられている。
（2）白石正久『発達と指導をつむぐ──教育と療育のための試論──』全障研出版部、2014年、51頁。
（3）田中昌人『講座　発達保障への道③──発達をめぐる二つの道──』全障研出版部、1974年、170頁。復刻版（同出版部、2006年）では169頁。
（4）詳しくは、全国保育問題研究協議会編『人と生きる力を育てる──乳児期からの集

団づくり——』新読書社、2006年を参照のこと。
（5）宍戸健夫『実践の質を高める保育計画』かもがわ出版、31頁。
（6）「子どもの権利条約」第23条1項、「締約国は、精神的又は身体的な障害を有する児童が、その尊厳を確保し、<u>自立</u>を促進し及び社会への積極的な参加を容易にする条件の下で十分かつ相応な生活を享受すべきであることを認める」（下線は引用者）。
（7）服部敬子「『指導が難しい』子と『集団づくり』」渡邊保博・浅井春夫編『保育の理論と実践講座　第2巻　保育の質と保育内容——保育の専門性とは何か——』新日本出版、2009年、76-80頁で、自己信頼性の発達の層と集団の発展との関係について図示し、発達過程について詳細な説明を加えている。
（8）田中昌人・田中杉恵（有田知行：写真）『子どもの発達と診断2——乳児期後半——』大月書店、1982年、176-179頁。
（9）厚生労働省編『保育所保育指針解説書』フレーベル館、2008年、38頁。
（10）文部科学省『幼稚園教育要領解説』フレーベル館、2008年、34-35頁。
（11）田中昌人・田中杉恵（有田知行：写真）『子どもの発達と診断3——幼児期Ⅰ——』大月書店、1984年。
（12）保育計画研究会編『保育計画のつくり方・いかし方』ひとなる書房、2004年。
（13）田中・田中、前掲『子どもの発達と診断3』40-43頁。
（14）服部、前掲「『指導が難しい』子と『集団づくり』」20頁。
（15）川田学「乳幼児期の『教育』と『保育』、そして『発達』をめぐる言葉と実践について」『保育通信』2016年5月、No.733、4-9頁。
（16）実践例としては、全国幼年教育研究協議会・集団づくり部会編『支えあい育ちあう乳幼児期の集団づくり』かもがわ出版、2012年など。
（17）田中昌人・田中杉恵（有田知行：写真）『子どもの発達と診断4——幼児期Ⅱ——』大月書店、1986年、221-224頁。
（18）「二人組」については、宮里六郎『「荒れる子」「キレる子」と保育・子育て』かもがわ出版、2001年、78-79頁や、全国保育問題研究協議会編、前掲『人と生きる力を育てる』85-103頁に詳しい説明、及び実践例がある。
（19）服部敬子・高岡矩子「親密な友だち関係の質的変化と保育場面での行動制御との関係——異年齢混合クラスでトラブルが目立った子どもに焦点をあてた保育観察から——」日本発達心理学会第26回大会論文集、2015年、6-19頁。
（20）ワロン，H.著（浜田寿美男訳編）『身体・自我・社会——子どもの受けとる世界と子どもの働きかける世界』ミネルヴァ書房、1983年、240頁。
（21）服部敬子「幼児期から学童期へ——連帯する「自己」形成過程における時間・空間・

仲間——」中村隆一・渡部昭男編『人間発達研究の創出と展開——田中昌人・田中杉恵の仕事をとおして歴史をつなぐ——』群青社、2016年、131-145頁より。
(22) 同上、136-137頁。
(23) 服部敬子「5、6歳児」心理科学研究会編『育ちあう乳幼児心理学』有斐閣、183-205頁より。
(24) 野仲由布子「あこがれの年長! リーダー活動を通して育つ子どもたち」全国幼年教育研究協議会・集団づくり部会編、前掲『支えあい育ちあう乳幼児期の集団づくり』148-156頁より。
(25) 服部、前掲「5、6歳児」202-203頁に、21対1(名)の意見の対立から、互いに歩み寄って問題解決に至ったという5歳児クラスにおける民主的な話し合いの例が紹介されている。

〈推薦図書〉

心理科学研究会編『育ち合う乳幼児心理学』有斐閣、2000年。

全国保育問題研究協議会編『人と生きる力を育てる——乳児期からの集団づくり——』新読書社、2006年。

田中昌人監修「要求で育ちあう子ら」編集委員会編『近江学園の実践記録 要求で育ちあう子ら——発達保障の芽生え——』大月書店、2007年。

第2節　小学校低学年

第1項　幼・保・小の「接続」問題
　　　　──「小1プロブレム」を考える視点──

　小学校1年生が、新学期を過ぎても落ち着かず、学習が成立しない状況が1990年代後半から顕在化し、「小1プロブレム」と呼ばれるようになった。授業不成立という現象を中心として、学級が本来持っている学び・遊び・暮らしの機能が不全になっていること、および小学1年生の集団未形成の問題として捉えられる[1]。当初は、就学前教育の「自由（放任）保育」や、親の子育ての未熟さ、親の指導力不足を責める風潮があったが、これらを短絡的に主要因とするのではなく、社会の変化や就学前教育と学校教育の連携に関わる複合的で構造的な要因があると考えられるようになった。
　こうした「プロブレム」は、少なくとも次の二つの視点から考える必要がある。一つには、本来幼児期に経験し、獲得されることが望まれる力や「自立」が不十分な状態で就学を迎える子どもが増えたという視点、もう一つは、幼児期に獲得してきた力が発揮されにくい学校システムの問題という視点である。

（1）視点1：就学前教育における「育ちそびれ」
　『幼稚園教育要領解説』では、「子どもの発達と学びは連続している」ということが繰り返し強調され、幼稚園においては「小学校教育の先取りをすることではなく、就学前までの幼児期にふさわしい教育を行うことが最も肝心なことである」と明記されている。しかしながら、親のニーズや小学校からの要請に応えるというスタンスで、机に向かった学習時間を設定し、学校教育で扱う教育内容を早期から提供するなど、幼児期を「学校教育の準備期」と位置づけるような試みが少なからず行われている現状がある。こうした試みのもとでは、前節で述べてきたような幼児期固有の発達要求が実現されにくい。
　発達心理学者・神田英雄は、5歳児の言い分を全て封じ込めて規範通りにさ

せようとする保育者の対応と、その保育者を「一度ぶんなぐってみたい」と話し合っていた男児らの例を挙げて、「マイナスの規範意識が育ってしまったために、子どもたちが意図的に先生に抵抗して問題行動を起こしている」可能性について指摘した(2)。つまり、おとなとの「対等性」が「積極性を引き出す魔法の力」となる年長児は(3)、一方的に規範への従属を求める保育者にたいして敬意を抱くことができず、「教えてもらう」ことへの期待や喜びがもてないために「荒れる」ことがあるということである。

(2) 視点2：獲得されてきた力が発揮しにくい学校教育システム

　幼稚園・小学校教員と保育士が小学1年生役になり、1年生担任による授業を受けるという体験の後で、幼稚園教員と保育士から次のような意見が出された(4)。① チャイムで区切られて活動する生活への違和感、② 教師がすべてを説明しすぎ、急がせすぎ。もっと子どもの力を信じて待つべき。就学前教育で、教え合い、助け合う活動を学んできていることを活かしてほしい。③ 新入生をあまりにも「赤ちゃん扱い」しすぎ。「頼れる年長さん」であった彼らなのに、「自分たちで考えてする」経験が不足している。④ 就学前の共感的な言葉かけに対して、「学校言葉」は、評価的・指示的。

　これらの指摘は、就学前に子どもたちが獲得してきた能力や自立心が学校教育では発揮されにくいという可能性を示唆するものである。低学年を対象として行われた研究では、少人数学級のほうが通常学級よりも、教師との関係、級友との関係ともに肯定的に認知されていることが明らかにされた(5)。教師の多忙化問題と併せて早急な条件改善が求められる。

　幼児期と学童期では生活上の環境が大きく変化するが、子どもの発達過程から見ると両者は連続的である。保幼小の関係者が、子どもの発達的理解を共有しておくことが重要である。とくに、小学校教師サイドは、子どもたちがそれぞれの幼稚園や保育園において、生活経験をとおして獲得してきたもの、そしてその結果、「最上級生」として感じてきた「誇らしい自分の形成史」を理解しておきたいものである(6)。そこで、次項では就学前後の子どもたちの発達的特徴について、子どもの発達要求に着目して概観する。

第2項　小学1、2年生頃の発達的特徴
――「第3の世界」の生成と発展過程――

（1）3次元的な認識にもとづく自他理解の深まりと「教え合う」関係

　前節で述べたように、5歳なかばごろから中枢神経系や成長ホルモンの成熟などの生理的基盤の変化をもとにダイナミックな身体制御や細やかな手指操作が可能になり、時間をかけてだんだんできていく活動＝「技」への挑戦が好きになる。「間」の世界をとらえる3次元的な認識ができ始め、「だんだん」変化する中間項を順序立てる系列化操作が獲得されていく。

　さらに、異なって見える対の関係の「間」に共通性を取り出し、「違うけれど同じ」という、学童期なかばごろに獲得される「保存」概念の萌芽とも言える認識をし始める。こうした力は、なぞなぞやあてっこ遊びでも発揮され、「答え」となる事物の属性を、経験を総動員してヒントとして出し合い楽しむことができるようになる。同音異義のシャレをおもしろがり、聞き違いをして笑い合うようになるなど、新たなユーモアの発達が見られる[7]。

　「みんなと違う」友だちの特徴や特質に気づいて言及するようになるのはこうした認識力の現れでもある。タブー視するのではなく、率直な気づきを大切にして、「どうしてかな？」「○○ちゃんのお父さんの国はどういう所？」「もしも自分が～～だったら……」などと考え合うようなはたらきかけによって、異文化や障害についての理解を深める機会となる。「違うけど同じ」という認識を、子どもの関心にそって深めていくことは、「人権」を理解していく土台となる力の育成として重要であろう。

　発達心理学・障害児教育学者・田中昌人は、このような就学前後の子どもたちの姿に着目し、書きことばに代表される「新しい交流の手段」や、論理的操作を獲得していく学童期なかばの飛躍的移行をなしとげる「生後第3の新しい発達の原動力」が発生する時期と位置づける見方を独自の理論において提起した[8]。田中は、「新しい三極関係があって初めて新しい発達の力が普遍性と確かさ」を持つこと、「新しい力が誕生すると必ず二人以上にその力を発揮することによって違いを知り、違いの中で共通性を理解し、そこで自分のもってい

第7章　発達段階と生活指導の課題

る力を目覚めさせていく」ことを指摘した(9)。新たな三極関係である「教え合う」関係のもとでは、友だちができるようになることを自分のことのように喜ぶ姿が見られる(10)。友だちや自分を見る眼差しが鋭く優しくなり、以前からの変化も捉えて多面的に評価しようとし始める。これまで大人から教わってきたことを今度は教える側に替わる、異なる場面でやり方を変えてみるなど、「かえ方」の自由度を高める活動が用意され、自分たちの力を信じ期待して任せられるという教育的環境のもとで、「誰とも替えることのできない自分」を自覚していくと考えられる。

　就学をひかえて期待に不安が入り交じる年長児たちに、1年生終わり頃の子どもたちは、「漢字はちょっとむずかしいけど、○○ちゃんだったらできるよ」、「先生はおこったらこわいけど、ぼくもよくおこられるから大丈夫」、「けんかをしても、なかなおりすればいい」、「ねむくなったら、おこしてもらえばいいよ」というように、時間的にも気持ちの面でも前向きに共感的に励ましてくれる(11)。「自己の変化」について自由に書いてもらうと、「少しだけ」などと限定しつつも自己のプラス面の変化を記述するものが2年生では他の年齢よりも多く見られた(12)。他者とくらべる力が育ってくる一方で、自身の過去と今をくらべて肯定的に価値づけようとする内面を理解し、尊重したいものである。

（2）「対立を楽しむ」遊びの発展と「第3の世界」

　2歳ごろから、「ヤギとオオカミ」といった対の役割で声をかけあったり追いかけあったりする遊びを楽しむようになる。オオカミやオニにつかまるのが怖い、という子どものために、安全基地やバリアといった「約束事」を工夫する過程で、それらがある種のルールとして子どもたちに共有されるようになっていく。「追う‐逃げる」という対立関係にさまざまな条件を加えて楽しむ鬼ごっこや、ドロケイ（泥棒と警察）(13)などの作戦を考える遊びがおもしろくなる5、6歳児は夢中になって「また続きしような！」と約束を交わすようになる。

　ルールのある遊びを、「対立を楽しむ遊び」として捉え直した発達心理学者・河崎道夫は、「対立を楽しむということはある意味ではすごいこと」であり、「ケ

ンカをしながら、対立しながら鬼ごっこを楽しむ。『対立することが楽しい』、そこに喜びを感じて、喜びを伝えていくという指導のあり方が大事」であると述べる[14]。「集団でルールを守る」ことの大切さばかりが強調される時、子どもにとってそれは楽しい遊びではなくなるであろう。

毎日通う場所と家庭との「間」に、「群れになって、まわり道をし、体を寄せあい、幼い意思統一のタッチをし、理由をつけて、自由に活動を展開させる」ことができる場を「第3の世界」として保障することが、「生後第3の新しい発達の原動力」が発生、発展していく時期には必要である[15]。学童保育は「第3の世界」としてこうした自由な遊びが展開されやすい貴重な場である。学童保育の意義を再認識し、諸条件の改善が求められる。

第3項　小学校低学年における生活指導上の留意点

(1)「遊び」の意義をとらえ直す

「小1プロブレム」の要因と考えられる社会環境の変化として新保は、「遊びの3間（仲間・時間・空間）」がなくなり、異年齢での群れ遊びが乏しくなって「遊びを通して身体化される」人間関係づくりの経験が不足していることなどを指摘した[16]。教育評論家・尾木直樹は、女の子たちが幼少時にきわめて少人数の室内遊び文化の中で育つことと、思春期になって異質の集団を排除するグループ化傾向との関連を示唆した[17]。男の子らは外遊びで体を使って集団的な楽しさを追求することが多かったが、ゲーム機等の「無言の遊び文化」の中で「女の子的な」人間関係のトラブルが発生し始めたという。

物理的な時間や空間の不足に加えて、遊びの質の変化にも目を向ける必要がある。子どもどうしの遊びが長く続かず、「勝ち負けを遊べない子ども達」が増えている[18]。遊具の順番待ちなどの遊びのルールは守れても、とかく勝負がはっきりする局面になると、ルールを勝手に変更したり、負けとわかるとムキになって怒り出したり、急にやる気をなくしたりして遊びから抜けてしまう。幼い頃から勉強や習い事で他者と比べられ、叱咤激励されてきた子どもたちは、「負ける」ことで自分を否定されたような気持ちになり、勝ち負けを「遊び」と捉えることができないのではないかと見られている。

第7章　発達段階と生活指導の課題

　ヴィゴツキー（Lev S. Vygotsky）は、大人から要請されて「しなくてはならない」という形で受け容れる〈外的ルール〉と「子ども自身によって確立される」子どもの内的欲求にもとづく〈内的ルール〉とを区別し、ルールを自らのものとするような能動的な態度、つまり〈内的ルール〉によって遊びは成り立っていると考えた。〈内的ルール〉を守ることは、「直接的衝動よりも大きな、遊びによる楽しみを約束する」ものであるために、「子どもの自己制御の最大の力は遊びの中で発生する」、「遊びは最近接発達領域を産出する」「遊びの中で子どもはいつも、自分の平均年齢期よりも上位におり、自分の普段の日常的行為よりも上位にいる」との考えを示した[19]。また、アイデンティティの発達理論を構築した発達心理学者・エリクソン（Erik H. Erikson）は、幼児期の"playfulness"は、「他の人々と共有しあう世界」への到達を意味し、人工的な現実で遊ぶ大人とは異なる価値があると考えた[20]。

　しかしながら、幼年期から受験競争へと駆り立てられる子どもたちにとっては、「勉強がしごと」となり、「遊び」は大量生産され、買われ、消費される「休息」という位置づけしか与えられなくなる[21]。幼児教育と学校教育での「子どもの学びの連続性を確保する」という観点から、遊びに「学び」の要素を見出し、学びに「遊び」の要素を取り入れようとする発想が散見されるが、遊びの本質的な楽しさが失われていないかが懸念されるところである。

　いま一度、子どもたちが〈内的ルール〉によって楽しみ方を自分たちで創りながら遊びに夢中になることの意義を再認識したい。勝負を競うスポーツの前段階として、低学年期においては「対立を遊ぶ」ことのできる「なかよし」関係を育むことが必要であろう。小学生が「やさしくてユーモアがあり一緒に遊んでくれる親和的な」教員を好むのは、ユーモアや遊びが幼児期から連続する子どもたちの発達要求であるからだと考えられる[22]。

　自然の遊び場をめぐって、校長先生と小学生が遊びの技で対決を重ねる姿を描いた『びゅんびゅんごまがまわったら』という絵本がある[23]。遊びやルール、「集団づくり」という観点から、生活指導の真髄に迫る絵本とも言える。学校生活における長短・広狭さまざまな時間・空間を活用し、その場その場で子どもの心の動きに合わせて遊びの喜びを伝えていくという指導が望まれる。

(2)「くらべる」力を共感的な関係づくりに活かす

　就学前から他者の行動をよく見て模倣したり、外表的な特徴を比較したりし始める。2年生ごろまでの子どもの行う比較では、他者との「類似性」の発見によって親密な関係をつくりあげたり維持したりしようとする。2年生以降、自己評価をする手がかりとして比較を行うようになり、「優位性」に注目するようにもなる[24]。「他者とくらべる」ことの意味が質的に変わり始め、一元的な評価で優劣が強調されるような環境におかれると、自分の優位性を確保したいという要求によって、他者をおとしめようとする行動も起こりうる。

　一方で、6歳ごろから自他の変化や多面性、多価性の理解にもとづく「自己形成視」をし始め、学童期なかばにかけて、自分と他者、過去と現在、長所と短所などをさまざまにくらべ合わせながら、客観的に自分を見つめようとする「集団的自己」が形成されていく[25]。この頃から、自己価値を求め、自分の「独自性」を「みんな」の中で実感したいと願うようになる。

　2年生の担任であった岩谷啓子は、「毎朝の詩」として、一人ずつ交代で、前日の放課後、黒板に自分の好きなことを書くことにし、翌朝はまず一番にこの詩をみんなで読み合うという取り組みを行った[26]。3学期から転入してきたハルナが初めて書いたのは、「おとな」という題の詩だった。「お母さんとお父さんは毎日夜おそくまでおきているときどきおかしを食べているわたしもおとなになったら夜おそくまでおきていていいのかな？」

　この詩について、クラスの子どもたちはいつもにもまして活発に感想を出し合った。「おとなになったら／夜おそくまでおきていていいのかな？　というのが、おもしろいね」、「お母さんたちいいなって思ってることが、ここでわかるよ」、「どうしてお母さんたちが、おかし食べてるってわかったの？」――ハルナ「10時ごろ目がさめて、トイレに行ったとき、のぞいたの」、「そのとき、はるなちゃんもいっしょに食べたの？」、「うちのお父さんとお母さんも、そういうことあるんだよ。つぎの日、バナナのかわとかのこってるんだもん」。

　ハルナの家での生活を垣間見て子どもたちはそれぞれの経験を出し合っている。転入生で話し方が「違う」ハルナだけど、うちと「同じ」だ、ぼくもそう思う……と、共感的な意見交流が続いた。会話の中ではさらりと流れがちな言

葉も、文字にすることであらためてその意味をと捉えなおすことができる。

「くらべる」という言葉には、差異や優劣を調べる、優劣を競う、といった意味のほかに、「心を通わせ合う」という意味もある。文字に表れた友だちの内面を感じとりながら、読みあったものどうしで共感の輪を広げていく。「違うけれど同じ」という本質を認識し始める時期であることから、「同じことを体験しても、でき方や感じ方はみんな少しずつちがう」、「違うようにやってみたけど、同じことができた」というように、お互いの違いを認め合いながら一歩深いところの共通性を見出して共感し合い、自分の持ち味を発見していけるような取り組みが求められる。

（3）自分たちの生活を自分たちでつくっていく努力を喜びに

最後に、「幼児期の課題を多く積み残した」子どもたちが多くいる小1クラスを担当した船越貴子の実践をもとに[27]、本節で述べてきた生活指導上の留意点がどのように具体化されうるのかを検討してみたい。

この実践では、厳しい家庭環境の中で育てられたＣ男にまずスポットライトが当てられた。入学直後からウロウロし、言葉も乱暴で頻繁に友だちに嫌がらせをするＣ男は身体も大きく、他の子どもには威圧的で脅威に感じられていた。一方で、担任には甘えた声でよく話しかけ、かまってもらいたがる子どもであった。船越は、他の子に伝わりにくいＣ男の「つもり」を丁寧に読みとり代弁することで、Ｃ男のもつ優しい面に周りの子どもが気づけるよう心がけた。そうした日常的な配慮に加えて次のような取り組みが試みられた。

●Ｃ男の家庭文化をみんなで共有する

耳の不自由な家族と手話でコミュニケーションしているＣ男を、集会活動の際に「先生役」にして活躍できる場とした。Ｃ男の「生活」の歴史を踏まえて、話しことば以外の伝達・表現手段を共有するという取り組みは、異なる生活文化への敬意や多様な価値観を育てながら多面的に互いを認め合うという関係づくりに寄与したと考えられる。

●「花マル」やクイズ形式で認め合う

子どもたちの「感動的な」やさしさやがんばりに注目し、黒板に赤チョーク

でグルグルと花マルを書いていくことにした。子どもたちはとても喜び、「これはU君が＊＊した時の花マル」と、一つひとつの花マルの意味を驚くほどよく覚えていたという。さらに花マルが10個たまったらみんなで1時間シャボン玉遊びをする会が企画された。すると、その後、子どもたちから「20個たまったらまたなんかしよう」という意見が出され、「おばけやしき！」と全員一致で決まった。

　また、帰りがけに毎日、「今日、〜〜した人は誰でしょう」とたずねてその日の出来事を振り返る「1年1組クイズ」が出された。自分が答えになるような問題を楽しみにしていた子どもたちは次に、係活動として自分たちで「なかよしクイズ」をつくり始めた。

　これらの取り組みに通底するのは、一人ひとりの子どもの良さを教師が認めるだけでなく、「みんなの喜び」にしたい、子どもどうしが認め合う関係をつくりたいという願いである。実際、友だちのことをよく見るようになった子どもたちは、教師が一手に担っていた「子どもどうしをつなぐ」役割を少しずつ担うようになっていった。一緒に「遊ぶ」楽しさ、喜びが高まって、「子どもたちから」「自分たちで」それを引き継ぎ発展させるような力を見せたと考えられる。さらに、「こけたけど、最後まで走った人」、「国語で、おもしろいパンツの話をしてくれた人」といったクイズ問題は、ものごとを多面的、多価的にとらえてユーモアがわかり始める子どもたちの心に響いたであろう。

●ストーリーでつながったグループ

　図工で、「自分の夢の部屋づくり」という題材がある。一人ひとりの作品として完結させるのではなく、それぞれ、自分たちでストーリーを作りながら部屋どうしが自然発生的につながって「町」になっていったという。親密な他者に「物語る」ことを通して書きことばの土台を築いていく時期の子どもたちである。「友だちのを見てばかりいないで」「おしゃべりしないでしっかり自分の部屋を作りあげなさい」という言葉かけのもとでは「町」はうまれなかったにちがいない。「自分たちの町」を作っていくという活動を通して自然につながっていったグループは、真の意味で子どもたちの居場所となるグループとなったという。

第7章　発達段階と生活指導の課題

●花マル20個、集大成としてのおばけやしき

　2月初め、ついに、花マルが20個たまった。大張り切りの1年生の子どもたちができる内容のおばけやしきをどう作っていくか、頭を悩ませながら子どもたちと一緒に活動を進めていった。22名のクラスということで「22ゴーストランド」という名前に決まったおばけやしきをした後の子どもたちの感想の一部を紹介する。

　「22ゴーストランドは、じぶんたちでつくった、とっておきのおばけやしきです。おばけをつくったのもじぶんたち、へやをくらくしたのもじぶんたちです。」「……ぼくの一ばんの思い出です。みんなが、力をあわせてしたからです。本とうの思い出は、じぶんでつくるものです。みんな、いっしょうけんめいしました。つくるのはとてもきつかったです。でも、みんな、よろこんでつくりました。」「……しているとき、私は、Nちゃんからおこられたりほめられたりしました。わたしも、Nちゃんをおこったりほめたりしました。」

　これらの感想からは、子どもたちが「自分たちで」「みんなが力をあわせて」、互いに感情をぶつけて認め合いながら、きつい作業を一生懸命にやった、という達成感と自負、喜びが伝わってくる。あらかじめ決められた学校行事ではなく、自分たちが内容を決め、自分たちの日々の生活の積み重ねでその時期が決まるという見通しのある楽しみは、時間の認識スパンが広がる時期の子ども達の心を一つにしたと考えられる。C男に焦点を合わせつつ、他のすべての子どもたちにとっても喜びにつながるインクルーシブ（包摂的）な観点をもった一連の指導によって、それぞれの子どもの「居場所」となる集団がつくられていった。その過程でC男と他児らの関係が対等になり、C男自身も少しずつ変化していった。

　「学習は努力なのだ。そして、その努力が喜びであるようにするのが指導なのだ」と、教育学者・勝田守一は述べた[28]。「自分たちの生活を自分たちでつくっていく」ことはやはり、生やさしいものではなく、努力を伴なう。しかし、その努力が喜びであるようにするのが「生活指導」であると言えよう。

〈注〉
（1）新保真紀子『小1プロブレムの予防とスタートカリキュラム――就学前教育と学校教育の学びをつなぐ――』明治図書、2010年。
（2）神田英雄『続・保育に悩んだときに読む本――発達のドラマと実践の手だて――』ひとなる書房、2013年、112-113頁。
（3）加用文男『「遊びの保育」の必須アイテム――保育のなかの遊び論 Part 2――』ひとなる書房、2015年、91頁。
（4）新保、前掲『小1プロブレムの予防とスタートカリキュラム』26-27頁。
（5）大久保智生・馬場園陽一・宮前淳子・高尾明博・田﨑伸一郎・有馬道久「学級規模が児童の学級適応に及ぼす影響（3）――少人数学級と通常学級に在籍する児童の保護者を対象に――」『香川大学教育実践総合研究』17、2008年、75-80頁。
　　図は、宍戸健夫・村上裕一編『保育計画の考え方、作り方』あゆみ出版、1992年。説明については、宍戸健夫『実践の質を高める保育計画』かもがわ出版、31頁を参考にした。
（6）木下孝司「1年生‐2年生」心理科学研究会編『小学生の生活とこころの発達』有斐閣、2009年、50頁。
（7）マッギー，P. E.（島津一夫監訳・石川直宏訳）『子どものユーモア――その起源と発達――』清信書房、1999年、156-178頁、及び、服部敬子「5、6歳児」心理科学研究会編『育ちあう乳幼児心理学』有斐閣、183-205頁より。
（8）田中昌人『人間発達の理論』青木書店、1987年。
（9）京都教職員組合養護教員部編『田中昌人講演記録――子どもの発達と健康教育④――』クリエイツかもがわ、1988年、46-47頁。
（10）子安増生・服部敬子・郷式徹『幼児が「心」に出会うとき――発達心理学から見た縦割り保育――』有斐閣、2000年。
（11）服部敬子「成長の実感・成長への期待」高木和子編著『小学2年生の心理』大日本図書、2000年、72-104頁。
（12）服部敬子「幼児期〜学童期における『自己』形成過程――自己の変化の認識と『3つのねがい』質問の結果から――」『日本応用心理学会第66回大会発表論文集』1999年、93頁。
（13）全国的にさまざまな呼称で親しまれる遊びで、「ケイドロ」（警察と泥棒）、「ドロジュン」（泥棒と巡査）、「タンドロ」（探偵と泥棒）、「助けオニ」といった呼び方がある。
（14）河崎道夫『あそびのちから』ひとなる書房、2008年、150頁。
（15）田中昌人・田中杉恵（有田知行：写真）『子どもの発達と診断3　幼児期Ⅰ』大月書店、

1984年、10-14頁。
(16) 新保、前掲『小1プロブレムの予防とスタートカリキュラム』9頁。
(17) 尾木直樹『少女反抗期』学陽書房、1991年、43-44頁。
(18) 麻生奈央子「勝ち負けを遊べない子ども」神谷栄司編『子どもは遊べ（？）なくなったのか──「気になる子ども」とヴィゴツキー＝スピノザ遊び理論──』三学出版、2011年、1-48頁。
(19) 堀村志をり「ヴィゴツキー＝スピノザ遊び理論の原理的考察」神谷、同上書、207-215頁。
(20) エリクソン，E. H.（小此木啓吾訳編）『自我同一性──アイデンティティとライフサイクル──』誠信書房、1973年、105頁。
(21) 河崎、前掲『あそびのちから』141頁。
(22) 瀧野揚三「中学生の教師認知に関する研究」『大阪教育大学紀要　第Ⅴ部門』第43巻第2号、1995年、203-211頁での研究レビューによる。
(23) 宮川ひろ（作）・林明子（絵）『びゅんびゅんごまがまわったら』童心社、1982年。
(24) 高田利武『他者と比べる自分』サイエンス社、1992年（新版は2011年）。
(25) 服部敬子「幼児期から学童期へ──連帯する「自己」形成過程における時間・空間・仲間──」中村隆一・渡部昭男編『人間発達研究の創出と展開──田中昌人・田中杉恵の仕事をとおして歴史をつなぐ──』群青社、2016年、131-145頁。
(26) 岩谷啓子「二年生　みんなで読みあってこそねうちもあがる──その子に注目！──」日本作文の会編『作文と教育』百合出版、1998年2月、86-89頁。この実践については、服部、前掲「成長の実感・成長への期待」においても紹介している。
(27) 船越貴子「花マル大作戦──C男の成長と子ども集団づくり──」楠凡之『気になる子ども気になる保護者』かもがわ出版、2005年、85-101頁。
(28) 勝田守一『能力と発達と学習』国土社、1990年、154頁。

〈推薦図書〉
心理科学研究会編『小学生の生活とこころの発達』有斐閣、2009年。
高木和子編『小学一年生の心理』『小学二年生の心理』大日本図書、2000年。
河崎道夫『あそびのちから』ひとなる書房、2008年。

第3節　小学校中学年

　この節ではまず、小学校中学年の発達的特徴を「9、10歳の発達の質的転換期」に視点をあてて整理し、この時期の生活指導実践の課題を整理したい。

第1項　小学校中学年の発達的特徴
　　　──「9、10歳の発達の質的転換期」に視点を当てて──

　通常の場合、小学校中学年はいわゆる「9、10歳の発達の質的転換期」への飛躍的移行が成し遂げられていく時期であるとされてきた。田中昌人は、通常の場合、9、10歳頃に、発達の諸局面において変換可逆操作の階層への飛躍的移行が成し遂げられるとした(1)。ここではこの時期の発達的特徴をいくつかの観点から整理していきたい(2)。

（1）「意味」や「関係」を保存しながら変換（「置換」）する操作の獲得
　算数を例にとって考えると、たとえば、「3メートルは何センチメートルですか？」、「240センチメートルは何メートルですか？」という課題で、「1メートル＝100センチメートル」という関係を「保存」しながら、メートルからセンチメートルにも、逆に、センチメートルからメートルにも変換することができるようになる。すなわち、関係を「保存」しつつ、どちらの方向にも「変換」する操作が可能になるのである。
　あるいは、「粉ミルク、スプーン1杯で20ccのミルクが作れる」とすると、「120ccのミルクをつくるにはミルクを何杯いれたらいいですか？」というような課題でも、スプーン1杯＝20ccという関係を「保存」しながら計算することができるようになる。
　また、この時期は意味を「保存」したまま、他のものに「置き換える」（置換）操作が獲得される時期である。たとえば、社会科の地図の学習などでは、小中学校を「文」、郵便局を「〒」で表現したり、逆に、そのような記号の意味を読み取ったりというように、意味を「保存」しながら記号に置き換える力、記

号の意味を読み取る力もこの時期に獲得されていく力である。

（2）上位概念・下位概念の理解

　通常の場合、9、10歳頃になると、上位概念と下位概念の関係が理解できるようになってくる。たとえば、新版K式発達検査[3]の課題の「船と自動車はどこが似ていますか」という質問では、この二つは形態的には全く似ていないが、どちらも「乗り物」であり、「乗り物」という上位概念の中に含まれる下位概念として理解できるようになってくる。また、「鉄と銅はどこが似ていますか」という課題も、それを「どちらも金属（金物）である」というような上位概念で捉えられるようになっていく。

　このように、複数の下位概念をまとめる上位概念を導き出すだけでなく、逆に、「乗り物の種類を言ってください」と言われて、「船、自動車、飛行機……」というように、それに属する下位概念を導き出してくることも可能になる。このように上位概念と下位概念の相互関係を理解し、どちらからどちらにも変換できる力が獲得されてくるのである。

（3）視点や関係の二方向的・相互的な理解

　7歳頃の子どもたちの場合、まだ、物語の登場人物の関係を二方向的、相互的に考えることは困難である。たとえば、「トムとジェリー」のビデオを見せたとき、7歳頃の子どもの多くは、登場人物の一方の視点に立ってストーリーを見ている。したがって、ジェリーのいたずらに腹を立てて、毒薬を作ってジェリーを殺そうとしたトムが逆にジェリーにさんざんやっつけられるストーリーをとても楽しんで見ることができる。ところが、9、10歳頃になると、このストーリーを複雑な表情を浮かべて見る子どもが出てくる。

　たとえば、「そりゃあ、トムも悪いと思うけど、最初にいたずらしたのはジェリーの方なのに、トムをあそこまでやっつけるのはちょっとトムが可愛そう」というように、ジェリーの視点だけでなく、トムの視点も考慮しながら考えることができるようになってくるのである。

　また、「友達同士がけんかになるのはどういう時？」という質問に対して、

7歳頃の子どもは「いじわるされたとき」、「おもちゃを貸してくれなかったとき」というように、一方の他方に対する否定的な働きかけが原因であると考えているのに対して、9、10歳頃になると、「自分の意見と友達の意見が合わず、言い合いになっちゃったら」というように、自分の視点と相手の視点とを相互的に関係づけてケンカの原因を理解することが可能になってくる。

　そして、このような複数の視点から考えていける力は、登場人物の内面理解などにも大きな変化をもたらしてくる。たとえば、「自分の可愛がっていた子犬が死んでしまって悲しんでいる友達がいて、その友達は、『子犬を見ると死んだ子犬のことを思い出してとても悲しい気持ちになる』と話しています。その友達の誕生日に子犬をプレゼントしたら、その子はどんな気持ちになるかな」と子どもに尋ねると、7歳頃の子どもの場合、「子犬をプレゼントしてもらってうれしい」と答えるか、「死んだ子犬のことを思い出すからかなしい」と答えるか、いずれかの答えになることが多い。しかし、9、10歳頃になると、たとえば、「新しい子犬をもらってうれしい気持ちと、前の子犬のことを思い出してかなしい気持ちがごっちゃになっている。だからフツウの気持ち」[4]という答えに見られるように、心の中に複数の感情（視点）が存在することが理解できるようになってくるのである。

（4）目標や全体の枠を意識した計画性の獲得

　低学年の子どもでも、具体的な計画を立てること自体はできるが、必ずしも全体の枠（たとえば、夕食の材料費の上限や一日の遠足の時間）を適切に捉えておらず、実現不可能な計画になってしまうこともしばしばである。

　それに対して、9、10歳頃になると、全体の目標や枠組みを捉え、それを意識しながら、計画を立てることができるようになってくる。たとえば、「夕食の材料費は1,000円以内」「1ヶ月のお小遣いが600円」という全体の枠を意識しながら、使用計画を考えることが可能になってくる。あるいは遠足の計画などでも、「9時に出発して、16時には学校に帰ってこなければならないので、全体の時間は7時間」というように、全体の枠を意識しながら、行くまでの時間、目的地での滞在時間、帰るための時間、などを考えた計画を立てることも

可能になってくる。もちろん、電車で目的地に行くまでの時間や目的地での滞在時間は計算できていても、途中の休憩時間が考慮されていない、というように現実には実現困難な計画になることもあるが、この「全体の枠を意識して計画を立てる力」は、小学校中学年の子どもたちの自治の力を支える重要な発達的な基盤であると考えられる。

(5)「集団的自己」の誕生

このような発達的な力を基盤にしつつ、この時期、子ども集団にも大きな変化が表れてくる。通常の場合、小学校中学年の時期はかつてはギャングエイジとも呼ばれ、仲間集団で徒党を組み、仲間の掟や「秘密の世界」を創造していく時期であった。この時期、「我々意識」(we-feeling)が強まり、お楽しみ会や遠足の計画などの際にも、「大人の手を借りずに自分たちの手でやりとげたい」という意欲が育まれていく。このような特徴をとらえて、田中はこの時期を「集団的自己」の誕生の時期とした[5]。そして、自分たちで一つの取り組みをやり遂げた時には「自分たちの力でやれたんだ」という集団的な「自己効力感」を育んでいくのである。

それと同時に、この「自分たちが……」という我々意識の強まりは集団のウチとソトの意識を強め、グループ間の集団的対立に発展したり、発達障害の子どもなどへの「異質性の排除」としてのいじめを生み出す危険性を高める点には留意する必要があるであろう。

発達心理学者・別府哲も、「9、10歳の節を越える時期の子どもは子ども集団を形成するが、一方その集団は『同化・排除』の論理を強く持ちやすい」と指摘している[6]。たとえば、次の学生のレポートに見られるようないじめは[7]、この時期に頻繁に見られるものであろう。

> 小学校中学年まで同じクラスだったS君は明るく活発、口も達者でクラスのムードメーカー的な存在でした。しかし、中学年になって彼の容姿（小太りで肌が浅黒かった）を理由に女子を中心に彼を避けるようになり、彼が触ったものには絶対に手を触れず、彼が座った椅子をティッシュで拭き、彼と少しでも体が接触し

ようものなら「汚い」と言って他の人に次々とタッチしていきました。当時女子の中には「彼は不潔で汚い」という統一見解があったので、私もごく当たり前のようにそういったいじめに加担していました。
　そのような中でも彼は特に変わった様子もなく、私たちは「彼が傷ついている」ことにすら気付かずにいました。そんなある日、女子数人で彼の悪口を話していると、彼が突然現れ、襲いかかってきました。私たちは驚いて別々の方向に逃げましたが、彼は今まで見たことがないほど怖い顔をして追いかけてきました。私は一人で女子トイレに駆け込みましたが、ドアがものすごい勢いで開けられ、彼からお腹を一発強く殴られました。彼はそのまま何も言わずに出て行き、私はその痛みでしばらくその場を動けませんでした。心配して様子を見に来た友人たちは「信じられない」「何て酷い奴だ」と騒ぎ始め、最初はただ恐怖で呆然としていた私も段々腹が立ってきて、みんなで担任の先生にそのことを伝えに行きました。その日の帰りの会で、先生は「女の子のお腹を殴るなんて最低のことだよ」とS君を責め、彼はずっとうつむいたまま何も言いませんでした。私はそんな彼を見て「いい気味だ」と思ったし、悪を打ちのめした正義のヒーローにでもなった気さえしていました。でもあれは彼がため込んでいた辛い気持ちが爆発した結果だったと今になって思います。身勝手な理由でS君を傷つけ続けた私たちと、誰にも理解してもらえない自分の感情を暴力でしか表現できなかった彼と、「暴力を振るった」という表面的な行動だけを見て彼を悪者扱いした先生。思い出しただけでもS君に申し訳ない気持ちでいっぱいになります。噂によると彼は高校を中退してしまったそうです。私たちがあんなことをしていなければ彼はもう少し違った人生を送っていたのかな、と思うと胸が痛みます。

　このような「異質性の排除」としてのいじめは、9、10歳頃に急激に増加していく。しかも、このようないじめは、少年期の潜在的な力を開花し、展開していけるような豊かな活動の機会を奪われていく時には一層激しくなるだけに、多様なかたちで子どもたちが潜在的な力を発揮できる自治活動を展開できるように援助していくことが極めて重要になってくるのである。

第2項　小学校中学年の子どもたちへの生活指導の課題

(1)「集団的自己」を育むための自治活動の保障

　既に述べたように、この時期は「集団的自己」が誕生し、自分たちの手で集

団を自治的に運営していく意欲と能力が育まれていく時期である。
　しかし、子どもたちの放課後の生活世界が塾やおけいこ事、スポーツ少年団等々のかたちで大人によって管理・統制される世界になってきていることも否定できない現実であろう。それだけに、意図的な指導によって子どもたちの自治的な活動を保障し、中学年の子どもたちの潜在的な力を開花し、展開できる場を積極的に創造していくことが今、求められている。
　その際には、様々な行事や取り組みをできるだけ子どもたち自身の手で企画・運営していく機会を保障していくことが大切であろう。もちろん、実際にやってみると、考慮されていない視点があって計画通りにいかないこともあるが、大人が子どもの立てた計画の問題点を事前に指摘して一方的に修正させたりすることは極力避けなければならない。子どもたちが自分自身で主体的に計画を立て、実行するからこそ、自分の立てた計画の問題点に気づき、そこでの失敗と反省を次の計画の時に生かしていくことができるからである。
　ここでは、学童保育指導員・三浦幹子の「秘密基地づくり」の実践を紹介してみたい。

　　4年生の子どもたちに「秘密基地づくり」を指導員が提案すると、子どもたちはわくわくした様子で「いいね！」「ツリーハウスがいい！」などと言いながら乗ってきた。「体育館みたいになったー」と笑いながら見せてくれた設計図はずいぶん豪華な基地で、中には電気までひかれ、机や座布団も描かれていた。当然、この計画通りにいかないことは大人には一目瞭然であるが、三浦は、「その通りにいかなくても、子どもたちはその都度考えていくだろう」と考えてあえて口出しせず、基地作りが始まった。
　　材料集めでは保護者の方からたくさんの板や木切れが集まり、子どもたちは土台作り、板洗い、ヤスリかけなどの基礎作業に熱心に取り組んだ。
　　いよいよ建物の製作に入り、子どもたちはカナヅチやノコギリも使い、ドライバーがなくてネジが入らなくても「カナヅチで無理やり叩き込もうやー」など、大人の手を借りずに自分たちの手でどうにかしよう、何とかなるさという楽天的精神で活動していく。もちろん、ドアを取り付けたら屋根よりも高いドアで開けられない、土台が甘く、基地がすぐに傾いたり等々、問題は次々と生じてくるが、

それらの問題に対して子どもたちはみんなで知恵をしぼって対策を考え、基地づくりに粘り強く取り組んでいった[8]。

このような子どもたちが主体となった活動こそが、中学年の子どもたちの潜在的な力を最大限に開花・展開させるものであり、この時期に誕生した「集団的自己」をさらに豊かに育んでいくものとなるのである。

（2）一つの活動への「同化」ではなく、多様な活動を保障すること

一つの活動に子どもたちを「同化」させるのではなく、自分の興味・関心を生かした多様な活動への参加の機会を保障していくことも大切である。

今日、小学校中学年の時期に、学級内クラブ、〇〇係など、子どもたちが多様なクラブや自主的な係を立ち上げ、自分たちでルールを作り、活動していく取り組みが行われている。

ここでは小学校教諭の佐々木健の3年生の取り組みを紹介したい。

> クラスには4つのクラブがある。出入り自由・いくつ入ってもよい。3人集まれば自由に新しいクラブが作れる。教室中にべたべたと自分たちの描いたイラストを貼り続ける「デコクラブ」。朝の歌や誕生日会の歌を担当する「シングソングクラブ」、カエル・トカゲ・カメなどマニアックな「生き物クラブ」、誕生日会やクラス遊びを企画する「遊びクラブ」。
> 竜太［自閉症スペクトラム障害の傾向をもつ児童］は「遊びクラブ」に入る。彼は図書室のゲーム本を読みあさり、クラス遊びを考える。今までにやったことのない企画を竜太がもってくるので、クラス遊びは盛り上がる。運動会の紅白玉を使っての雪合戦。頭に風船をつけてのチャンバラ合戦、近所の竹林から竹をきっての竹細工。一カ月の間、教室内は竹だらけになってしまった[9]。

このような多様なクラブの活動が展開することで、竜太のような特定の事柄への強い興味・関心を持つ発達障害の傾向がある子どもにも活躍の場が築かれていくのである。このようにして、学級の中に多様な活動があり、子どもたちが主体的に参加して、その中で仲間集団から肯定的に評価されていくことが大

切であろう。そのことが他者への一面的理解に基づく「異質性の排除」としてのいじめを乗り越えていくことにもつながっていくのである。

（3）活動の中で生じる対立を子どもたちが自治的に解決していく取組みを

9、10歳頃がお互いの視点を相互的に考慮して問題を解決する力が生まれてくる時期であることは先に指摘した。しかし、現実の対立の場面で冷静に考えることはなかなか困難であり、それ以前の一方向的な関係理解に戻ってしまうこともしばしばである。

また、今日、集団遊びや、仲間集団で共同する活動を展開していく機会が減少していることも、子ども同士の対立を自治的に解決していく力の獲得を一層困難にしているのではないか。それだけに、活動の中で生じてくるトラブルを否定的に捉えるのではなく、子どもたちの「発達の契機」として積極的に捉え、子どもたちがお互いの意見や思いを受けとめ、尊重したかたちで問題解決をはかっていけるように丁寧に援助していくことが重要であろう。

たとえば、対立が生じた時、両者の思い（視点）を理解しやすいように、黒板やホワイトボードなどにお互いの発言や行為などを記述しながら一緒に考える方法や、ロールプレイなどのかたちで実際に「再演」していく方法なども相互的な関係理解の力を育む上では重要になってくるであろう[10]。

このようにして、一緒に黒板やホワイトボードを眺めていきながら、お互いの思いや気持ちを読みとり、「こういう思いだったんだよね」、「本当はこうしたかったんだよね」というように言語化して理解し合っていく体験を積み重ねていくことが、お互いの視点を考量しながら問題解決の方法を考える力を育むことにつながっていくのである。

（4）いじめや暴力事件などを他者の思いを理解し、尊重する契機にしていくこと

第1項の（5）では、いじめ問題に関する学生の体験レポート（171-172頁）を紹介した。この事例では、S君の暴力の背後にあったS君の思いを担任がまったく理解しないまま、S君の行為を一方的に非難するという一方向的な指導に

陥ってしまっていた点に大きな問題が存在していた。

それでは、この事例ではどのような指導が求められていたのだろうか。

まず、事件の経緯を時系列に沿って細かく聴きとっていく必要があった。そうすれば、S君の暴力行為の前に、女子たちのS君への悪口とそれによるS君の傷つきや悲しみの感情が明らかにされたであろう。その結果、この暴力事件がS君の女児への一方的な暴力行為としてではなく、両者の相互的な関わりの中で生じた問題としてとらえることが可能になり、女子児童たちにもこれまでのS君に対するいじめ行為への深い反省を促す契機になったであろう。

ちなみに、ピアジェはこの時期に個人相互の関係において「相互尊敬（mutual respect）の原理」が実現されるとしている[11]。この原理の実現こそが、この時期の社会性の中心的な課題の一つである。いじめや暴力事件への指導に関しても、その行動の背後にあるお互いの思いを適切に理解し、応答しあうことを通じて両者の間に「相互尊敬の原理」を実現していくことができれば、子どもたちの重要な発達の契機になるものであろう。

〈注〉

（１）田中昌人『人間発達の理論』青木書店、1987年、83-86頁

（２）この時期の発達的特徴については、楠凡之「七〜九・十歳の発達の質的転換期」白石正久・恵理子編『教育と保育のための発達診断』全障研出版部、2009年、159-177頁を参照。

（３）新版K式発達検査は、京都市児童院が開発した標準化された検査であり、乳幼児や児童の発達の状態を知的能力だけではなく、身体運動能力や社会性の発達なども含めて、発達水準を測定する検査である。1983年に『新版K式発達検査増補版』が刊行され、さらに、2001年に「新版K式発達検査2001」が刊行されている。

この検査は、乳幼児や児童の発達の状態を、「姿勢・運動」（P−M）、「認知・適応」（C−A）、「言語・社会」（L−S）の3領域から評価しており、3歳以上では「認知・適応」面、「言語・社会」面に検査の重点が置かれ、その子どもの現在の発達年齢（DA）や発達指数（DQ）（発達年齢を生活年齢で割り、100をかけたもの）を算出することができる。

新版K式検査では、各項目の通過状況などを通して、たとえば、1歳半や4歳、そして、本節で紹介した「9、10歳の発達の質的転換期」の達成状況なども診断するこ

とができる。また、その子どもの全体的な発達状況だけでなく、発達の諸領域の不均衡さなどをアセスメントし、そこから教育的援助の課題を捉えることができるため、先進的な乳幼児健診の取り組みなどを進めてきた自治体の健診などでも多く用いられている。
（4）ここでの「フツウの気持ち」というのは通常の日本語では用いられない表現である。9、10歳頃の発達段階では、心の中の複数の感情の存在は理解できても、心の中で相異なる感情が葛藤している状態を理解することは困難であるため、二つの感情を量的に足し合わせて捉えた結果、「フツウの気持ち」という表現が用いられたのではないかと筆者は推測している。ちなみに、心の中での相矛盾する感情の葛藤が理解されるのは通常の場合、11、12歳頃の時期であると考えられる。
（5）田中昌人『人間発達の理論』青木書店、1987年、144頁。
（6）別府哲・小島道生『「自尊心」を大切にした高機能自閉症の理解と支援』有斐閣、2010年、157頁。
（7）楠凡之『虐待・いじめ　悲しみから希望へ――今、私たちにできること――』高文研、2013年、139-141頁。
（8）三浦幹子の秘密基地づくりの実践については、福岡県の放課後児童支援員研修会の科目⑨の講座レジュメの中で筆者が紹介したものであり、未公刊である。
（9）佐々木健「にじ色のクレヨンたち――竜太との一年――」『生活指導』明治図書、2010年3月号、13頁。
（10）楠凡之『自閉症スペクトラム障害の子どもへの発達援助と学級づくり』高文研、2012年、142-143頁。
（11）ピアジェ，J.（滝沢武久訳）『思考の心理学』（新装版）みすず書房、1999年、75-82頁

〈推薦図書〉
楠凡之『自閉症スペクトラム障害の子どもへの発達援助と学級づくり』高文研、2012年。
白石正久・恵理子編『教育と保育のための発達診断』全障研出版部、2009年。
脇中起余子『「9歳の壁」を越えるために――生活言語から学習言語への移行を考える――』北大路書房、2013年。

第4節　小学校高学年

第1項　小学校5、6年生頃の発達的特徴

（1）実質的平等を理解できる能力の獲得

　心理学者・ピアジェ（Jean Piaget）はこの時期を形式的操作が獲得される時期であるとし、たとえば、天秤課題において距離（L）と重さ（W）を掛け合わせて釣り合わせる操作が可能になっていくとしている[1]（たとえば、30（cm）×100（g）＝10（cm）×300（g））。このような論理操作能力の発達を基盤としつつ、それ以前の形式的平等の段階を超えて、実質的平等の理解が可能になっていく。たとえば、家庭的に非常に困難な状況にある子ども、あるいは障害をもつ子どもが一つの課題をやり遂げたとき、それは他の子どもたちが三つの課題をやり遂げたのと同じぐらいの値打ちがある、というように、その個人の状況やハンディキャップを考慮したかたちでの平等を考えることもできるようになってくる。

　このような力が、低学年の子どもや障害を持つ子どももその能力に応じて平等に参加できる遊びのルールや方法を考案する力（たとえば、野球で、低学年の子どもはバットを10回振るまで三振はとらないなど）にもなっていく。

（2）主として同性の友人との間での親密な友情の形成

　精神科医・サリバン（Harry S. Sullivan）は前青春期（preadolescence）は他者の喜びや悲しみを自らの喜びや悲しみと同等の価値を持つものとして感じられる「愛」の能力が作られる時期であるとし、これを「前青春期の静かな奇跡」と呼んだ[2]。この時期の親密な友情は、子どもたちが家族やその他の関係の中で体験してきた傷つきや悲しみをも癒し得る力を持つものであるとされている。

　友人関係も中学年の時には一緒に好きな活動ができる仲間が中心であったのに対して、この時期になるとよりお互いの内面の思いを表現し、共感し合える

関係が重要になってくる。とりわけ女子児童の場合、お互いの内面を表現し合い、お互いを鏡とし合うことによって、お互いの存在を確認しあっていく傾向が強く見られる。しかし、それゆえに、親密な友人関係を失うことへの過度の不安から、自分の思いを素直に表現できなくなる危険性が生じてくる場合があることにも留意する必要があると考えられる。

(3)「集団的自己」の発展と「集団的内部規律」の獲得

小学校中学年の時期に誕生した「集団的自己」は高学年の時期にはさらに発展し、より強い「集団的内部規律」を持つものに変化していくとされている[3]。

その一方で、この時期、同性の友人と閉鎖的な「私的グループ」を形成していくが、その中では、お互いの話し合いで築かれたルールではなく、ボス的な存在の子どもの決めた恣意的なルールに「同調」することが強く求められ、順番に誰かが仲間はずしにされるような事態も頻繁に生じてくる。

ある学生の感想レポートからこの時期のグループの問題状況を見てみたい。

> 高学年になると、「グループの内部で、まるで順番のように仲間はずしが起こる」という言葉にも身に覚えがあった。
> 私が経験した仲間はずれは、やはりグループのボスの子の命令によるものだった。理由は今となってはわからないけれど、グループの子に徹底的に無視された。しかし、グループの側にいないともっと大変な目にあうことは、これまでの他の子たちの様子を見ていてよくわかっていたので、どんなにつらくても側にいて、気が変わるまで待っていた。
> ある時、みんなが自転車でどこかに遊びに行くことになった時も、ボスの子は、「途中で歩いたり、ついてこられなかったら絶交だから。でも、付いてこられたらまた仲間に入れてあげてもいいよ」と笑いながら言った。私が運動が苦手なことをよく知った上での命令だった。私はその時、持病の喘息の発作が起こり、本当に心も体も苦しくて泣きながら自転車でグループの子どもたちを追いかけていたのが未だに忘れられない。
> そのボスの子はグループ内の子を順番に仲間外れにしていたのでみんなの反感が募り、結局、ボスの子が仲間から外され、登校拒否にまで追い詰められてしまった。私が助けてあげればよかったのだが、あの頃は未熟だったため、いい気味だ

としか思っていなかった。本当は、仲間外れにされた経験がある分、その子の気持ちを理解できたはずなのだが。そして皮肉なことに、そのボスだった子をいじめることでグループの結束は強化された。

　その後、分かったことだが、そのボスの子は母子家庭で、しかもたった一人の姉が引きこもりの状態であったらしい。その子の面倒は専ら祖母がみていたとのことだった。その子が仲間外れをしてしまった原因は家庭内での寂しさも影響していたのではないだろうか。

　このような問題をしばしばはらむ「私的グループ」ではあるが、しかし、その中で「集団的内部規律」を自治的に創造していく側面もあり、否定的にだけ捉えるのは一面的であろう。実際、このような集団の閉鎖性は、子どもたちが主体的に自らの力を発揮できる豊かな活動が保障されたとき、子どもたち自身の手で乗り越えられていくものなのである。

（4）「違い」のもう一歩深いところにある「同じ」の発見[4]

　この時期、表面的な言動の背後にある他者の思いや願いを理解できるようになるとともに、他者の中に表面的な「違い」のもう一歩深いところにある「同じ」を発見していくことができるようになっていく。たとえば、第二次性徴などでも、「早い」「遅い」というような個人差（違い）はあるとしても、みんな自分の身体の変化に対して様々な戸惑いや不安を感じている点では「同じ」なんだ、そして、大人に向かう大切な時間を歩んでいるという点では「同じ」なんだというように、他者の中に個人の違いを越えた「同じ」を発見し、共感関係を築いていくのである。

　また、障害を持つ子どもとの関わりでも、障害の有無という「違い」だけでなく、「他者に自分の気持ちを伝えたい」、「自分の思いをわかってくれる友だちがほしい」というような願いはみんな「同じ」なんだよね、というように、「違い」のもう一歩深いところにある「同じ」を発見できたとき、より深い共感関係を築いていくことも可能になっていくのである。

第2項　小学校高学年の生活指導の課題

（1）グループの閉鎖性を乗り越えていける自主活動の機会の保障

小学校6年生の担任の宮口拓斗は学級の中で子どもたちが多くのプロジェクトチームを自主的に立ち上げ、活動していく様子を描いている[5]。

> 学級の活動を活性化したいという思いがあるサキのグループから意見が出てきた。サキたちに原案を提出してもらい、たくさんのプロジェクトチームを結成した。
> 「定期的な係活動よりも、やりたいことをやって終了する方が楽しい」という意見が出たので、プロジェクトという形をとった。
> ○カウントダウンカレンダーづくりの会　○とことんまでドッジボールをする会　○2学期やっていないバスケを授業でする会　○授業でサッカーをする会　○5年生の思い出を残そう！　アルバムづくりの会　○昼休み気ままにダンスを踊る会が作られた。
> 「アルバムづくりの会」のリーダーのサキは、自分でアルバムを持ってきて、アルバムの見本作りをしたり、今まで撮りためていた写真を見合ったり、写真係を作って写真を撮ったりと動き始め、大人しい真面目グループとスポーツグループが交流し始めた。「バスケットボールを授業でする会」のマキは昼休みに原案を作ってみんなに提案し、体育館でバスケットボール大会を開いた。最後の終わりの会の後、サプライズの手作り賞状を作っていた。
> それにつられて、「授業でサッカーをする会」の翔太たちも原案作りを始め、日程の調整を要求し始めた。その他にも班日記の中で1日俳句に取り組むようになり、通信で紹介するとおもしろがる子どもも増えてきた。

このような高学年の子どもたちの自由な興味・関心やユーモア精神を最大限に発揮できる自主活動の機会を創造していくことが、結果として「グループの閉鎖性」を子どもたち自身が乗り越えていく力となっていくのである。

（2）少年期を卒業していく通過儀礼的な活動の重要性

長年子どもの遊びの心理学研究をしてきた河崎道夫は、全国各地の学童保育の高学年の「探検と冒険」の実践を紹介している。たとえば、「やんばる一周

サイクリング」(1日70キロメートルを走破し、4泊5日かけて一周する)や30キロ先の温泉への徒歩遠足(午前9時出発で歩き通し、午後4時に到着する)、無人島時計なしキャンプ、などである(6)。

「ふじっ子会」指導員の中根大祐の学童保育クラブでは「青春18切符旅行」に取り組んでいる。この旅行に4、5年生は指導員が帯同するが、6年生になると4、5人でグループを作り、行き先、行程なども全て自分たちで考え、いくつかの列車を乗り換え、計画通りにいかなかった時にも臨機応変に対処しながら、子どもたちは一緒に困難を乗り越えていくのである(7)。

また、鹿児島子ども劇場では屋久島の3泊4日のキャンプに向けて、高学年の子どもたちが何度も話し合いを繰り返しながら、子どもたちの自治を重視したキャンプを長年にわたって実施している(8)。6年生は「一人キャンプ」といって、屋久島の真っ暗な闇の中で一晩、自分一人だけでテントを張って過ごす取り組みも行われていた。子どもたちは「6年生になったら『一人キャンプ』をやるんだ」という目標を持ち、6年生は不安と闘いながらもそれを乗り越え、やり遂げられた自分に誇りを持ち、少年期を卒業していくのである。

このような高学年の子どもたちの潜在的な力を最大限発揮することが求められる活動は、少年期を卒業するための通過儀礼的な意味合いを持った活動であると同時に、それが子どもたちの自治的な取り組みとして行われるとき、より強い仲間との連帯感と、困難な課題を一緒に乗り越えていくための「集団的内部規律」を育んでいく力にもつながっていくと考えられる。

今日、このような取り組みは限られた学童保育や子ども劇場などのNPOで行われている状況にあるが、高学年の子どもたちの豊かな発達を保障していく取り組みとして、学校現場も含めたより広範囲なかたちで取り組まれることが重要であると考えられる。

(3) 表面的な「違い」を越えた「同じ」の発見と共感関係の創造

この時期、性の違いや障害の有無を越えて、「違い」のもう一歩深いところにある「同じ」を発見していく中で、より深い共感関係を築いていくような取り組みが重要になってくる。

第7章　発達段階と生活指導の課題

　小学校6年生の教師・佐藤奈津子は、自閉症スペクトラム障害の特徴を顕著にもつ光彦と他の子どもたちのつながりを創り出すため、「周囲の子ども達が引いてしまうような光彦の激しい行動化（例　泣き叫んでものを投げる、床を転げまわる）の背後にある光彦の本当の願いや思いをまずは佐藤が読み取り、その思いを他の子どもが理解できるように伝えていく」、「光彦の行動（例　すぐに他の子どもに"カンチョー"してくる）の背後にある、みんなと友だちになりたい、みんなと遊びたいという願いは他の子どもたちにも理解してもらいつつ、他の子どもたちが光彦にやめてもらいたいと思っていること（例　モノを投げたり、かみついたり、つばをつけてくる）については、他の子どもたちからその思いを光彦に率直に伝える機会を持ち、両者の仲介をする」などの取り組みを丁寧に進めていった[9]。

　その結果、4月当初はジャンケンに負けて希望が通らなかっただけで泣きわめいて鼻水やツバを大量に出し、教科書を投げ散らかすような光彦の奇異な行動に、クラスの子どもたちはすっかり引いてしまっていたが、5月中頃になると、少しずつ、子どもたちの日記の中に光彦のことが登場するようになる。初めは「光彦君も頑張っていることがわかってきた」といった第三者的な視点からのものだったが、自分との共通点に気付くようになった子の日記の中には、「わたしは光彦君の気持ちが分かる。光彦君は本当は友達がほしくてアピールしているんだろう。でもすればするほどうまくいかなくて……。私も同じ。ただ、私はもう慣れちゃったけど（笑）」や「私は小さかった時、今の光彦君みたいに地団駄踏んで大泣きしていた。上から目線の意味ではなく、あの頃の私はみんなにどうしてほしかったんだろうとこの頃思うときがある」などの記述も出てくるようになった。佐藤は子どもの了解をとって、これらの日記を学級通信にも紹介し、クラスのみんなが思いを共有できるように取り組んでいる。

　このようにして、明らかに「異質な存在」だった光彦の中にある「同じ思い」を子どもたちが発見できたことで、本当の意味で光彦と他の子どもたちとのあいだに共感関係が生まれたのである。

（４）異年齢集団の中での「教え合い」、助け合いの関係の創造

　この時期は年齢やハンディキャップの有無などを配慮した「実質的平等」を実現していく力が育ってくることは、既に指摘した。このことは年齢や性別の違いや障害の有無にかかわらず、みんなが平等に参加できるルールを作ったり、配慮を行っていく力にもつながっていくものである。

　たとえば、学童保育指導員・林奈津子は異年齢集団でみんなが参加できる集団遊びを創造する取り組みを次のように紹介している[10]。

　　Ｓケン、ドッジボール、サッカーなども、ちょっとしたルールの工夫で低学年も入ってきます。ケン足なし［Ｓケンの場合、自陣の外はケンケンで移動しなければならないが、低学年はケンケンしないで移動してもいいという特別ルール］、やわらかいボールを使う、高学年は２タッチのみシュートなし、などです。小さいからだで相手の陣地を踏んだとき、みんなに「やったー」とほめられたり、抱っこされたり、塁に出たとき手と手を合わせたり、そんなスキンシップも安心感があって、異年齢で遊ぶ楽しさを覚えた子は、やがて下の学年が入ってくると同じようにやさしく教えたりします。ケンカやトラブルもありますが、孤立した仮想現実のなかだけのあそびでは、心もからだも育ちにくいのです。葛藤はあっても、外あそびを基本に、人と人との交わりの中で育ちあうことが大切です。

　このようにして、年齢や性の違い、障害の有無を適切に考量し、すべての個人が平等に参加する権利が保障されるような遊びのルールを創造していく力は、「障害の有無や年齢の違いにかかわらず、すべての個人の社会参加の権利が保障される」民主主義社会を実現していく力の基礎となるものであろう。

　同じく学童保育指導員・中根大祐は、異年齢でサッカーをする際、普通のルールにいくつかの工夫をすることで、勝負にこだわりつつも、低学年の子どもや女子も参加できるゲームを考案している。たとえば、高学年男子のシュートの得点は１点に対して２年の男子は10点、１年の男子は100点、女子は何年生でも1,000点！にすることによって、勝敗にこだわる高学年男子たちもいかに低学年の子どもや女子に適切にゴール前でパスを渡してシュートさせるかで様々な知恵と技を絞って参加しており、高学年男子も含めたみんなが楽しめる世界

を創造している[11]。

　中根は1,000点サッカーを機に、サッカーが得意だった高学年男子たちが集団の中心的な存在に成長し、「かっこよく、頼りになるリーダーとしての姿が、下級生たちの憧れやモデルとなって、また新たなリーダーを生むでしょう」とまとめている。このようにして、下級生にゲームの技を教えたり、手助けしていくことを通して下級生の子どもたちの憧れの存在となることが、高学年の子どもたちの自己肯定感を育む機会にもなっていくのである。さらに言えば、異年齢集団の中に居場所と相互承認の関係を築くことができた高学年の子どもは、やがて「私的グループ」の閉鎖性を乗り越えて、より多様な他者との関係に参加していく意欲と力を育んでいくのである。

（5）生きづらさをつながる力に転換していく援助を[12]

　今日、多くの子どもたちが貧困や児童虐待、発達障害等々、様々な傷つきや葛藤を抱えながら日々の生活を送っている。そして、その傷つきや生きづらさを自分の中に抱えられないとき、それは自他への攻撃性として表出され、さらなる生きづらさや傷つきを生み出してしまうのである。

　しかし、自らの傷つきや生きづらさは他者との関係の中で表現され、応答されていくとき、他者とつながっていく力に転換していくものでもある。それだけに、子どもたちがお互いの思いを安全に表現し、応答しあっていく中で、お互いが抱える生きづらさを仲間とのつながりの中で乗り越えていけるような取り組みが求められている。たとえば、班ノートや放課後の教室での「しゃべり場」の中で、子どもたちがお互いの不安や悩みを表現できる機会を築いたり、あるいは学級活動の時間などを利用して子どもたちが共感しやすい内容の手記や作文、物語りを紹介し、それに対する感想を交流し合う取り組みなどが考えられるであろう。このようにして、日常生活の中では容易には語れない自らの体験と感情を表現し、共感的に応答しあうことができた時、子どもたちは自らの傷つきや悲しみを仲間集団とのつながりの中で乗り越えていくことができるのである。そのような子どもたちの相互に応答し合える場を創造していくことも高学年の生活指導の重要な課題であろう。

〈注〉

（1）ピアジェ, J.（滝沢武久訳）『発生的認識論』白水社、1972年。
（2）サリヴァン, H. S.（中井久夫・宮崎隆吉・高木敬三・鑪幹八郎訳）『精神医学は対人関係論である』みすず書房、1990年、278-296頁。
（3）田中昌人『人間発達の理論』青木書店、1987年、144頁。
（4）楠凡之「少年期の自閉症スペクトラム障害の子どもの発達権を保障する教育実践」同『自閉症スペクトラム障害の子どもへの発達援助と学級づくり』高文研、2012年、91-92頁
（5）宮口拓斗「先生の授業つまらんからの授業づくり」『全生研第58回全国大会紀要』2016年、191-194頁。
（6）河崎道夫「遊びを豊かに──学童保育における遊びの理論と実際──」田丸敏高・河崎道夫・浜谷直人編『子どもの発達と学童保育』福村出版、2011年、108-109頁。
（7）同上書、118頁。
（8）九州沖縄子ども劇場連絡会編『花は野に咲くように──子どもの文化宣言──』晩成書房、1999年、34-39頁。
（9）佐藤奈津子「君は一人じゃない──苦しんでいる子を真ん中にして──」『生活指導』2011年3月号、26-33頁。なお、筆者の佐藤実践へのコメントについては、楠、前掲『自閉症スペクトラム障害の子どもへの発達援助と学級づくり』160-167頁を参照。
（10）林奈津子「子どものからだの発達と外遊び」宮崎隆志編著『協働の子育てと学童保育』、かもがわ出版、2010年、61-71頁。
（11）中根大佑「学童保育における遊びの実践」田丸・河崎・浜谷編、前掲書、120-141頁。
（12）楠凡之『虐待・いじめ　悲しみから希望へ──今、私たちにできること──』高文研、2013年、196-199頁。

〈推薦図書〉

楠凡之『自閉症スペクトラム障害の子どもへの発達援助と学級づくり』高文研、2012年。
楠凡之『虐待・いじめ　悲しみから希望へ──今、私たちにできること──』高文研、2013年。
田丸敏高・河崎道夫・浜谷直人編『子どもの発達と学童保育』福村出版、2011年。

第5節　中学校期

第1項　中学校期・思春期における発達的特徴

（1）発達の視点から子どもを捉える

　発達については、個々の生理的、心理的な側面だけでなく、家庭・学校での生活状況、社会状況などとの関連で総合的に捉える視点が重要である。白井利明は、発達について、「ひとが、まわりのひとやもの・自然・文化と相互交流するなかで、その相互交流の仕方を発展させていき、その発展がさらに自分自身を発展させていくことになるような過程」と定義し、「個人の自由が拡大したり、ほかのひととつながっていくとき、発達したと考えます」[1]と述べている。

　一方では、効率性や結果が重視され、そのための比較と競争に拍車がかけられるような社会・経済・教育状況のもとで、人間、自然、文化などとの相互交流自体が阻害されている。そのことによって、子どもたちのつながりではなく孤立化が進行し、第二の誕生と呼ばれる思春期の発達課題に、苦戦するような状況も生まれている。このような状況において、子どもの言動の意味を問うという視点が重要である。たとえば、問題行動など、否定的に見える子どもの言動は、周囲へのSOSの発信であり、指導・支援によって発達のきっかけになる肯定的な側面が込められている。子どもの内面によりそうとは、誰にどのようなSOSを求めているのかといった視点から、言動の意味を問いながら丁寧に関わることである。

（2）中学校期・思春期という時期の捉え方

　ここでは、学童期・思春期・青年期の区分に関して、発達課題に着目しながら次のように大まかに規定しておきたい。

　学童期は、親子関係をベースキャンプにしながら、遊びや学びを通して子ども世界を共有する友人関係の形成と、それに伴う自我形成などが発達課題になる時期である。特に、この時期の「遊びと勤労の体験」は、大きな意味を有し

ている。遊びを通して友人と出会い、ルールを作ったり破ったりしながら、失敗つきの練習ができて排除されない仲間の中で、人間関係を結ぶスキルも身につけていく。また、勤労を通して、優れた技を持つ大人と出会い、あてにされたり認められたりする中で、子どもらしい誇りを育んでいく。主として、小学校の中学年・高学年がこれにあたる。

　思春期は、青年期の中に含まれる一時期を指し、身体の成長を土台にした性の目覚め、親からの精神的自立の萌芽、友人関係を土台にした「自我形成と解体・再編・統合」などが発達課題になる時期である。友人、先輩、親、教師など自分にとって支えとなる共存的他者との出会いを通して、時には孤独に耐えながら、自分の中のもう一人の自分と向き合う時期でもある。主として中学校期がこれにあたるが、小学校高学年から高校生にかけて、このような発達課題が見られることも少なくない[2]。

　青年期は、男女としての自己の受容、親からの精神的・経済的自立、職業能力の形成と進路選択、市民としての政治能力や社会常識の獲得などが発達課題となる時期である[3]。広義には、中学生から高校生、大学生までを含む幅広い時期がこれにあたる。どのような形で自己形成を図り、社会参加を志向するのかが課題となる時期である。しかし、高校や大学卒業後の就職、結婚、出産、子育ては、必ずしも青年共通のライフコースではなくなりつつある。特に、1990年代後半以降の非正規雇用層の増加は、青年期を経て社会参加を志向する青年にとって、将来展望どころか現実の生活展望すら持ちにくい状況となっている。大学での就職活動の不具合や就職後に挫折してひきこもる青年の増加等も含めて、社会参加によって成人期に移行するまでの青年期は、10代、20代前半から20代後半以降にまで拡大している。

（3）第二の誕生と「子どもの権利条約」の視点

　全ての子どもは、かけがえのないいのちと幸せになる権利をもってこの世に誕生している。1994年に日本も批准した「子どもの権利条約」は、子どもの生きる権利、守られる権利、育つ権利（教育を受ける権利。休んだり遊んだりする。様々な情報を得て、自分の考えや信じることが守られる）に加えて、参加

する権利（自分に関係のある事柄について自由に意見を表したり、集まってグループを作ったり、活動すること）の四つの権利を定めている。これらは、学級、学校における自治活動を担う主体としての子どもたちを育てていくためのポイントでもある。

　しかし、子どもは、自分の意思で時代や場所や順番を選択して生まれてきたわけではない。「第一の誕生」は受け身であり、与えられたいのちは、家族や周囲の援助がなければ危うい存在である。危うい誕生をした子どもが、生きて成長できるのはなぜか。それは、自らがもって生まれた「いのちの働き」と家族や周囲の人々の「お世話（援助）」があったからに他ならない。保護者は、子どもにとって良かれと思ながら、様々なレールを敷き子どもを育てている。その正当性の根拠は、「子どものいのちと権利・利益を守る」ことにあり、その限りで子どもにとっての「守りの枠」としての意味をもつ。子どものいのちと権利・利益を侵害するようなかかわり方は、家庭においては虐待問題であり、学校においては管理主義教育・体罰問題となる。

　思春期は、受け身で誕生したいのちが、人生の主人公として主体的に社会とつながって生きようとするからこそ、「第二の誕生」と呼ばれる。自分がお世話になる中で生まれた「誰かを助けたい」「誰かのために役に立ちたい」といった気持ちは、具体的には、働くこと（職業選択）、愛すること（性と生）、社会参加すること（仕事以外）を通して実現に向けた模索が行われる。

（4）「群れ」の体験と小さな自己決定の積み重ね

　思春期・青年期には、自我を軸にしながら、他者や社会とのかかわりを深める中で、主体的な自己形成への模索が行われていく。これまでの自分も対象化し、「自分はどんな人間になりたいのか。何のために生きているのか。何を一番大切にしているのか。そのために何をするのか」などと問い直し、自身と向き合うプロセスを経て主体的な自己をつくっていくこと、つまり自己の再編・統合が課題となる。その土台は、幼児期から学童期、思春期の日常生活において、小さな自己決定の積み重ねが尊重される環境の中でつくられていく。

　しかし、自己の再編・統合の前に、その前提となる自我形成のプロセスを丁

寧に見ていく必要がある。たとえば、子どもたちは、幼児期から学童期にかけて、「安心してけんかができる仲間とか、けんかを見守ってくれるような大人」(4)のもとで、「群れ」の時期を正負の体験を含めてたっぷりくぐるといった自我形成のプロセスをどのくらい体験してきているのか。

　一方では、保護者や教師の顔色や期待されていることを意識し、自我にふたをしながら過剰に適応してきたような「良い子」も少なくない。こうした点を踏まえた時に、自己決定の支援には二つの意味が含まれている。一つは、環境設定、情報提供、一緒に行動するといったことも含めて、自己決定までのプロセスを応援すること。二つには、自己決定した結果の成否にかかわらず、応援し続けることである。

(5) 思春期における自己形成——社会とつながって自分を生きる——

　自分の人生の主人公になっていくということは、換言すれば、社会とつながって自分を生きる自己を形成していくことである。これは、自己犠牲的に生きることではない。乳幼児期において3歳頃に芽生える自我の発達を土台にしながら、学童期に至るまで、保護者や教師など、周囲の大人からの保護や育成といった受動的な人間関係の中で形成されてきた自己のあり方を、思春期・青年期において一旦相対化し、自己、他者、社会との関係において能動的に解体・再編・統合していく作業である。これが思春期・青年期における自己形成の課題であり、エリクソン（Erik H. Erikson）は、発達論の中で、これをアイデンティティ対アイデンティティの拡散として論じている。その際に、「『自我』［という言葉を］主体に割り当て、『自己』［という言葉］を客体に割り当てることが妥当であると考えられる」と区別しながら、「アイデンティティ形成には、自己の側面と自我の側面があるということができる。［中略］自我と自己をめぐる問題が十分に定義され、二つの用語の術語上の区別が明らかになるまでは、単なる［何の規定もない］『アイデンティティ』という用語を、自我の社会的機能を意味するためにのみ、すなわち、青年期において、若者に課せられた課題にとって必要不可欠な、心理的・社会的に比較的均衡のとれた状態をもたらすための、自我の社会的機能を意味するためにのみ用いることにする」(5)として、

アイデンティティという用語を用いている。ここには、青年期の若者にとって、心理的な意味における同一性（自己意識）と他者との社会的な関係における同一性（社会的承認）という二つのテーマが存在している。この点を踏まえて、児美川孝一郎は、アイデンティティについて、「自分が一貫した存在であるという自己意識であると同時に、自分が社会的に承認されているという意識である」と定義している[6]。

　思春期・青年期における自己形成という作業は、たとえば進路選択に向けて、保護者が良かれと思って敷いてくれたレールを相対化しながら、場合によっては保護者の期待に反してでも自分の生き方やあり方を自己決定していくという点で自立性を志向し、同時に親以外の他者や社会・世界との関わりの中で関係を形成し、課題意識を持ちながら自分の生き方やあり方を自己決定していくという点で協働性を志向するものである。この二つの志向性は、自分が親や教師の期待に応えることができたか否か、進路選択や就職、恋愛などが自分の希望通りに実現できたか否かといった結果ではなく、人や社会とかかわって自分を生きるプロセスにおいて、その都度日常生活におけるささやかな自己決定を重ねてきたというところに重要な意味がある。

（6）自前のエンジンにスイッチを入れるとき

　その際に、教師、保護者、援助者等がよかれと思ってしている支援と、子ども自身の願いはうまく重なっているのか問い直していく必要がある。ズレが生じていることを前提に真摯な気持ちになったときに、まず子どもの声を聴くことから始めようという双方向のコミュニケーションが生まれる。子どもがどうしたいと願っているのかと聴いても、答えがなかなか出ない時には一緒に考えよう。そのプロセスを通して、子どもと教師や保護者の関係も再構築されていく。

　教師、保護者、援助者等は、時としてガソリンの切れた子どもたちに対して、給油をしないまま「走れ！」と言ったり、逆にガソリンを抜いておきながら「走れ！」と叱咤激励してはいないだろうか。では、どのようにかかわることが、給油することになるのか。たとえば、子どもが失敗してピンチに立ったり挫折

した時に、否定されたり責められるのではなく、「あんたのこと応援してるよ」「また、がんばったらいいよ」「いつもあんたの味方だよ」「やりたいことをやったらいい」といった言葉や「無言の励まし」に出会うことの意味は大きい。不安や葛藤を抱えて苦戦している最中に、このような周囲の支援に出会った時、子どもたちは、自前のエンジンに自分の手でスイッチを入れることができるのではないか。

第2項　中学校期における生活指導実践の課題

（1）気になる子どもたちの姿

　小中高の教師とのケース・カンファレンス（事例検討会）などを通して、気になる子どもたちの姿を3点強調しておきたい[7]。

　第一には、「とめどなく荒れる子どもたち」である。たとえば、いじめの内容として報告されている人格を否定するような「あほ、ぼけ」「きしょい、きもい」「消えろ、どっか行け」といった暴言が、子ども同士だけではなく、教師にも日常的に浴びせられる状況は、中学校は勿論、小学校でも珍しくない。いじめられている子どもや暴言を受けとめている教師が単独である場合には、たちまち逃げ場はなくなってしまう。子どもの笑顔に励まされ、かけがえのないいのちの輝きに、限りない愛情を注ぐことを自らの喜びとしてきた教師であればあるほど、攻撃的な子どもたちとの対応での傷つきも大きく、教師のバーン・アウト（燃え尽き症候群）の大きな要因となる。子どもとの関係における消耗感は、教師のエネルギーをより喪失させていく。こうした子どもたちは、家庭や塾やスポーツ少年団など、他の大人の前では、「良い子」を強いられたり、演じたりしているケースや、逆に同じような暴言を浴びせられていたりするケースも少なくない。

　第二には、「疲れている孤独な子どもたち」である。親や学校の期待に過剰適応し、大人からの評価の眼差しを絶えず意識しながら「良い子」を演じ、疲れている子どもたちである。孤独な競争の中を一人でがんばってきた子どもは、困った時のSOSの出し方を知らない。挫折と絶望の距離は、大人が思っている以上に近く背中合わせである。たとえば、インターネットのホームページに

第7章　発達段階と生活指導の課題

リストカット日記を掲載し、その読者が多いことを励みにしながら生きているケースやインターネットのオカルト、セックス、ホラー、バイオレンスの世界にのめり込んでいくようなケースもある。不登校などの形で、SOSを発信する場合もあるが、表面的ながんばりだけに目が向いていると、屈折した内面は親や教師からはなかなか見えにくい。このような中から、「突然キレる」といった表出をすることも稀ではない。

　第三には、「守りの乏しい無気力な子どもたち」である。自分からは余り語らない、目立たない子どもたちがいる。仲間たちとの関わりも苦手であり、親から期待を寄せられるといったことも乏しい。親が自分のことに夢中であったり、自分の生活で精一杯であったりして、虐待が疑われるケースが増えている。こうした子どもたちは、いじめのターゲットにもなりやすい。「どうしたの」「大丈夫だよ」「味方だからね」といった、教師からの声かけを待っていることも多く、学校に救いと希望を求めて登校している。不登校になった場合も、休ませて見守るだけでは自宅での充電は難しく、学校による早期の介入・支援が必要となっているケースも増えている。

（2）つながって生きるために――問う・聴く・語る――
　コミュニケーションには、「情報発信」「情報取得」（一方向）と「意味の共有」「意思疎通」（双方向）の二つの意味がある。子どもたちの双方向のコミュニケーション能力の低下が指摘されているが、学校や家庭おいては、そのような子どもたちに対応する教師や保護者のコミュニケーション能力、関わり方こそが問われている。具体的には、「問う・聴く・語る」ことを軸にした教師や保護者の子どもへのかかわり方が大切である[8]。

　第一に、「問う」というかかわり方には、三つの意味がある。一つには、問い詰めるのではなく、「どうしたん？」と気になる子どもに問いかけること。「あなたのことをいつも気にしているよ」「応援しているよ」とういメッセージは伝わる。「べつに」といった応答に対しては、「翻訳」をしながら子どもの心の声を聴きとっていきたい。二つには、子どもの言動の意味を自らに問うという子ども理解の姿勢を持つこと。子どもは誰に対して、どんなSOSを発信し

207

ているのかを問うことである。三つには、一人でわからないときには、周辺の同僚などと子どもの言動の意味を問い合うというネットワーク支援の姿勢を持つことである。

　第二に、「聴く」という関わり方で最も大切なことは、「負の感情を聴き取る」ことである。それが、子どもの不安やストレス、葛藤などを読み拓き、信頼関係を築いていく扉になることが多い。「腹立つ、むかつく、しんどい、辛い、悲しい」といった感情を聴き届けてくれる他者と出会うことで、子どもは課題と冷静に向き合ったり、一区切りをつけたりできるのではないか。教師や保護者は解決請負人になるのではなく、限界をわきまえながら、子どもと一緒に考える時間を過ごすというプロセスが大切である。

　第三に、「語る」という関わり方で最も大切なことは、教師や保護者が自分を語ることである。一つには、「先生もうれしい」「お父さんもうれしい」「お母さんもうれしい」という一言は、子どもにとって大きな喜びとなる。二つには、子どもと同じような時期に、自分はどんな子どもであったのか、どんな失敗をしてきたのか、その時誰に助けてもらい、どうしのいで現在に至ったのかなどをリアルに語ることである。子どもにとって、プロセス抜きの成功談は、大人の自慢話にしかならない。自分の人生を語ること、失敗を語ることは、生き方を考え合うキャリア教育の中軸になる。教師が一人の人間として自己開示し、相手への決めつけや強制ではなく、自分がどう感じているのか、自分はどうしてきたのか等を言葉にしたアイ・メッセージを伝えることの意味は大きい。

（3）いじめ問題への取り組みと課題

　2011年に滋賀県大津市の中学校における自殺（自死）事件を一つのきっかけとして、2013年に「いじめ防止対策推進法」が制定された。ここでは、あらゆる問題行動を「いじめ」という言葉で一括りにして、被害者支援の視点から広く定義している。この定義に予防的な意味はあるとしても、問題解決を図る教育実践上の検討課題は事象によって当然異なる。逆に、これまで学校現場において、「けんかかいじめか」といった些末な議論が行われ、目の前で起きている問題事象に応じた初期段階における丁寧な取り組みが停滞してきたことも少

なくない[9]。

　また、現代のいじめ問題は、1980年代以降の状況を全て含んで渦巻いている。特徴的には、学級などでの集団による個人への攻撃、私的なグループ内での個人への攻撃、ケータイ・ネットにおける個人への攻撃である。そこには共通して、個人への見下し行為、迫害行為、暴力行為、および共感性の乏しさが本質的問題としてある。この背景には何が潜んでいるのか、学校現場で具体的な事例への取り組みを通して読み解いていく必要がある。

　いじめ問題にかかわる今後の教育実践のあり方について、次の点を強調しておきたい[10]。

　①「いじめ」という多義的な言葉だけにとらわれないで、目の前で起きている具体的な問題に取り組む。②発生した個々の問題に応じて、関係する教職員がチームを組んで取り組む（内に開かれた支援ネットワーク）。その際に双方の主張が完全に一致しないことも多い。一致しなかった点と一致した点を明確にして、一致した点についての問題点を明らかにしながら、指導・支援を行う。③見下し行為、迫害行為、暴力行為に対して、児童、教職員、保護者を含めて、「しない、させない」という姿勢に立ちきった取り組みを行う。④当事者を含めて、児童全員を守る姿勢に立ち、成長のプロセスで発生する問題への取り組みを通して、謝罪、和解、関係修復、距離の取り方などを学ぶ機会とする。⑤問題をエスカレートさせないためにも、当事者周辺にいて心を痛めている児童に依拠した取り組みを進める。⑥問題に応じて、関係する専門機関との協働を図り、当事者双方を指導・支援し守っていく（外に開かれた支援ネットワーク）。これらは「いじめ問題」に限らず、教職員が全ての具体的な問題に対して指導・支援する際に、大切な点でもある。

（4）不登校問題への取り組みと課題

　不登校の背景・要因について文部省（当時）は、1992（平成4）年の報告書「登校拒否（不登校）問題について」の中で、家庭や個々の課題に視点を置いてきた捉え方を転換し、「どの子どもにも起こりうる」と初めて言及し、「社会的な要因」「学校の要因」「家庭的な要因」「子ども自身の要因」について指摘

した。また、文部科学省による2003年の報告書「不登校への対応について」の中では、虐待問題を意識した初期対応の重要性と「心の問題」から「進路の問題」へと捉え方の重点の変化が見られる。学校教育におけるキャリア教育の推進と軌を一にする取り組みに視点が移されていった。

　不登校の態様については、1990年代以降、大きくは次の三つの傾向が錯綜して存在している。当然、取り組みの視点も一様ではない。一つには、保護者の期待に応えようとがんばりすぎてきた子どもが息切れしている不登校である。子どもはゆっくり休ませながら、保護者の不安を受けとめ支援していくことが大切である。二つには、虐待問題などを伴い子どもの意欲が枯渇している不登校である。子どもをゆっくり休ませるだけでは回復は期待できない。初期の段階から学校や教育行政・福祉・医療などの専門機関との連携による家族への支援を行ったり、子どもに働きかけ半歩前進の課題を設定して登校を促し励ましていくことが大切となる。三つには、問題行動を伴い、学校や家庭に居場所が乏しい不登校である。学校は服装・頭髪などで子どもを排除しないで、多様な居場所をつくりながら継続的に指導・支援し、生活や行動の改善を促していくことが大切となる。このように、自宅にひきこもっているのではなく、積極的な関わりや援助を保護者、教師、援助者、友人等に求めている登校拒否・不登校の子どもたちも増えている。

　不登校・ひきこもりへの取り組みとその予防のために、支援ネットワークの形成に関わるポイントとして、学校教育の視点から以下の点を強調しておきたい[11]。

① アセスメント：子どもの発達課題、SOSの中身を把握し、学校と保護者で子どもへの共通理解を図る。
② 作戦会議：具体的な取り組み方針に関して保護者と一緒に作戦会議（懇談会）を行い、学校と家庭でできることを役割分担する。
③ チーム会議（事例検討会として）：子どもや保護者を支援し、担任を支えるために、校内で関係者によるチーム会議を事例検討会として開く。幼小中学校ブロックにおけるチーム会議も有効である。
④ 専門機関との協働：スクールカウンセラー、スクールソーシャルワー

カー、子ども支援センター、児童相談所、医療機関など、専門機関との連携・協働を図る。
⑤　学校改革：子どもにとって安心・安全・信頼の学校づくりという視点から、行事・授業・生徒指導・教育相談などのあり方を見直していく。
⑥　子育て支援：保護者全体に対する子育て支援の取り組みを、PTA・専門機関・地域などと連携しながら進める。
⑦　地域の居場所：児童館、青少年活動センター、公民館、NPO、地域団体など、校外での多様な居場所との連携を進める。
⑧　青年との連携・協働：大学や教育行政などが提携して、青年・学生と不登校の子どもが関わるボランティアやインターンシップの開発を図る。
⑨　進路選択の支援：中学・高校卒業後に課題となる進路選択（進学・就職等）への支援と情報提供の場を学校として継続的につくる。
⑩　ひきこもり支援：学校や福祉行政などが連携して、社会的ひきこもり状況にある青年の実態把握と地域での人間関係や就労支援、社会参加や就業の機会を拡充していく。

家庭や学校で求められる不登校への支援とは、繊細な子どもを改造して鈍感な子どもにするようなことではない。学校に行けていなかった自分と今の自分は、同じ自分としてつながっている。子どもが、不登校をした意味を自分の中で大事にしながら、むしろ自分の繊細さを大事にして、社会とつながって生きていくことを家庭や学校などが支援することが求められている。

〈注〉
（1）白井利明『生活指導の心理学』勁草書房、1999年、58頁。
（2）春日井敏之『思春期のゆらぎと不登校支援――子ども・親・教師のつながり方――』ミネルヴァ書房、2008年、18-20頁。
（3）白井利明『大人へのなりかた――青年心理学の視点から――』新日本出版社、2003年、16-17頁。
（4）山本健慈編著『地方国立大学――学長の約束と挑戦――』高文研、2015年、43頁。
（5）Erikson, E. H., *Identity and the Life Cycle*, Norton, 1980. エリクソン, E. H.（西平直・中島由恵訳）『アイデンティティとライフサイクル』誠信書房、2011年、173-175頁。

（6）児美川孝一郎『若者とアイデンティティ』法政大学出版局、2006年、4頁。
（7）春日井敏之「教育と子育てにおける愛の行方――ピア・サポートの視点から――」林信弘編著『愛の人間学』高菅出版、2007年、82-85頁。
（8）春日井敏之「つながって生きる――子ども・青年の自己形成と支援を考える――」日本生活教育連盟編『生活教育』786号、生活ジャーナル、2014年、56-63頁。
（9）いじめ問題に関する初期対応をめぐる課題については、筆者も委員としてかかわってきた大阪市における「児童がその生命等に著しく重大な被害を受けた事案に関する第三者委員会81号部会」による報告「大阪市立小学校児童のいじめ申立に関する調査報告書」2016年を参照。
（10）春日井敏之「『いじめ・不登校問題』から見える子どもの世界と実践的課題」望月昭・村本邦子・土田宣明・徳田完二・春日井敏之編著『対人援助学の到達点』晃洋書房、2013年、157-158頁。
（11）春日井敏之「ひきこもる子ども・若者の主体形成と支援」春日井敏之・櫻谷眞理子・竹中哲夫・藤本文朗編『ひきこもる子ども・若者の思いと支援――自分を生きるために――』三学出版、2016年、209-210頁。

〈推薦図書〉

高垣忠一郎『生きづらい時代と自己肯定感――「自分が自分であって大丈夫」って？――』新日本出版社、2015年。

田中孝彦・藤田和也・教育科学研究会編『現実と向きあう教育学――教師という仕事を考える25章――』大月書店、2010年。

都筑学編『思春期の自己形成――将来への不安の中で――』ゆまに書房、2006年。

第6節　高等学校期

第1項　高等学校期の発達課題の特徴

（1）思春期についての学術的知見

　高校時代は、12〜13歳の頃から始まるとされる思春期の、後半にあたる時期である。これに先立つ思春期の前期（中学校時代）は、脳が大人の脳へと発達する時期で、感覚的記憶から系列的・意味的記憶へ、具体的操作から抽象的操作へと認知機能が変化し、長期的で系列的な時間感覚を持てるようになる発達段階である。認知機能の変化は心の変化をももたらし、子どもは強烈に自我を意識して自分の存在を客観的に意識するようになり、同性の友人との親密な関係を持つようになる。一方でこの発達には個人差があり、具体的思考から抽象的思考への発達を遂げられず、中には集団になじめない子どもも出てきて、それは時として集団からの排除によるいじめのきっかけともなる[1]。高等学校期の発達課題を理解する際には、上記のような思春期前期の発達課題を理解しておく必要がある。

（2）高校教育を取り巻く状況と課題

　現代の高等学校期を社会的に理解するために、高校進学率が急上昇し始めた1960年代から現在までの社会的背景の変化を捉えてみよう。1960年代から一定の教育水準を持った労働人口が要求されるようになり、「すべてのものに完成した中等教育を」というスローガンのもと、高校進学率は57.7％（1960年）から82.1％（1970年）へと飛躍的に高まり、1974（昭和49）年には90％を超え、高校教育の大衆化が一気に進んだ。1971年に出された中央教育審議会答申「今後における学校教育の総合的な拡充整備のための基本的施策について」に明確に方針化されたように、求められる労働力の二極化に伴い高校教育は高校多様化という形で選別・選抜の機関としても働き始めた。そして1979年から1982年にかけての行政改革を受けて臨時教育審議会から四次に分けて答申が出され、

教育の個性化（自由化）が提唱された[2]。

　現在は中学生の約98％が高校へ進学している。上記に述べたような教育を取り巻く状況の中で、前期中等教育を経て高校教育にたどり着く生徒たちの中には、いわゆる学力テスト等で「偏差値として測られる学力」について大きな格差が生まれており、中学校卒業生がその格差によって高校へ振り分けられているという状況が、程度の差はあるが全国に広がっている。「学力」格差が生まれる背景には、本人の努力の及ばない要因——発達上の課題・家庭の教育力・家庭の経済力など——が考えられるが、このような学力格差を生み出すプロセスがこの発達段階の子どもたちの価値観の形成に強い影響を与えていると言われている。「『自分はここにいていいのか』、『自分に存在する権利があるのか』と疑い、不安と恐怖のなかにたちすくんでいるものが生徒の中に多くなり、そうした存在感覚が『生きにくさ』『傷つきやすさ』として生徒一人ひとりのものになる」[3]と指摘されている。

　このような状況の中で高校教育に求められていることは、子どもが多様性に対して開かれたからだを持ち、他者との交流の中で自らの価値観を形成し、自分のことを自分で決定できる・自分の意見を持ちそれを発信できる力を育てることだと言えるだろう。異質なものを受け入れるためには、個々の子どもがまず「自分が受け入れられている」と感じ、自分の価値に自信を持っている必要がある。また主体的な決定力を持つには幅広い教科学習と教科外活動によって鍛えられる判断力の育成が求められる。

第2項　どの子にも居場所を
—— 一人ひとりの生徒へのアプローチと「集団づくり」——

　ホームルーム活動（以下、HR活動）においては、多面的なものさしを用意して生徒同士の異質性をどう生かし合うかを考え、手立てを講じることが、今担任に求められる大切な仕事だと言えるだろう。しかし、様々な生徒が数十人いるクラスに対して担任が一人で個別対応するには限界がある。生徒が自分らしさを発揮してそれぞれの個性が共存できるクラス集団を創りながら、生徒一人ひとりを、特に困難を持つ生徒を包摂（インクルージョン）していくという

第7章　発達段階と生活指導の課題

方針が必要だ。

　ここでは、精神面の病理に苦しむ聡君と発達上の困難を抱えた惇史君とがいたあるクラス（クラス替えなしに3年間）を舞台にした事例を報告して、様々な生徒を含んでどのようにクラス集団が創られていったかを考えたい。なお、この事例は、筆者自身が担任として担当したクラスでの実践である（生徒名はすべて仮名）。

（1）認めてほしい、という要求に応える

　聡君は無口な、クラスの係を決める際に「僕、最後でいいです。誰もやらないのをやります。」と言う生徒で、中学校からの申し送りには「『死にたい』と言っている。要注意」とあった。高校入学後は「自分のことを誰もわかってくれないのがしんどい」と頻繁に担任へ訴えた。普段は無口な聡君だが、内面に多くの主張を溜め込んでいるようだったので、私は高校2年2学期から彼とメール友達（メル友）になった。それ以降卒業までに彼から受け取ったメールは3,000通を越え、私はその全てに肯定的応答をした。

　一方、惇史君は他人とコミュニケーションを取ることやペースを合わせるのが苦手で、それが原因で周囲の子どもとの間に軋轢を生じ、それが小学校就学前からトラブルの元となってきたと聞いた。一連の状況を客観的に見てきた生徒の言葉を借りると、学校には「常に自分よりも下にいる人を作っておかないと不安になってしまう人たち」が一定数いて、惇史君はそんな人たちによって排除の対象とされてしまったのだった。子どもたちの間に暗黙のうちに存在したこのような序列が、同一地域から来た多数派（その大半が幼稚園から一緒だった）の生徒たちによって、小学校時代から中学校へと持ち込まれ、さらに高校まで持ち越されようとしていたのだ。

　惇史君は幼児期から人との付き合いに良い思い出がないためか、教室では常に一人でいることを好んだが、授業が終わるごとにノートを持って私のところに質問にやってきた。そんな彼を私は自分を認めてほしい要求の表れだと判断して、できるだけゆっくり対応し、「よく考えたねえ」という前向きな対応で受け止めた。

聡君や惇史君だけでなく生徒たちはみな、自分を認めてほしいと願っている。同年代の者に認められたいのはもちろんだが、教師からも認めてほしいと思っている。その要求が満たされて自分自身が安定していれば、他を攻撃したり排除したりしないのではないかと考えて、私はクラスの生徒全員に対して受容的態度で対応することを心掛けた。特に面談は一人ひとりじっくりと時間をかけて行い、まず生徒から話される言葉を聴いて応答した。教師の、生徒の立場に立つ姿勢、特に聡君や惇史君のような明らかに困難を持った生徒のつらさを理解しようとする姿勢は、次第に周囲の生徒に対して暗黙のメッセージを与えたようだった。

（2）具体的な行為を通して生徒同士の交流を生む

クラスがスタートして放っておくと、よほど自立した生徒たちの集団でない限り、生徒たちは安易にグループ化してそのグループは閉じてしまう。互いの異質性を受け入れる、生徒が他の生徒それぞれの個性を容認し共存できるクラスに育てていくためには、生徒たちが抵抗なく互いに関わりあえる機会と場を創出することが必要だ。聡君と惇史君のいたクラスでは、スポーツ、名前覚えビンゴ大会、フルーツバスケット、お好み焼きパーティ、クリスマスパーティ、くじ引きによる席替えなど、体を使う遊びを日常的に行った。生徒の体が少しリラックスして教室の中に自分を出せるようになると、クラスの生徒たちが暗黙に持っている互いについての価値判断が見えてくる。しかし気がついたらそのような先入観は壊れていた、という結果になるようにHR活動と授業を構築していきたいと考えていた。

（3）行事を活かす——物理的居場所から精神的居場所へ——

文化祭など長期間の準備と大きなエネルギーを必要とするクラス行事は、劇的に人間関係を拡大させるきっかけになりうる。このクラスの1年時文化祭出し物は「世界有名建造物ミニチュアと世界地図」だった。このような長期的な取り組み期間を生かすポイントは三つある。一つには生徒一人ひとりがそれぞれ活躍できる持ち場があること、二つ目に取り組みの過程で互いに「ふれあい」

と「発見」があるということ、三つ目に求める完成度の高さがクラスに共有されているということである。

このクラスでは制作物ごとに担当者を募り、「クラブ忙しいしやりたくない」という声が起こる一方で、「全員参加です」というリーダーのかけ声の下、気の合うもの同士で組んで分担していった。最後に聡君と惇史君が残ったが、惇史君は「一人でやりたい」と主張してひとりで原爆ドームを一つ分担し、聡君は「何でもいいです」と言って担当者の足りないところに入った。

このような制作の場合、最初は「やりたくない」という声が出ていても必ず途中で変化がおきる。変化を起こす要因は、次第にきちんとでき上がってくる作品の存在であり、取り組んでみたら案外楽しかったという、率直な生徒の思いである。展示の仕上げは、単なる発表にとどまらず、それまで取り組んできた40人の生徒たちの協同作品として、一種の"感動を共有する場"となることが大切である。その"場"の演出のため、より丁寧に、きちんと、完成度が高く仕上がるように気配りして担任がどんどん生徒を引っ張る。「地図を置く床には水色のゴミ袋を開いて張り合わせて海にしましょう。〜さんたち、この袋全部開いてくれる？」、「〜さんと〜さん、ここからビニールを貼っていって」、「〜君たち、ちょっと来て。太平洋の島々、地図帳を見て正確に置いていって」、「〜君たち、入り口の看板要るよね。お願い！」等々。教室の床が陸地と海に分けられて海には青いビニールが張られ、壁は空に見立てた青いビニールが張られ、世界中の国に一つ残らず国旗が立って、有名建造物ミニチュアが置かれた。完成間近になると生徒たちの中から声があがる。「先生、入り口の表示も要ります？」、「廊下はどうする？」、「看板とか？」等々。最後まで仕事は尽きず、そのことが、部活が終わってから作業に参加する生徒にも確実に仕事を回すことに繋がって、教室が一つの共有空間となっていった。

文化祭の準備として自分が担っている仕事があるという事実が生徒たちに物理的な居場所を確保し、全体の完成に自分も参加しているという事実は自分がそこに包摂されているという感覚に通じるように思われる。惇史君制作の原爆ドームは縮尺も正確で精巧に製作されていて、クラスの女子生徒たち、惇史君とは別の中学校から来ている男子、そして見学者から感嘆の声が聞かれた。文

化祭後の片付けの際に惇史君は自分の作品は自宅に持ち帰りたいと望んだので、担任が彼の家まで運んだ。この作品製作が惇史君のクラスにおける居場所を確固たるものにしたようだった。

（4）生徒と共にクラスを創る

　2年生2学期、聡君は文化祭のダンス・パフォーマンスに元気に参加したが、秋の深まりにつれてふさぎ込み、いかにも辛そうだった。そんなある日、聡君がある選択授業の最中に突然立ち上がって隣の岳君を殴るという事件が起きた。授業中に居眠りをしていた聡君に男性担当教員が「おい、聡！」と声をかけて軽く肩をたたいた時の出来事だった。後で「どうして岳君を殴ったの？」と尋ねると、「突然世界が攻めてきたんです」と聡君は説明し、それは彼の本当の認識であるらしかった。この時の行為に対して聡君は学校から数日間の家庭謹慎を申し渡されたのだが、聡君の不在時に担任からクラスに次のようなお願いをした。「昨日、選択授業で聡君が岳君を殴るという出来事がありました。殴ったのは事実ですが、聡君は岳君に対して悪気があって殴った訳ではなくて、居眠りをしていたところを突然先生に起こされてびっくりして隣の岳君を殴ってしまったようです。みんなも聡君が日頃から辛そうなのを見ていますね？殴ったという事実だけが曲解されて他クラスに広がっては聡君が可哀想なので、今日の事件のことをクラス外に漏らさないでください」。生徒たちが一人残らず私のお願いを聞いてくれたかどうか確認のしようはないが、少なくとも聡君の事件がクラス外の生徒たちに知れ渡ることはなかった。

　聡君を取り巻くクラスの様子を象徴的に表す事件がある。3年生1学期末の放課後に、担任は会議中であったが、生徒たちが文化祭クラス演劇のための分担を決め、教室でパートごとの話し合いをしていた。その中で、ある生徒との些細なやりとりから聡君が突然激高して机を殴りつけた上、体操服の入った袋を相手の腹めがけて投げつけ、「おまえら、劇しっかりやれよ！」と叫んで教室を飛び出す事件があった。惇史君を含む数名の生徒が追いかけてなだめようとしたが、そのまま雨の中を走り出した。惇史君が後を追った。生徒からの通報を受けて教室に駆けつけた担任が生徒たちからいきさつを聴きとっていた

時、惇史君が息せき切って戻ってきて、「聡君、化学室にいます！僕入ろうかと思ったけれど、一人にしておいたほうがいいかなと思って」と報告してくれた。誰もいない化学室で聡君は椅子を投げたらしい。聡君から「来て！すぐに！」というメールが来て私が駆けつけると、折れた水道管から水が噴水のように天井めがけて噴き上げ、そのそばに彼がずぶぬれになってしゃがみこんでいた。事務室へ駆け込んで元栓を止めるよう頼んでから教室へと走り、「手の空いている人は雑巾もって化学室へ！」と叫んで再び化学室へ駆け戻る私の後を、生徒たちが雑巾を持って走った。その中には先ほど聡君から袋を投げつけられた生徒もいた。「いいの？」と声をかける私にその生徒は「大丈夫です」と答えた。聡君に物を投げつけられた衝撃はあったが、聡君の状態に対する理解がその出来事を彼女の中で消化させたようだった。黙々と床を拭いてくれる生徒たちを見て、私は自分が支えられていると感じた。「聡君を学校で引き受けるのはもう無理か……」と思い始めた私の弱気は吹き飛んでいった。

　精神的な病理を抱えていたと見られる聡君は年齢を重ねるにつれて不安定さを増し、放課後は担任のところに入り浸る日が多くなった。「担任が聡君に掛かり切りで、先生のクラスの生徒たちは怒っているのでは？」という同僚からの一言もあったが、クラスの生徒たちは卒業後に「担任が聡君を見捨てなくて本当に良かった、とみんな思っている」という言葉を残してくれた。

第3項　授業の中での居場所つくり――「わかる」から表現へ――

　高校の教科学習の内容はそこに集っている生徒たちに応じてレベルが異なる、と一般に考えられるかもしれない。たとえば英語の力を例に取ると、一方に高校入学時にすでに英字新聞を読む英語力を持っている生徒もいれば、他方に英語の語順への理解から学びなおす必要のある生徒もいる。しかしどの学力層の生徒にとっても、そしてどの教科学習においても、学んでいる教科内容に対して当事者性が持てて、当該授業の場に「参加している」と感じられるような授業が求められているという点においては同様であると言える。

　筆者が経験した、最初は成立が困難で試行錯誤を重ねながら進めていった授業（「英会話」と「英語Ⅱ」、いずれも2008年度）を例にとって、生徒が学習に

対して当事者性を持つことの意味を考えてみよう。

「英会話」は三つから選ぶ選択授業の一つで、「食物」は調理実習があるから面倒だ、「文書処理」はキーボードを扱えないから無理という消去法から「英会話」を選んだ生徒たちで構成されており、英会話をするつもりはハナからなくて始業のベルと同時に机に突っ伏して寝てしまう状態だった。しかし生徒が冗談で言った「なんか食べたい」という発言を取り上げて「ホットケーキ作り」に取り組んだ時、転機が訪れた。ホットケーキを作る工程を単純な英語で表現し、それを練習したのちに「調理中は英語で」という約束をして、ホットケーキを焼いたのだ。"Put a cup of flour" "And a cup of milk" "Is it good?" 等の英語を教師が発話し、生徒たちから "OK!" "Oh, it's good!" などの応答をする。一見してごく単純な言語活動にもかかわらず、そこには生徒たちの生き生きと取り組む姿があった。言語活動が生徒にとって現実感のあるものであれば、授業が生徒に関わりのあるものとなり、授業の場が生徒の主体的な居場所となる。

この授業ではその後ALTの協力を得てゲームを使う言語活動が導入され、遊びながら様々な英文での自己表現、さらには互いのことを聴きとる活動に生徒たちを巻き込んでいった。たとえば積み木の塔から積み木を一本ずつ抜いていくゲーム（ジェンガ）で自分の抜いた積み木に "How old are you?" と書かれてあれば、英語でそれに答える、"Please ask Mayumi how old she is." と書いてあればそのクラスメートに英語で質問する、という風に、生徒たちのダイナミズムに依拠した形でどんどん言語活動を進めた。"How old are you?" の積み木を引き当てたある生徒は「16歳やけど、16ってどう言うの？」とつぶやき、「オマエ、sixteen も知らんのけ」と別の生徒が教える、という場面などが生まれた。

この英会話の授業で見出された活路はそのまま英語Ⅱの授業に応用された。できるだけたくさんの生徒に授業に参加してほしい、そのためにはどうしたらいいのかと考えあぐね、授業中にいつも寝てしまうある生徒に「どんな内容なら君は起きているのか？」と問いかけた。意外にも「キング牧師とか好きだ」と返ってきたつぶやきを拾いあげて、キング牧師のワシントン大行進の時の演説を教材化した。演説の後半三分の一のところにある有名な "I have a dream" で始まるパラグラフのうち二つを読み取り教材としてワークシート化し、生徒

とともに精読・音読したのだ。そして「自分について、I have a dream that ＿＿＿．を書こう」という課題に取り組んだ。「夢なんかない」という声もあったが、「ささやかな期待を書こうよ」と励まして書かせた。そして生徒たちが互いに "What is your dream?" と聴き合い、"＿＿＿ has a dream that ＿＿＿．" という文をクラスメイトの数だけ書き取り、共感した夢には◎をつけるという言語活動に取り組んだ。この活動は「互いのことが知れてよかった」と好評だったが、英語の読み取りが表現活動につながり、その表現活動が生徒たちの間を近づけたのだった。こうした活動を通して生徒たちは次第に授業に参加するようになり、最後には英語での写真集を制作して卒業していった。写真集の中のクラス全体写真に、ある女生徒が次のようなキャプションをつけている。3-1members are very cute. Everyone likes this class. この生徒は、授業中は非協力的な態度を取ることが多く、授業中の発言を求めても「わからない」と素っ気なく答えるばかりだったが、この英文は彼女のクラスへの気持ちを率直に表している。それはそれまでの授業の中では決して見られないものだった。

　HRにおけるのと同様に、どの授業の中でも生徒に居場所が保障されなくてはならない。授業の中での生徒にとっての居場所とは、まず授業に「参加している」という実感だろう。そのためには教科内容が生徒にとって現実感のある「わかる」ものでなければならない。授業内容を生徒たちの生活実感を呼び起こすような教材を介して具体的な理解を通して伝える努力が、教師に求められている。また、授業の中でも、学ぶことと他者とつながることは不可分に結びついている。つながり（学習の協働）を生みだす方向で授業を創ることを忘れてはならない。

　最後に、中学時代から英語に大変な苦労をしてきたが、高校の授業で語順理解に特化した学び直しと、英文を前から順に理解して読む直読方式の読み取りで少しずつ英語を理解できるようになってきていた卓君の例（「英語表現Ⅱ」2015年度）を紹介したい。2年生3学期に行われたパフォーマンス課題「ALTとのインタビューで自分の将来設計を英語で述べ、質問に応える」の事前準備で彼が書いた英文が以下である。"My name is Taku. I'm good at playing volleyball. My favorite things are playing volleyball and read books. I want to work after I graduate from this high school. I want to be independent from my parents. I want to work in Kyoto City. To make my dream come true, I study very hard in school."（原文のまま）彼はこのメモを手にALTの先生とのインタビューに臨み、"Why do you like to work in Kyoto city?" と尋ねられて、"Because I like the city." と答えるなど、意欲的に応答した。インタビュー直後の彼の晴れ晴れとした表情からは「自分がやりたいことを述べた、その発話がきちんと聴きとられ、それをもとにして応答できた」という成功感・満足感が見て取れ、その後の英語学習の中での彼のスッと伸びた背中が彼の変化を物語っていた。後に彼はその時のことを「突然オープンした」と語ったが、その言葉通り、彼の中でドラスティックな変化が起きたようだった。

　これらの学習活動の土台には、一定の到達目標の下に日々の授業で生徒の"わからなさ"に対して徹底的に答えようとする授業方針があった。生徒が自分なりの理解を経て教科内容を自分のものにしていく過程で獲得される論理やスキルが、生徒のものの見方・考え方を鍛え、そのことが世界を読み解く力になる。理解と納得を抜きにした練習は、どの教科であれ生徒たちにとって機械的反復でしかない。生徒のつまずきに学び当該教科内容についての生徒の具体的な理解を可能にする授業が求められている。

〈注〉
（1）大山泰宏『人格心理学』（改訂新版）放送大学教育振興会、2015年
（2）竹内常一「中高校生問題の本質」日本教育学会『教育学研究』第52巻第3号、1985年、271-279頁。
（3）竹内常一「指導とケア・対話・討議」『高校生活指導』2013年春号、56頁。

〈推薦図書〉
竹内常一『新装版　子どもの自分くずしと自分つくり』東京大学出版会、2015年。
竹内常一『新・生活指導の理論　学びと参加』高文研、2016年。
西岡加名恵・永井正人・前野正博・田中容子＋京都府立園部高等学校・附属中学校編著『パフォーマンス評価で生徒の「資質・能力」を育てる──学ぶ力を育てる新たな授業とカリキュラム──』学事出版、2017年。

第 7 章　発達段階と生活指導の課題

◢ おわりに ◣

　本章では、幼児期、小学校低・中・高学年、中学校期、高校期の発達的特徴を確認するとともに、具体的な実践事例を踏まえつつ、今日における生活指導のあり方について検討してきた。
　「生活」を創り出す主体者として育ちゆく幼児期、仲間と意思統一しつつ、活動を展開し始める小学校低学年、「集団的自己」が誕生する小学校中学年、それが「集団的内部規律」を持つものへと変化する小学校高学年といったように、子どもたちの発達課題は年齢に応じて変化していく。一方で、該当の年齢にその課題を乗り越えることができなければ、積み残された課題が後の学年で表出することもある。
　保育者や教師たちは、それぞれの時期において、発達要求を育て、発達課題を乗り越えるための生活指導を行う。本章で紹介した事例で登場してきた教師たちは、目の前の子どもたちの実態を踏まえつつ、また「子どもたちにはこのように育ってほしい」という教師の願いを込めて、前章までで紹介されてきたような様々な手法（生活綴方、「集団づくり」、文化の創造など）を組み合わせつつ生活指導に取り組んでいたと言えるだろう。

第8章
特別な教育的ニーズと生活指導

はじめに

　学校では、教師の目から見て様々に"気になる"子どもたちが学んでいる。たとえば、話を聞いたりしゃべったりするのは得意でも、読み・書きが極端に苦手な子ども、じっとすわって話を聞くのが苦手で授業中に何度も席を離れて立ち歩く子ども、友だちとのけんかやトラブルが絶えない子ども……今日、こうした子どもたちは「特別な教育的ニーズを持つ子ども」と呼ばれる。その中には、LD（学習障害）、ADHD（注意欠陥多動性障害）、高機能自閉症などの発達障害の子どもが少なからず含まれると考えられる。これらの発達障害は、先天的な脳の機能障害と考えられている。日本でも広く用いられているアメリカ精神医学会の診断の手引きが2013年5月に改訂され（DSM-5）、これまで「自閉症（高機能自閉症含む）」「アスペルガー症候群」「広汎性発達障害」と呼ばれていたものが、「自閉症スペクトラム障害」に一本化されたが、文部科学省は引き続き従来の障害名を踏襲していることから、本章ではこれまでの表記に倣うこととする。なお、引用した実践内で用いられている障害名についてはそのまま用いている。

　LDやADHD、高機能自閉症は、いずれも知的発達の遅れを伴わないのが特徴であることから、通常学級で学んでいることが想定される。文部科学省が2012年に行った実態調査では、通常学級の中で学習・行動面で何らかの困難を経験していると思われる子ども（発達障害の可能性がある子ども）が約6.5％存在すると報告された[1]。そのような子どもたちは、「怠けている」「ワガママ」

と誤解されたり、「トラブルメーカー」「しつけの悪い子」とみなされたりして、"困った子"というレッテルを貼られることが少なくない。けれども、彼らは本当に"困った子"だろうか。本当は「読み・書きや注意集中の苦手さゆえに授業に参加することが難しい子ども」や「対人・社会性の未熟さゆえに学校生活を円滑に送ることに困難を経験している子ども」というように、何よりも彼ら自身が"困っている"のではないだろうか。

本章では、学校教育現場で特別な教育的ニーズを持つ子どもたちを"困った子"ではなく"困っている子"という視点で理解し、そうした子どもたちにとっての生活指導のあり方について実践事例をもとに考えていきたい。なお、本章に登場する子どもたちはすべて仮名である。

第1節　困っている子どもたちへの気づき

第1項　特別な教育的ニーズを持つ子どもとは

2007（平成19）年4月から特別支援教育がスタートし、「特別な支援を必要とする幼児児童生徒が在籍する全ての学校において実施されるもの」として展開されるようになった[2]。子どもが経験している困難を医学的な「障害」という概念で捉えるのではなく、そうした困難に対して子どもが何を必要としているかに着目し、一人ひとりの教育的ニーズに応じた教育を進めていくことが求められている。

特別支援教育の開始に伴い、特別な教育的ニーズを持つ子どもとして、とりわけ通常学級に学ぶ発達障害の子どもたちが大きくクローズアップされることになった。2012年の文部科学省の調査結果に表れた6.5％という数字は、各クラスに2～3人の発達障害の疑いがある子どもが学んでいる可能性を示しており、今日、特別な教育的ニーズを持つ子どもはどの学校、どのクラスにおいても生活指導上避けては通れない存在となっている。なお、この調査結果が表しているのは、あくまで「発達障害の可能性がある」ということであり、彼らが「発達障害である」と断定するものではないことに注意が必要である。

これまで、読み・書きが著しく困難なLDや不注意・多動性・衝動性を中核症状とするADHD、人とコミュニケーションをとることが苦手な高機能自閉症・アスペルガー症候群といった発達障害の特性に関する研修が盛んに行われ、そうした子どもたちにどのような対応や教育的支援が求められるかが模索されてきた。一口に発達障害と言っても、その子どもが経験している困難さやその子どもが示す状態像は一人ひとり大きく異なり、十人十色である。そのため、一人ひとりの障害特性やニーズに合わせた"個々"への支援の必要性と重要性に比重が置かれやすくなる傾向がある。しかしながら、教育学者・湯浅恭正が「特別支援教育は、単に発達障害のある子どもだけではなく、生きづらさを抱え、困っている子どもに寄り添いながら、どのように学校での生活をつくり出していくのか、それを模索しながら、どのような学校・学級を創造するかという大きな課題を私たちに突きつけています」と述べるように[3]、特別な教育的ニーズを持つ子どもへの対応は学級づくり・学校づくりの中でこそ、その実践を実りあるものにしていくことが期待できるものである。そしてそれは、生活指導の長い歴史の中で常に追求されてきた「集団づくり」や「仲間づくり」の理論・実践と大きく重なっている。

第2項　当たり前の生活の中での生きづらさへの共感

 「共感」が「共同」を育てるという。生活指導の中で常に大切にされてきた「子どもをありのままに受けとめ、共感によって相手との関係を深め、その子への願いを要求に組み立てるという、ていねいな子ども理解と指導展開」[4]は、特別な教育的ニーズを持つ子どもたちにとって一層重要な視点になると言える。なぜなら、彼らは学習・生活上で様々な困難や生きづらさを経験していながらも、それが「授業中に落書きばかりしている」「自分勝手な発言をする」「些細なことで逆ギレをして暴力を振るう」「泣いて文句ばかり言う」などの"逸脱"した姿や行動として目立つことから、集団の中で「共感を得られにくい」子どもたちだからである。学校生活を送る中で、周囲の子どもからも大人からも「なんだ、あいつ！？」という奇異な目や批判的な眼差しに晒される子どもたちが、学級や学校に居場所を見つけられず、自尊感情や自己肯定感を低下させること

は想像に難くない。中には、やがて学校から足が遠ざかってしまう子どももいるだろう。不登校を経験している子どもたちの中には、少なからず、発達障害の子どもがいることはこれまでにも指摘されている(5)。

だからこそ、特別な教育的ニーズを持つ子どもたちの生活指導を考えるうえでは、なによりもまず彼らが日常の中で抱えている生きづらさへの共感が大切となる。発達障害の子どもたちが経験している「すぐにキレる」「授業に集中できない」「友だち関係がうまく築けない」といった困難さは、「気が短い」「おっちょこちょい」「コミュニケーションが苦手」など、実は誰もが持っている"得手不得手"と紙一重の世界である。そうして、自分の今の立ち位置の延長線上に彼らの"困り感"を想像してみると、共感の糸口が見えてくると言えよう。

第2節 「学級集団づくり」

第1項 排除しない学級づくり

特別な教育的ニーズを持つ子どもは、学級という集団の中で攻撃や排除の対象とされることがある。大地は、里見が5年生の担任として出会ったとき、「自分勝手」「性格悪い」と学年全体から攻撃の対象となっていた(6)。知識が豊富で、計算やペーパーテストの得意な大地だが、グループでの話し合いや作業になるとつい遊んでしまうので、グループの子から「黙れ！」「ちゃんとやれ！」と注意され、それに対して「オレにばっかり言うなよ！」と言い返していつももめごとが絶えない。里見は、そんな大地の言動に「ADHDかアスペルガー症候群の可能性があるかもしれない」と見立てながら、本人の言動に寄り添い、理解を深めていこうとする。同時に、暴言や暴力が飛び交い、それでいて授業中にきちんとできない子には「ちゃんとやれや！」と厳しく攻撃する男子、反対に礼儀正しく何事にも丁寧にがんばる過剰適応の女子それぞれに対しても、「本当の自分を出し、安心してつながりあう関係や、自分の思いを出して、自己実現する経験が足りないのではないだろうか。ひたすらがんばること、『きちんと』することに必死で、エネルギーをもてあましているのでは」(7)と捉え

第8章　特別な教育的ニーズと生活指導

て実践を進めていく。排除される大地にも、排除しようとする集団にもそれぞれの課題があり、それらがつながっていると捉える視点に、特別な教育的ニーズを持つ子どもと集団の関係性を紐解くヒントを見出すことができるだろう。

　授業中に大地が落書きをしていることが、周囲の子どもたちには許せない。「大地、落書きするな！」「ちゃんとやれ！」と非難する声が教室中にこだまする。それに対して里見はある日、「大地は落書きしてても話聞いてるよ。試してみようか」と話し、「大地、今、何の話してた？」と問いかける。すると大地は、正確に答えることができる。驚きながら笑う子どもたちに里見は、「大地は落書きしてると落ち着くのかなあ、と先生思うことあるんだけど」と大地を理解する視点をさりげなく伝えていく。またある日は、大地の了解を得た上で、「大地が、どんなの描いているか見たことある？」とクラスの子どもたちに自由帳を見せる。そこには、大地の独特の世界観が表現されていた。ページをめくるたびに、子どもたちから歓声や笑い声が起きる。そこで里見は、「大地からこの自由帳を取り上げたらどうなるかな？」と子どもたちに問いかけ、「きっと教科書やノートに描くよね」と予想される結末を共有する。そして、「大地は自由帳に絵を描いてもいいことにしてくれない？　大事な場面では先生が言うからさ」と子どもたちの同意をとりつけていく[8]。そこには、教師がまず攻撃の対象となりがちな大地とつながり、大地の行動には大地なりの意味や理由があることを十分に理解したうえで、そのように大地を受容する姿勢を学級の中に示していくことで、クラスから排除を生まない指導が貫かれている。

第2項　学級の子どもたちをつなぐ

　小学校入学前に広汎性発達障害（PDD）と診断された翔太（1年生）を中心に、通常学級で子どもたち一人ひとりに丁寧に関わり続けることで学級全体を育てていった実践がある[9]。翔太は、みんなで朝の挨拶をするときにマイペースに自分だけ水筒のお茶を飲んだり、休み時間が終わっても切り替えができずになかなか教室に戻ってくることができない。とくに粘土あそびやお絵かきが好きで、チャイムが鳴っても聞こえているのかいないのかなかなか片づけられない。そして、自分の思うように物事が進まなかったり、周りに遅れそうになっ

たりするとパニックになって怒り出す。

　宮本は、「どの子も追いつめない」「一人ひとりを受けとめる、居心地のいい学級づくり」を実践の大きな柱として、子ども一人ひとりの話をよく聞きながら、翔太と周りの子どもたちの思いをつないでいく。よくしゃべるけれど自分の行動や思いを言語化することが苦手な翔太に寄り添い、「しょうた君、今、こんなことしたいんやって」「こういうつもりでしたらしいよ」「このことがいややと思ったんやて」と周囲に代弁して伝える。また、周りの子どもたちの思いも「しょうた君、みんな、あんたのその椅子をひくときの音がうるさいって言ってるで」と伝えていく。子ども同士の関係をダイレクトにつなぐことは簡単ではないが、間に教師が入って一人ひとりの話を集団の中で丁寧に聞き子どもたちに還していくことで、翔太も周りの子どもたちも「自分たちの周りに起きている出来事や、それぞれの思いなどを共有できる学級集団をつくっていくことができた」のだという[10]。翔太のような特別なニーズを持つ子どもにとって、学級の子どもたちとつながるために、集団への橋渡しをしてくれる教師の存在がいかに大切かがわかる。

第3項　集団（班）でクラスの課題に取り組む

　教師が子どもとつながり子ども同士をつないでいくだけではなく、小さな子ども集団（班）を核に特別な教育的ニーズを持つ子どもの課題に取り組んだ実践もある。井原の実践に登場するけい子（中学1年生）は、小学校から「暴力的」「交友関係がうまくいかない」という申し送りを受けて進学してきた[11]。トラブルが起きると、ドアガラスを蹴破ったり、二階の窓から通学鞄を投げ捨てたり、「死んでやる」と窓から身を乗り出したりと、危険な行為が後を絶たない。誰かがけい子の方を見れば「にらまれた」と感じ、周りの子のおしゃべりの中の言葉に敏感に反応しては、自分の悪口を言われていると被害的に受けとってしまう。そんなけい子の言動に周囲は辟易（へきえき）し、仲間関係の成立は難しい。

　そのような中で井原は班長会を発足し、班長会によるクラス運営に乗り出す。最初にけい子を引き受けた瑞紀と未知留の班では、けい子の荒れた行動はなかなかおさまらなかった。それを教師が直接指導の対象とするのではなく、班長

会が主体となって改善策を考えていく。「良かれと思ってけい子を最前列の座席にしたけれど、それが逆効果なんじゃないか。後ろからの声が気になって、けい子は安心できないような気がする」「未知留が遠慮なくけい子に『ああしろ、こうしろ』と言ったのがよくない。言い方にトゲがある」⁽¹²⁾など10回に及ぶ班長会での話し合いの末、クラス全体の承諾を取り付けて、新しい班が編成されることになった。時期を同じくして、けい子に補助教員が付くようになったこともあり、粗暴な行動は減り、比較的穏やかに過ごせる日が増えていく。それでも、クラスがけい子に対して警戒心を持っているのは相変わらずで、井原は「けい子と一緒にいるからがんばれる、けい子と一緒にがんばると楽しいには、ほど遠い状態」と言う⁽¹³⁾。けれども、新しい班長のさつきや昴の「けいこの席は一番後ろ」という主張をクラス全体が承認し、年度末までけい子の居場所として確保されていった。それが少なからずけい子の安心の材料になっているのだろうと井原は分析する。

　井原自身が述懐しているように、対人トラブルや危険・粗暴な行為の目立つけい子のような存在は、教師から"困っている子"だと受けとめる余裕を失わせ、"困った子"という子ども理解に陥らせやすくする⁽¹⁴⁾。その中で、教師がけい子にどう対峙するかという教師対生徒の関係に閉じるのではなく、けい子の問題を含めたクラスの課題を「クラスをなんとかしよう」という思いで班長会を中心に議論し、班長を通して学級全体に還元していく実践は、「"困った子"を何とかしなければ……」と閉塞しがちな特別な教育的ニーズを持つ子どもへの働きかけのあり方に対して大きな示唆を投げかけるものと言える。

第3節　共同する学校づくりへ

第1項　学校全体で取り組む

　特別な教育的ニーズを持つ子どもへの生活指導は、学校全体を揺るがす大きな問題となって立ち現れることもある。とくに高校生にもなると、それまでの不適切な対応から問題をこじらせて二次障害を起こし、「暴力で解決する」よ

うな非行的な手段を正当化せざるを得ないところまで子ども自身が追い込まれていることもある。そのような状況の中で、アスペルガー症候群及びADHDと診断されて高校に入学してきた生徒Aとの1年間の関わりを通して、全教職員、生徒、保護者らを巻き込みながら指導を行った実践がある[15]。

　Aは、気に入らないことがあると怒って教科書を投げつける、激しい口論をするなど、トラブルが絶えない。入学早々、教室で別の生徒とぶつかり、興奮して相手を殴り、生徒指導部長訓戒の処分を受けてしまう。大木は、特別支援教育コーディネーターとしてAと向き合いながら、A自身が「他の人とトラブルを起こしてしまうのが自分の一番の課題」と考えていることを知り、担任や保護者、主治医との連携を通して、Aの自立を支援する道を模索し始める。

　そんなある日、エスカレートした口論の末、Aが威嚇のために持ち出したハサミで自分を取り押さえようとした生徒に怪我をさせてしまうという事件が起きる。自宅待機の間、大木は「絶対に暴力を振るわないで学校生活に参加できるようになること」を目標に、Aとの面談を繰り返しながら、そのための「ルール作り」を行い、復帰の準備を進めていく。ところが、復帰に向けた保護者への説明会で、一部の保護者から「なぜ、Aのわがままな行動を我慢しなければならないのか」という意見が出され、復帰は延期されてしまう。その後、学校を挙げて全校生徒への面談と生徒・保護者へのアンケート調査が実施される中で、一方的に復帰を決めるのではなく、「生徒だけの話し合いをさせてほしい」という声があがる。そこで生徒だけでの話し合いの場が持たれ、「自分たちも『ルール作り』に関わりたい」との要望が担任に伝えられ、実際に3名の生徒がクラスの代表としてAとの「ルール作り」に参加することになった。再度開かれた保護者会では依然としてAの復帰に対して厳しい意見が出されるが、怪我をした生徒の母親の、自分の息子は「Aは乱暴な子じゃない」と話しているという発言で風向きが変わり、Aは復帰の第一歩を踏み出す。

　このように、特別な教育的ニーズを持つ子どもの問題は常に排除のリスクへの挑戦でもある。しかしながら、彼らへの生活指導で求められるのは、"問題行動"を起こす生徒に対する"強い"指導で彼らを矯正し、既存の集団への同化をめざすことではない。既成の集団のルールへの適応を押し付けるだけでは、

問題の解決は図れない。それを実現させるためには、トラブルを起こしてしまうのが自分の課題であり「そんな自分を変えたい」と願う彼ら自身に寄り添い、目に見える"問題行動"の背景にある本質的な問題、すなわち彼らの生きづらさを集団の中でいかに解消していけるかを考えていくことが必要である。そこには、特別な教育的ニーズを持つ子ども自身を取り巻くクラスの生徒たち、担任、教職員、保護者……それぞれがその集団の当事者として彼の課題に向き合うことを通して集団そのものの質を高めていくこと、すなわち学校として共同する姿勢が求められる。

第2項　教員同士・保護者との共同

　学校全体で特別な教育的ニーズを持つ子どもの生活指導を考えていくときには、担任まかせの生活指導ではなく、教員同士の共同が非常に重要となる。発達障害を含む様々なニーズを持つ子どもたちの課題は、1年という限られたスパンでは捉えきれないものも多い。とりわけ、障害ゆえに"逸脱"のように映る言動の数々から、その子ども自身の生きづらさを想像し、共感的な理解を深めていくには時間がかかる。だからこそ、"学級"や"担任"という枠組みを超えた共同が必要となる。それは単に「校内委員会を開く」「指導に協力する」という形式的なことだけを指すのではない。それぞれの立場から"困った子"ではなく"困っている子"としてその子どもを理解しようと努めながら、担任としての子ども理解と学級づくりの方針に寄り添い、それを実現するための方法をめぐって知恵を出し合うことが求められる。卒業までを視野に"学校"として何ができるかという視点を持ちながら、当該年度から次年度へ課題と見通しを引き継ぐことも重要となるだろう。

　それと同時に、保護者との共同も欠かせない。発達障害の場合は、その子どもが持って生まれた世界観（障害特性）を知ることが、その子にあった支援や対応につながるケースも少なくないことから、医療機関との連携を視野に入れた共同が求められる場合もある。その際、教師と保護者が子ども理解を共有していけるかどうかが実践の鍵を握っていると言える。前節で紹介した里見は、大地の言動に発達障害の可能性を見立て、4月から何度も電話や家庭訪問を繰

り返し、「大地くんを私たちがどう理解するか、そして私たちがどうかかわるのがいいのか、一緒に考えたい」と保護者と対話を重ねていった。そのことが、その後の医療機関の受診と診断につながり、大地への新しい支援の切り口を拓いていく[16]。しかし、「診断ありき」では保護者との共同はうまくはいかない。「どうして、うちの子は何度同じことを言ってもできないんだろう」という疑問を抱きながら、時には「自分の育て方のせい」と自分を責めたり、「大きくなればきっと大丈夫」と自分に言い聞かせたりしながら、不安と葛藤の中で子育てをしている保護者の思いに教師が丁寧に寄り添う姿勢が重要である。宮本は、思うようにいかないとパニックになっていた翔太が、ある日、「とりあえずエプロンを着けずに、みんなと一緒に給食を取りに行こう」と自分で気持ちと行動を切り替えることができると、すかさず保護者にその出来事を報告した。すると、保護者はわが子の成長を喜ぶと同時に、「そんな小さなことを喜んでくれはる先生のこともうれしいです」と話す[17]。教師と保護者の共同とは、このように子どもの課題と成長を共有しながら、そこで生まれる感情の交流を積み重ねていくことから育まれていくのだろう。

第3項　地域に開かれた学校
　　　──地域に根ざし、地域と共にある学校──

　大木の実践でAの復学をめぐる問題が全ての生徒の保護者を巻き込んだ議論に発展したように、学校が保護者と共同しながら特別な教育的ニーズを持つ子どもの生活指導を織り成していくためには、学校そのものが地域に開かれた場になっていくことも求められるだろう。

　荒廃した中学校の校長として赴任した青木嗣夫は、長年障害児教育に携わってきた経験を活かし、生活指導の中で民主的な人格の形成をめざした[18]。「あの子どもたちがいるから学校が荒れる」「教師の指導が甘い」という地域の厳しい批判に対して、青木は「問題行動が出たり非行があったりするから、学校が荒廃しているというわけではない」「地域の中での生活そのものが抱える課題が子どもの問題行動や非行に表れている」と捉え直す。そのうえで、暴力を振るったり、物を壊したりすることを繰り返す一部の生徒だけが悪いのではな

く、「なかなか自分の言葉で自分の意志を表現することができない」「自分で判断をして、自分で自分の行動を律していく力が弱い」「器物破壊、弱い者いじめなどがあっても見て見ぬふりをして全然関わろうとしない」といった校内の生徒たち全体の問題として、子どもが抱えている課題を積極的に地域に提起していった[19]。そして、学校と地域が一緒になって子どものことを考える場として子育て学習会などを組織し、中学生の存在を地域にしっかりと位置づけていく活動を地道に進めていったのである。

　その中で青木が力を入れたのが、子ども観の転換であった。粗暴な行動から常に"加害者"的な見方をされていた生徒たちは、「先生らは、わしらを害虫みたいに見る」と話し、大人に対して信頼を抱けずにいた。それに対して、青木は「現象面では一人一人の生徒が加害者のような行動をとっていることは事実であるけれども、彼ら自身のこれまでの成長過程を考えると、家庭が貧困であったり、地域から疎外されたような家庭であったり、母子家庭であったりで、その生徒が正常に育つ生育環境が欠落していると見ざるをえない」として、彼らは加害者ではなく「発達の上における被害者である」という子ども観を教職員にも地域にも強く訴えた[20]。そして、生徒たちが本来持っている肯定的な姿を引き出す学校教育のあり方を模索していった。生徒たちの「肯定的な、積極的な、前進的な面をどのように評価しながら、子どもたちのエネルギーをくみとっていくのか、そこにどう信頼の足場を築いていくのか。そういうことがないと、地域を変えていけるような力にはならないし、学校の中でいくら踏ん張っていても、否定的な生徒観なり子ども観が地域にある限り、子どもたちの教育成果は上がらない」と、青木は考えていたからである[21]。

　たとえば合唱の取り組みでは、教職員の真剣な合唱が「先生たちが歌った歌を私たちにも教えてほしい」と自分たちを自分たち自身の力でより高めていこうとする生徒たちの前向きな要求を引き出した。この生徒会主催の合唱コンクールは年を追うごとに多くの保護者が参観に訪れるようになり、それが地域の評判を呼び、やがて生徒が小学校や町民主体の集会に招かれ合唱を披露するまでになっていく。このように青木は、子どもたちが持っている限りないエネルギーと可能性を信頼し、"監視"ではなく"共感"と"連帯"をベースに一緒

に子どもを育てる地域づくりを通して、生徒たち自身に荒れを乗り越えさせていった。その事実がさらに、地域の子どもたちや学校に対する意識の変革を促し、子どもたちの成長を支える地域づくりへと還元されていったのである。青木の実践は、特別な教育的ニーズを持つ子どもの問題は学校や地域という集団そのものの課題を映す鏡であり、だからこそ、彼らの生きづらさが少しでも緩和されるような学校・地域をつくりだすことが大切であり、それが集団そのものの成長、ひいては社会を育てることにつながるということをあらためて私たちに気づかせてくれる。

おわりに

　本章では、特別な教育的ニーズを持つ子どもたちにとっての生活指導のあり方について考えてきた。彼らが当たり前の生活の中で経験している生きづらさへの共感なくして、「教師と子ども、子どもと子どもが、共同でよりよい生活をつくり出すとともに、そのことを通して、共々に自らの生き方を問い直していく教育的な営み」[22]としての生活指導は成り立たないことを忘れてはならない。特別な教育的ニーズを持つ子どもたちの「すぐにキレる」「人間関係がうまく築けない」といった課題は、集団の中で大きな軋轢や葛藤を引き起こす。だからこそ、共感を通して、自分への信頼に裏打ちされた他者への信頼を育てること、そして、仲間との生活の中で時間をかけて、支え合い補い合う力、折り合いをつける力を育てていくことが重要な視点になると言えるだろう。

　それは特別な教育的ニーズを持つ子どもに限られた"特別なこと"ではなく、全ての子どもたちにとって安心して学べる学校づくり、居心地のよい学級づくりにつながる視点でもある。その意味では、特別な教育的ニーズを持つ子どもとそうでない子どもの生活指導はなんら変わるものではない。学校は、実に様々な背景を持つ子どもたちが出会い、価値観や考え方の違いから幾度となく意見をぶつけあわせながら、それぞれが主人公として自分たちの生活をつくっていくことを学ぶ場である。生活指導の実践は、こうした意見の衝突や討議を通して、子どもたちが自治の世界を築くことを支えてきた。"逸脱"や"理不尽"

第8章　特別な教育的ニーズと生活指導

と見られがちな言動に対して、そうした"異質"な存在を容易く排除することで"均質"な集団づくりをめざすのではなく、多様な差異を承認しつつ、"共同"の世界を拓いていくことに挑戦し続ける特別な教育的ニーズを持つ子どもたちの生活指導には、生活指導の基本原則がもっとも顕著に表れていると言えるだろう。それは、集団づくりを通して生活の質を問い直し、お互いを尊重しながら共に生きられるインクルーシブ（包摂的）な社会をつくりだすというすべての子どもたちにとっての生活指導の本質であることを再確認しておきたい。

　特別な教育的ニーズという考え方は、1994年にユネスコが採択したサラマンカ宣言の中で提起されたことで知られる。「何ができないか」ではなく「何を必要としているか」という着眼に立つ「ニーズ」という発想は、国際的に大きなインパクトもって受け入れられた。その中で「特別な教育的ニーズ」は、障害児だけではなく、被虐待児、ストリート・チルドレン、言語的・民族的・文化的・宗教的マイノリティの子どもなど、様々な理由で学校教育から排除されている子どもたちを幅広く含む概念として説明されている。本章では紙幅の都合上、特別な教育的ニーズを持つ子どもとして発達障害の子どもに焦点を合わせてきたが、今後は、虐待や貧困や性的マイノリティなどより広い視野で子どもの経験している困難とニーズを見極め、彼らの生活に根ざした指導を展開していくことが重要な課題である。（本講座第9巻第7章参照）

〈注〉
（1）文部科学省「通常の学級に在籍する発達障害の可能性のある特別な教育的支援を必要とする児童生徒に関する調査」（2012年12月報告）より。
（2）文部科学省初等中等教育局長「特別支援教育の推進について（通知）」2007年4月1日。
（3）湯浅恭正「はじめに」湯浅恭正編『困っている子と集団づくり──発達障害と特別支援教育──』クリエイツかもがわ、2008年、1頁。
（4）大和久勝『困った子は困っている子──発達障害の子どもと学級・学校づくり──』クリエイツかもがわ、2006年、15頁。
（5）鈴木文治『インクルージョンをめざす教育──学校と社会の変革を見すえて──』明石書店、2006年。
（6）里見広美「大地とみんなをどうつなぐか──攻撃・排除からつながりへ──」湯浅編、

前掲『困っている子と集団づくり』30-47頁。
（7）同上、31頁。
（8）同上、34-35、39-40頁。
（9）宮本郷子「通常学級でていねいなかかわりを求めている子どもたち」青木道忠・越野和之・大阪教育文化センター編『発達障害と向きあう――子どもたちのねがいに寄り添う教育実践――』クリエイツかもがわ、2007年、9-64頁。
（10）同上、20頁。
（11）井原美香子「中学生の自立と向きあう――久志とけい子――」湯浅編、前掲『困っている子と集団づくり』90-115頁。
（12）同上、113頁。
（13）同上、114頁。
（14）同上、91頁。
（15）大木聡「実践記録①Ａから学ぶこと」『高校生活指導』197号、2014年、66-71頁。
（16）里見、前掲「大地とみんなをどうつなぐか」37-38頁。
（17）宮本、前掲「通常学級でていねいなかかわりを求めている子どもたち」33頁。
（18）青木嗣夫『未来をひらく教育と福祉――地域に発達保障のネットワークを築く――』文理閣、1997年。
（19）同上、132頁。
（20）同上、140頁。
（21）同上、149-150頁。
（22）船越勝「生活指導」日本教育方法学会編『現代教育方法学辞典』図書文化、2004年、413頁。

〈推薦図書〉

大和久勝編著『困った子は困っている子――発達障害の子どもと学級・学校づくり――』クリエイツかもがわ、2006年。

青木道忠・越野和之・大阪教育文化センター編『発達障害と向きあう――子どもたちのねがいに寄り添う教育実践――』クリエイツかもがわ、2007年。

湯浅恭正編著『困っている子と集団づくり――発達障害と特別支援教育――』クリエイツかもがわ、2008年。

湯浅恭正・越野和之・大阪養育文化センター編『子どものすがたとねがいをみんなで――排除しない学校づくり――』クリエイツかもがわ、2011年。

索引

【ア行】

アイデンティティ……………………204
アイ・メッセージ……………………208
青木嗣夫………………………………234
旭丘中学校…………………………… 46
アスペルガー症候群…………………227
アセスメント…………………………210
遊び……………………………… 85, 174
新しい価値……………………………166
アーティキュレーション　→　接続
アプリの特徴…………………………129
荒れ…………………………………… 35
　　　新しい「──」………………142
生き方…………………………………103
生きる力の弱体化…………………… 55
移行…………………………………… 91
異質性の排除…………………………185
石橋勝次……………………………… 26
いじめ防止対策推進法…………117, 208
逸脱行動……………………………… 63
命……………………………………… 85
今井誉次郎…………………………… 27
イヤイヤ期……………………………163
インクルーシブ………………… 179, 237
エリクソン（Erik H. Erikson）…175, 204
大西忠治…………………………32, 49, 55
小川太郎……………………………… 48
小川・宮坂論争……………………… 48

【カ行】

「教え合う」関係……………………173
親子の契約書…………………………133
親の会…………………………………149
折出健二……………………………… 69
オンラインコミュニケーション
　　トレーニング……………………134

階層分化……………………………… 59
ガイダンス理論……………………… 46
外的ルール……………………………175
係活動…………………………………178
学習指導要領………………………… 5
学習評価の改善……………………… 18
核づくり……………………………… 53
『核のいる学級』…………………… 51
学童期…………………………………201
学級
　　──活動………………………… 12
　　──新聞………………………… 80
　　──通信………………………… 80
　　──づくり……………………… 24
　　──内クラブ…………………… 74
　　──文化交流…………………… 77
　　──崩壊……………………64, 137
　　少人数──……………………… 171
『学級革命』…………………… 28, 46
『学級というなかま』……………… 30

学級集団づくり	48	「くらべる」力	176
『学級集団づくり入門』	50	グループ	178
『――第二版』	52	黒田恭史	86
学校		ケア的なアプローチ	69
――教育	5	形式的操作	192
――行事	11	ケース・カンファレンス	206
――図書館	76	高機能自閉症	227
勝田守一	179	構造表	53
加藤周四郎	94	国分一太郎	27
金森俊朗	84	互酬性	125
河村茂雄	138	個性	93
関係	57	子供クラブ	76
観察法	15	子ども集団づくり	67
既読スルー・既読無視	130	子どもの権利条約	202
虐待問題	210	小西健二郎	28, 46
キャラ化	116	小松伸二	36, 149
キャリア		児美川孝一郎	99
――・ガイダンス	101	コミュニケーション	207
――教育	91, 208	コミュニティサイト	127
――発達	98	近藤益雄	29
――・プラン系	99		
権利としての――教育	103	**【サ行】**	
ライフ・――	101	坂元忠芳	33
ワーク・――	101	小砂丘忠義	25
給食	95	佐藤藤三郎	27
教育課程	6	佐藤広和	33
教育測定運動	93	さらし	118
教科外活動	214	3間（仲間・時間・空間）	174
教科通信	34	飼育	79
教室文化	75	支援	159
共同	57	支援ネットワーク	210
協同性	166	内に開かれた――	209
記録	16	外に開かれた――	209

索引

自我…………………………………… 161
嗜虐性………………………………… 129
自己
　　──意識……………………………… 205
　　──形成……………………………… 203
　　──形成視…………………………… 176
　　──決定……………………………… 203
　　──信頼性…………………………… 160
　　──理解系…………………………… 99
宍戸健夫………………………… 33, 159
思春期………………………………… 202
自治……………………………………… 26
実質的平等…………………………… 192
実践活動…………………………………… 9
私的グループ…………………… 58, 193
児童文化……………………………… 74
島宇宙………………………………… 114
社会関係資本………………………… 124
社会的承認…………………………… 205
社会的・職業的自立………………… 98
若年失業……………………………… 101
集会活動……………………………… 177
自由研究………………………………… 7
集団
　　帰属──…………………………… 116
　　──生活……………………… 19, 159
　　──地図……………………………… 60
　　──的自己…………………………… 186
　　──的内部規律……………………… 193
　　──のちから………………………… 52
　　──の発展…………………………… 159
　　制度的──…………………………… 143
集団づくり……………………………… 45

ゆるやかな──……………………… 56
授業づくり…………………………… 149
受験競争……………………………… 93
受容的態度…………………………… 216
小1プロブレム………………… 138, 170
小学校指導書…………………………… 11
初期対応………………………… 152, 210
職業
　　──科……………………………… 96
　　──指導……………………………… 92
　　──指導教科書……………………… 95
　　──紹介……………………………… 92
　　──理解系…………………………… 99
　　望ましい──観・勤労観………… 98
職場体験……………………………… 99
諸問題の解決………………………… 14
白木次男……………………………… 37
自立…………………………………… 160
事例検討会　→　ケース・カンファレンス
城丸章夫………………………… 31, 57
進学率………………………………… 8
人権…………………………………… 172
　　──劇……………………………… 87
〝新鮮な〟体験……………………… 166
進路指導……………………………… 96
スクール・カウンセラー…………… 149
スクールカースト…………………… 115
鈴木和夫……………………………… 68
鈴木孝雄……………………………… 79
鈴木道太……………………………… 26
ストーリー…………………………… 178
スルー文化…………………………… 131
『生活学校』………………………… 77

生活記録運動	28	多様な価値観	177
生活指導	23	「違い」のもう一歩深いところにある「同じ」	194
学習論的――	47	チーム会議	210
訓練論的――	50	中央教育審議会	98, 105
メディアに関する――	133	長期欠席児童生徒	145
生活修身	25	対の認識	162
生活綴方	24	通過儀礼	195
――的学級づくり	31	土田茂範	29
生活の見通し	162	『綴方生活』	25
生徒指導	23	鶴見和子	28
青年期	202	定式化	31
制野俊弘	37	適性	92
接続	91, 98, 170	土井義隆	116
全国進路指導研究会	103	問う・聴く・語る	207
全国生活指導研究協議会	24, 50	討議づくり	54
前青春期の静かな奇跡	192	登校拒否	146
選択科目	7	到達目標	222
専門機関との協働	210	同調圧力	114, 141
総合的な学習の時間	13	特別活動	5
相互承認の関係	199	――の目標	14
相互尊敬（mutual respect）の原理	190	特別教育活動	9
創造性	15	特別支援	
即レス症候群	132	――教育	226
ソーシャル・キャピタル → 社会関係資本		――教育コーディネーター	232
		特別な教育的ニーズ	225
【タ行】		特別なニーズ	167
第一の誕生	203	匿名性	120
体験的な活動	13	戸田唯巳	30
第3の世界	174	戸塚廉	75
対等性	171	トランジション → 移行	
第二の誕生	203		
「対立を楽しむ」遊び	173		
竹内常一	31, 47, 69		

【ナ行】

- 内的ルール……………………………… 175
- 内藤朝雄………………………………… 114
- 中俣勝義………………………………… 35
- 仲間づくり………………………… 24, 47
- 仲本正夫………………………………… 34
- 成り済まし……………………………… 118
- 二次障害………………………………… 231
- 日常生活課程…………………………… 78
- 二方向的・相互的な理解…………… 183
- 人間関係………………………………… 10
- ネタ的コミュニケーション………… 122
- ネットいじめ…………………………… 117

【ハ行】

- 働き方…………………………………… 103
- 発達……………………………………… 201
  - 9、10歳の――の質的転換期 …… 182
  - 生後第3の新しい――の原動力…… 172
  - ――課題…………………………… 201
  - ――障害……………………… 185, 225
  - ――の側面………………………… 158
  - ――要求…………………………… 161
- パットナム（Robert D. Putnam）……… 124
- 原田真知子……………………………… 65
- 班
  - 後期の――………………………… 49
  - 前期の――………………………… 49
  - ――づくり………………………… 53
  - よりあい的――…………………… 49
- バーン・アウト………………………… 206
- 班・核・討議づくり…………………… 50
- 『班のある学級』………………………… 51

- ひきこもり……………………………… 210
- 非行……………………………………… 142
- 必要なルール…………………………… 167
- 評価
  - 自己――…………………………… 17
  - 相互――…………………………… 17
  - ――の変遷………………………… 6
  - ――方法…………………………… 18
- 深沢義旻………………………………… 81
- 藤川大祐………………………………… 118
- 藤木祥史………………………………… 63
- 不登校…………………………… 145, 210
  - ――の背景・要因………………… 209
- ブラック企業…………………………… 105
- ブラブラ期……………………………… 163
- フリースクール………………………… 151
- 文化活動………………………………… 73
- 文集……………………………………… 27
  - 一枚――…………………………… 30
- 平成25年問題…………………………… 118
- 変換可逆操作…………………………… 182
- 保育所保育指針………………………… 158
- 包摂（インクルージョン）………… 214
- 「誇らしい自分の形成史」…………… 171
- ポスト近代型能力……………………… 115

【マ行】

- 未然防止………………………………… 152
- 峰地光重…………………………… 25, 95
- 宮坂哲文…………………………… 24, 46
- 宮台真司………………………………… 114
- 宮本成貴………………………………… 59
- 民主的統治能力………………………… 52

民主的交わり……………………… 57
無着成恭……………………… 27, 46
村山俊太郎……………………… 27
無料通話アプリ……………………… 127
森田洋司……………………… 112

【ヤ行】

『山びこ学校』……………… 27, 146
ユーモア……………………… 172
良い子……………………… 206
幼児期にふさわしい生活……………… 158
『幼稚園教育要領』……………… 158
四谷第六小学校……………… 46
四層構造……………………… 112

【ラ行】

リーダー……………………… 166
リベンジポルノ……………………… 128
臨時教育審議会……………………… 213

【ワ行】

若者自立・挑戦プラン……………… 101

【アルファベット】

ADHD……………………… 227
KS　→　既読スルー・既読無視
LD……………………… 227

教職教養講座　第7巻　特別活動と生活指導
編著者・執筆者一覧

[編著者]

西岡加名恵（にしおか　かなえ）……………………………はじめに
京都大学大学院教育学研究科教授。バーミンガム大学大学院教育学研究科にて Ph. D.（Education）を取得。鳴門教育大学学校教育学部講師などを経て現職。主要著作は『教科と総合学習のカリキュラム設計――パフォーマンス評価をどう活かすか――』（図書文化、2016年）、『「資質・能力」を育てるパフォーマンス評価――アクティブ・ラーニングをどう充実させるか――』（編著、明治図書、2016年）など。

[執筆者]

趙卿我（ちょう　ぎょんあ）……………………………………第1章
愛知教育大学教育学部講師

川地亜弥子（かわじ　あやこ）………………第2章・第5章第1・2節
神戸大学大学院人間発達環境学研究科准教授

二宮衆一（にのみや　しゅういち）第3章第1・2・3節・第5章第3・4節
和歌山大学教育学部准教授

鋒山泰弘（ほこやま　やすひろ）……………………………第3章第4・5節
追手門学院大学心理学部教授

羽山裕子（はやま　ゆうこ）………………………………………第4章
国士舘大学文学部講師

原清治（はら　きよはる）……………………………………第6章第1節
佛教大学教育学部教授

加納寛子（かのう　ひろこ）………………………………第6章第2節
山形大学学術研究院准教授

245

藤本和久（ふじもと　かずひさ）……………………………第6章第3節
　　慶應義塾大学教職課程センター准教授
大下卓司（おおした　たくじ）………………………………第6章第4節
　　神戸松蔭女子大学人間科学部准教授
服部敬子（はっとり　けいこ）……………………………第7章第1・2節
　　京都府立大学公共政策学部教授
楠凡之（くすのき　ひろゆき）……………………………第7章第3・4節
　　北九州市立大学文学部教授
春日井敏之（かすがい　としゆき）……………………………第7章第5節
　　立命館大学文学部教授・大学院教職研究科教授
田中容子（たなか　ようこ）……………………………………第7章第6節
　　京都大学特任教授、大阪電気通信大学特任講師、元京都府立園部高校指導教諭
窪田知子（くぼた　ともこ）……………………………………第8章
　　滋賀大学教育学部准教授

［索引作成協力者］
徳島祐彌（とくしま　ゆうや）
　　兵庫教育大学教員養成高度化センター設置準備室助教

教職教養講座　第7巻
特別活動と生活指導

平成30年10月19日　第2刷発行

監修者	高見	茂
	田中	耕治
	矢野	智司
	稲垣	恭子
編　者	西岡加名恵 Ⓒ	
発行者	小貫輝雄	
発行所	協同出版株式会社	
	〒101-0054　東京都千代田区神田錦町2-5	
	電話 03-3295-1341	
	振替 00190-4-94061	

乱丁・落丁はお取り替えします。定価はカバーに表示してあります。

ISBN978-4-319-00328-0

教職教養講座

高見 茂・田中 耕治・矢野 智司・稲垣 恭子 監修

全15巻　A5版

第1巻　**教職教育論**
　　　　京都大学特任教授　高見 茂／京都大学名誉教授　田中 耕治／京都大学教授　矢野 智司　編著

第2巻　**教育思想・教育史**
　　　　京都大学教授　鈴木 晶子／京都大学教授　駒込 武／東京大学教授・前京都大学准教授　山名 淳　編著

第3巻　**臨床教育学**
　　　　京都大学教授　矢野 智司／京都大学教授　西平 直　編著

第4巻　**教育課程**
　　　　京都大学教授　西岡 加名恵　編著

第5巻　**教育方法と授業の計画**
　　　　京都大学名誉教授　田中 耕治　編著

第6巻　**道徳教育**
　　　　京都大学名誉教授　田中 耕治　編著

第7巻　**特別活動と生活指導**
　　　　京都大学教授　西岡 加名恵　編著

第8巻　**教育心理学**
　　　　京都大学教授　楠見 孝　編著

第9巻　**発達と学習**
　　　　京都大学名誉教授　子安 増生／京都大学教授　明和 政子　編著

第10巻　**生徒指導・進路指導**
　　　　放送大学教授・前京都大学准教授　大山 泰宏　編著

第11巻　**教育相談と学校臨床**
　　　　京都大学教授　桑原 知子　編著

第12巻　**社会と教育**
　　　　京都大学教授　稲垣 恭子／京都大学教授　岩井 八郎／京都大学教授　佐藤 卓己　編著

第13巻　**教育制度**
　　　　京都大学特任教授　高見 茂／京都大学教授　杉本 均／京都大学教授　南部 広孝　編著

第14巻　**教育経営**
　　　　京都大学特任教授　高見 茂／京都大学准教授　服部 憲児　編著

第15巻　**教育実習 教職実践演習 フィールドワーク**
　　　　京都大学准教授　石井 英真／新潟大学教授・京都大学特任教授　渡邊 洋子　編著

協同出版